教育部人文社会科学研究一般项目资助

高校育人新机制探索：

情感、激励、嫁接三结合

刘向信 牟思伦 郝书辰 胡元木 苏洪志
王　松 马静玉 王　伟 李　斌 张宝义　著

人民出版社

序

21世纪初,中国高等教育迈进了大众化阶段,发展迅速,形势大好,但问题也很多。党的十七大在优先发展教育,建设人力资源强国的战略部署中,对高等教育的要求是"提高质量"。提高质量是一个大课题,围绕这个大课题,有许多问题要研究;对于已通过一定的实践检验,证明其有利于培养人才的研究成果,更应及时推广。

刘向信教授领导的课题组所完成的《高校育人新机制探索:情感、激励、嫁接三结合》就是其中引人瞩目的研究成果。值此研究成果即将出版之际,承嘱写点读后感。

培养高素质人才是高校落实建立人才资源强国战略的第一要务。高校要深入贯彻科学发展观,坚持以人为本,不断改革教育教学工作,才能切实提高质量。如何贯彻"以人为本"的教育理念? 2004年,时任山东经济学院院长的刘向信教授及其所领导的课题组成员,对此进行了理论和实践探索,创立了"情感、激励、嫁接三结合"的育人机制,以山东经济学院为基地进行实验,努力把学校营造成学生学习生活的家园、精神的乐园、成才的摇篮,让学生在和谐的校园氛围中成人成才,卓有成效。

首先,情感育人机制是指在生活层面通过对学生的关怀、帮助,培养学生健全的人格,使他们拥有健康愉悦的身心,在求知过程中体味和追求真善美。情感,是人格发展的诱因,是青年追求美好生活的动力。

现代心理学的人才理论已经证实了学生智力的发展,有赖于非智力因素的优化,而情感就是非智力因素的主要组成部分,也是现代高素质人才不可缺少的重要因素。正是在这个意义上,情感育人机制作为一种有效的方式,从不同的层面,发挥了引领教育的重要作用。作者在研究中敏锐地意识到和准确地把握住高校实行收费制之后学校与学生之间的关系所发生的变化。学校和学生之间除了原有意义上的组织与个体、教育者与被教育者之间的关系之外,还存在提供服务与购买服务的关系,这无疑将增加大学与学生之间的矛盾和学校管理者的压力。因此,大学应该大力实施情感育人机制,为大学生提供安全、舒适、充满亲情的环境,增强学生对学校的认同感和归属感,加强教师与学生的沟通,建立师生间的良性互动。这既是大学生提高生活质量和学习效率的需要,更是其自身成长发展的内在需要。在情感所营造的和谐环境里,困难容易克服,矛盾容易化解,教师和学生的精神世界能够得以升华,人际关系会变得平等和坦诚。情感育人机制使大学生"重知重情","知"、"情"并举,是一种潜移默化的素质教育。

其次,激励育人机制是在精神层面激发大学生的积极性,促使大学生把外部的刺激内化为内在的动力,调动学生的主动性和创造性,从而保持良好的心态和上进的欲望,持续不断地朝目标前进。激励育人机制的有效性取决于学校环境和个性差异。书中主张尽可能多地运用赏识教育、激励教育、差异教育等理念和方式,通过建立一个多种评价体系、覆盖面广的激励机制,改变只以学习成绩好坏为衡量人才的唯一标准的观念,树立人人都是人才、人人都可以得奖的观念,使每一个大学生的优势都得以充分发挥,个性得到充分张扬,差异得到充分尊重。

再次,嫁接育人机制指的是知识层面上一个开放的育人体系。在生物学上,"嫁接"有利于不同种属优势互补,茁壮成长。各种学科进行"嫁接",互相融合,也能产生新的科学技术和新的学科。大学要创造条件让学生接受多种学科、多元文化的熏陶,并把加强校际、国际交流合作作为开放环境下培养复合型、创新型人才的重要手段。嫁接育人机制有效地实现了人才培养模式由单一型向复合型的转变,书中所提出的校内不同专业之间嫁接,与国内有关大学相关专业之间嫁接,与国际有关大学相关专业之间嫁接的人才培养模式,符合通才培养规律和 21 世纪创新型高素质人才的发展需要。通过这种嫁接育人机制,培养出视野开阔、通专结合的人才,在日益激烈的竞争中能掌握先机,实现自己的奋斗目标和人生价值。

"情感、激励、嫁接三结合"的育人机制从生活层面、精神层面和知识层面有机结合、相互促进,既有理论依据,又在实践上证明其切实可行,是一条培养学生全面发展和促进学生进步成才的有效途径,充分体现了以人为本的教育理念(详见本书第九章"三结合育人机制实施情况的调研报告")。这一研究成果,具有创新性、可操作性和推广价值;作为专著及时出版,对贯彻党的十七大精神,提高高等教育质量,做了一件实事。当然,三结合的育人机制,还要在实践中继续不断地加以丰富和完善。

潘懋元

2007 年 12 月 14 日于厦门

目　录

第一章

情感、激励、嫁接育人机制
形成的背景、目的和意义

第一节 情感、激励、嫁接育人机制的内容

2004 年,山东经济学院创新育人机制,实施了情感、激励、嫁接育人机制有机结合的"313"成才工程,即"三保一奖三嫁接"。

"三保",即贷款保学费、助学保饭碗、补助保重点。贷款保学费就是学校向银行提供助学保证金,争取银行向学生提供助学贷款,保证困难学生缴得起学费。助学保饭碗就是使困难的大学生通过勤工助学得到报酬,保证其基本生活。补助保重点就是对于特殊困难的学生,学校提取学费的 2%,给予重点帮助。

"一奖",就是强化激励机制,激发学生内在动力,促进学生成才。学校增加奖项,设立了优秀学生奖学金、新生入学奖学金、优秀毕业生奖学金、优秀学生奖、优秀干部奖、先进集体奖、单项特长奖、社会助学奖等。既有综合性奖励,又有单项奖励;既有个人奖,又有集体奖;既有

学习奖,又有德美体奖,增加了覆盖面。此项机制扩大了大学生受奖比例,由过去的30%扩大到50%;由过去只按综合测评成绩授综合奖,改为设学习、思想进步、道德风尚、社会实践、组织管理、创新、文艺特长、体育特长、卫生等十个方面奖;使不同特长的学生都能得奖,绝大部分学生在校期间能够得到奖励。在综合测评奖励办法中突出了以诚信为主的评价指标。在大学生诚信评价体系实施方案中,把诚信评价分为学习诚信、经济诚信、生活诚信和社会诚信四个方面,每个方面制定了具体评价指标。诚信评价成绩分为 A、B、C、D 四个等级,诚信成绩达到 B 级以上的学生才享有评选一等奖学金和参评校级先进个人的资格,诚信成绩为 D 级的学生不能享受各种奖励。诚信评价成绩为 D 级的学生比例超过10%的班级,不得参加先进集体评选。同时建立大学生诚信评价档案,将诚信成绩记入本人档案。

"三嫁接",指以专业学习为平台,以合作交流为途径,培养知识、文化、意识、能力多方面交汇融通的复合型人才,包括校内不同专业之间的嫁接、与国内有关大学相关专业之间的嫁接、与国外有关大学相关专业之间的嫁接三方面内容。在校内嫁接方面,学校设立了五个本科专业为第二专业,实行双专业双学位制,对完成原专业培养方案规定课程和学分,又修满第二专业规定的课程和学分的学生,发给双专业双学位证书。在跨校嫁接方面,学校与山东大学、天津财经大学、山东科技大学签订了联合培养"访学"学生的协议,每年选派部分优秀生到这些学校学习,增加"第二校园"经历。在跨国嫁接方面,学校先后与美国、澳大利亚、英国、法国、加拿大、德国、瑞典、韩国等国家的大学和教育机构建立了广泛稳定的学术交流与合作关系。与美国阿姆斯壮大学合作成立了山壮学院,联合培养 MBA 研究生;与澳大利亚拉筹伯大学、德国帕德博恩应用经济学院、新西兰 Unitec 理工学院等国外高校合作培养本、专科生;与美国圣荷西州立大学签订了教师和管理干部短期培训协议;与英国米德塞克斯大学、法国雷恩高等商学院、瑞典皇家理工学院、美国阿拉巴马大学、新西兰 Unitec 理工学院等多所高校签订了本科生、研究生访学和师资培训协议。

第二节 情感、激励、嫁接育人机制形成的背景

一、对21世纪高校人文环境和育人目标的思考是情感、激励、嫁接育人机制形成的思想基础

在全面落实科学发展观,构建社会主义和谐社会的今天,高校应该营造怎样的人文环境? 培养什么样的人才? 怎样培养? 这是每一个有社会责任感的高等教育管理者和理论工作者不能不认真思考的问题。

(一)21世纪高校的人文环境,必须以科学、人本、和谐为核心,把大学办成大学生学习生活的家园、精神的乐园、成才的摇篮

1. 高校应该是大学生学习生活的家园。有教育家说,学校是家庭的延伸,这道出了人们对学校所期盼的那份温馨和亲情。大学这个大家庭是由来自不同地域、不同文化、不同阶层、不同家庭背景的学生个体组成的,不同大学生在富裕程度、思想观念和行为习惯等方面存在较大的差异,在彼此之间磨合的过程中不可避免地会产生矛盾和问题。高等教育实行收费制以后,高校和大学生之间除了原有意义上的管理者和被管理者之间的关系之外,还存在提供服务与接受服务的关系,这无疑将增加学校与大学生之间的矛盾和大学管理者的压力。因此,高校应该为大学生提供安全、舒适、充满亲情的人文环境。安全的环境有利于减少大学生离开亲人的不安,较快地融入学校这个大家庭,形成对学校的归属感;舒适的学习生活环境,容易使大学生保持身体的健康和心境的愉悦,较快地适应和认同新的环境;充满亲情的环境,会使大学生较快地产生新的归属感,益于化解矛盾,克服困难,升华感情,使人际关系变得平等、坦诚、互助、感恩、和谐、有意义。

2. 高校应当是大学生精神的乐园。学习的内在力量来自"毅力"

和"兴趣",两者对个体来说虽同为内在力量,但其来源却大不相同,"毅力"受辖于"超我",是一种靠外在目的支配的内在力量,需要调动相当大的心理能量来维系,所以"毅力"的生成与持续都是较困难的。"兴趣"则受辖于"本我",是一种带有自然和原始色彩的内在力量,其本身有着强烈的冲动性以及亟待满足的驱动力。所以"兴趣"对完成一项任务或工作来说比"毅力"有着更大的爆发力和推动力。《吕氏春秋》曰:"人之情不能乐其所不安,不能得其所不乐。"意思是说,一个人,如果把学习当成一件苦差,虽然也能学到东西,可收效不大;反之,如果一个人把学习看做是一桩乐事,就能学到更多的东西,收到更好的效果。因此,大学应为大学生创造"乐学"的环境,尽可能多地运用赏识教育、激励教育、差异教育等理念和方式,使每一个大学生的个性得到充分尊重,兴趣得以充分发挥,潜能得到充分发展,让每一个大学生都成为独具特色、认同自我、充满自信的人。大学生只有在被认同、被尊重、被赏识的氛围和环境中,才能心情愉快,迸发激情,形成健康向上、拼搏进取、勇于创新的精神面貌,才能够开启智慧、张扬个性、释放情感。只有这样,大学才能有歌声和笑声,才会有大学生成长的真正快乐。

3. 高校应该是大学生成才的摇篮。高校应以全面提高全体大学生的素质为根本,以尊重大学生主体和主动精神、注重开发人的智慧潜能、注重形成人的个性为特征。高校的魅力在于她有丰富的智力背景和深厚的文化底蕴,学习、思考、探索、研究的氛围会吸引、教育、熏陶出一批批高素质的人才。高校应该是开放的,应积极创造条件让大学生接受先进文化和多元文化的熏陶,不断地扬弃和升华,从而使他们的综合素质不断得到提高,让他们在走向大千世界之前,形成合理的知识结构、独立生存的技能和令人满意的生活方式。每一个大学生都有其潜力和特点,高等教育要面向全体学生,使每一个大学生都能够在其原有的基础和素质上获得充分发展。李岚清同志在 1999 年全国第三次教育工作会议上的讲话中指出:"只有面向全体学生而不是少数学生,使他们的基本素质都得到普遍提高,使他们的特长和潜能都得到发展,使他们都能有适合自身特点的发展方式,才是符合21世纪要求的高质量和高水平的教育,才能达到提高整个中华民族素质的目的。"

(二)21世纪的高校应该培养适应经济社会发展需要的、全面发展的、自由而幸福的高素质人才

1. 高校应该培养适应经济社会发展需要的高级专门人才。我国正处在社会主义初级阶段,高校经费(包括国家财政经费、社会融资和个人投资)不足,一部分大学生是在负债上大学,如果高校培养的学生与社会需求相脱节,大学生毕业找不到工作或学非所用,就会大大降低高等教育资金的社会收益率和个人收益率,造成社会资源的极大浪费,同时也将会使部分大学毕业生及其家庭陷入困境。因此,高校必须培养具有适应社会发展和时代要求的知识结构、业务素质、理性思维和行为方式及从容应对职位变动等重大事件的心理素质的综合能力较强的人,即具备知识、技能和态度三位一体素质结构的具有"实践能力"的人。"学会做人"、"学会做事"、"学会沟通"、"学会合作"、"学会学习",这些都是大学生走向社会、服务社会的基础条件;那种有知识、缺文明,有学问、缺教养,有理论、缺实践的人,显然无法得到社会的承认。

2. 高校应培养全面发展的高素质人才。人的全面发展,即人的体力、智力、道德精神和审美情趣得到充分自由的发展和运用,也就是马克思和恩格斯在《德意志意识形态》中所强调的"个人的独创的和自由的发展",联合国教科文组织则将其解释为"认知"、"做事"、"共同生活"和"生存"四个要素。它要求人不仅要具备独立解决问题的能力,更要具备与他人的合作能力、处理问题的应变能力、持续性的学习能力、自我激励能力和自我提升的能力等实践能力。人的身心是一个和谐发展的整体,人的认知、情感和意志等方面之间及其内在各要素之间是互相支持、协调发展的。因此,高校必须针对不同时代、不同背景、不

同资质的大学生强化其薄弱环节的教育和锻炼,鼓励其特长和爱好的发挥和发展,为不同层面和特点的大学生提供全面发展的空间和环境,将他们培养成具有良好的品德素质、知识素质、能力素质、审美素质和生理心理素质的应用型人才与高级专门人才。

3. 高校应该培养自由而幸福的人才。早在两个世纪前,西方学者就把大学界定为充满理性思考和批判精神的场所,它担负着提升人的精神境界、丰富人的思想的社会功能。高等教育赋予人以生存、发展和享受的能力,相对于社会的其他部门来说,高校更注重尊重学生个性的主体性,让学生的主动性自由地发展;注重激活大学生的创造意识,使其能够在相对自由的环境中探索展现自己生命本质的生活方式,努力成为自己真正的主人;注重唤醒人的自由意识,使之意识到自己并不是现成的存在者,而是一种必须通过自身创造性的活动,不断向未来开辟可能性并塑造自我的存在物。高等教育引导大学生去创造,使其明白人的自由本质只是提供了发展的可能,没有后天的创造,人的自由本质就无法得到体现和验证;高等教育把人的自由本质引申出去从事创造,去打破已有的生存,使人在永无止境的创造过程中,不断提升,不断创造出新的规定,不断丰富自己人的内涵,领略创造所带给人的任何物质享受和感官享受无法比拟的精神愉悦;高等教育关注生命、理解生命和尊重生命,领悟生命的意义,让大学生回到感性的、生动的、丰富的生活世界,满足人在理智、情感、意志等多方面发展的基本需要,促进大学生对社会、自然、人类自身的认识和了解,在人与自然社会和睦相处的文化背景中,领略生命的意义,感悟人生的幸福,从而构筑起心灵世界的精神家园;高等教育关注大学生能力的培养和发展,注重人的社会关系的丰富和发展,让其摆脱狭隘性,以更开放的胸襟充分显示自己的聪明才智,扩展自己的社会交往,在与社会和他人的关系中,认证自己,实现自己,让每个大学生在社会实践中通过主体间的平等交往和对社会关系的高度驾驭,获得满足自己物质和精神需求的条件,获得个性的全面发展,使人性提升和能力发展两个主要内涵相互支撑、相互融合,在人性提升和能力发展的和谐共振过程中,把人的全面发展主题推向极致。因此,受过高等教育的人应该是更加自由而幸福的人。

对21世纪高校人文环境和育人目标的思考是情感、激励、嫁接育人机制形成的思想基础。

二、中外相关教育理论是情感、激励、嫁接育人机制形成的理论基础

(一)马克思主义关于人的全面发展的教育理论

马克思、恩格斯关于人的全面发展的理论是其教育理论的一个核心问题,它主要包括人的全面发展的内涵、实现人的全面发展的基本条件以及途径等。

1. 人的全面发展的内涵。人的全面发展主要包括三个方面:第一,人的劳动能力即智力和体力的全面发展。马克思在《资本论》中指出:我们把劳动力或劳动能力,理解为人的身体即活的人体存在的、每当人生产某种使用价值时就运用的体力和智力的总和。他还指出,人的全面发展是使工人的"生产"才能得到充分发展。恩格斯在《共产主义原理》中也指出:根据共产主义原则组织起来的社会,将使自己的成员能够全面地发挥他们各方面的才能,使社会成员的才能都得到全面的发展,而且还可能保证他们的体力和智力获得充分而自由的发展和运用。第二,人的社会关系的全面发展。马克思指出:人并不是单个人所固有的抽象物,在其现实性上,人是一切社会关系的总和。而人的社会关系的发展主要表现为两个方面:一是人的社会关系的高度丰富和充分展示。人类早期行为不发展的特征之一就是个人没有丰富的社会关系。随着人类的进步,个人越来越多地参与各个领域、各个层次的社会交往,同无数其他个人从而也就同整个世界的物质生产和精神生产进行普遍的交换,从而使个人摆脱个体的、地域的和民族的狭隘性,开阔人的社会视野，革新人的思想观念、全面地塑造自己，发展丰富多彩的个性，充分展示自己的聪明才智，在服务他人的过程中，得到社会和历史的尊重，并由此实现自我。二是人对社会关系自由度的提高。人的社会关系的发展不仅表现在人的社会关系的丰富性上，而且还表现在人对社会关系的全面占有和共同控制上。全面发展的人，就是指能作为社会关系、社会结合形式的主人的人。共产主义作为人的全面发展的社会形式，主要特征就在于人们对于社会关系的全面占有和共同控制上。第三，人的个性的全面发展。马克思主义认为，人的个性的发展是针对旧式分工和异化劳动的个性的压抑来阐述的。它包括如下内容：一是个人自身中自然潜力的充分发挥。二是个人身体和心理的完善。三是个人需要的相对全面和丰富。这主要体现为：个人按其自身的特点来发展其积极的需要；由单一片面的需要向相对全面的需要的发展；由低层次需要向高层次需要的发展；由占有和利己性质的消极需要向充实人的本质力量的积极性质的需要的发展。四是相对丰富全面而又深刻的感觉。即指由"拥有"的感觉向丰富全面而又深刻的感觉的发展——把对象看做是表象、确证自己本质力量的对象。五是精神道德观念和自我意识的全面性。六是个性的自由发挥。

2. 实现人的全面发展的基本条件。马克思主义认为实现人的全面发展需要物质条件和社会条件两个方面。首先，生产力是人的全面发展的物质条件。生产力是人们改造自然和征服自然的能力。因此，生产力的发展和人的能力的发展从根本上说是一回事，生产力的发展同时也是人的能力的发展，就是人的发展。发展社会生产力的根本途径是促进"个人生产力"水平的提高，个人的充分发展又作为首要的生产力推动"社会生产力"的发展。因此，马克思把生产力的发展同人的劳动实践活动的自我创造过程看成是同一过程。人不仅是劳动者，而且是劳动活动和历史活动的主体，劳动资料不仅是增加物质财富的手段，而且是人的本质力量的对象化，是人的实践活动能力的结果。其次,社会关系是人的全面发展的社会条件。人的全面发展不仅需要高度发展的生产力,而且需要高度发展的生产关系。人的本质是社会关系的总和,"不管个人在主观上怎样超脱各种关系,他在社会意义上总是这些关系的产物"。马克思关于人的全面发展的理论来自于对资本主义社会现实的客观分析,他看到,对于工人的单方面、畸形的发展来说,生产力是根本原因,生产关系则是直接原因。如果这个人的生活条件使他只能牺牲其他一切特性而单方面地发展某一种特性,如果生活条件只提供给他发展这一种特性的材料和时间,那么这个人就不能超出单方面的、畸形的发展。任何道德说教在这里都不能有所帮助。只有在集体中,个人才能获得全面发展其才能的手段。在这个集体中,个人是作为个体参加的。它是个人的这样一种联合……这种联合把个人的自由发展和运动的条件置于他们的控制之下。这里,马克思、恩格斯一再指出的联合和集体,实际上是指自由人的联合体,在那里,每个人的自由发展是一切人自由发展的条件。

3. 教育与生产劳动相结合是实现人的全面发展的重要途径。马克思在认真研究欧文教育思想及教育实践活动后指出:从工厂制度中萌发出来了未来教育的幼芽,未来教育对所有已满一定年龄的儿童来说,就是生产劳动同智育和体育相结合,它不仅是提高社会生产的一种方法,而且是造就全面发展的人才的唯一方法。他还指出:要造就全面发展的人才,就必须大力发展工艺学校、农业学校和职业学校。"工业学校和农业学校是这种变革过程在大工业基础上自然发展起来的一个要素;职业学校是另一个要素。……工人阶级在不可避免地夺取政权之后,将使理论和实践的工艺教育在工人学校中占据应有的位置。"这样就使农业学校、工艺学校、职业学校成为教育结构的一个重要组成部分,从而使教育越来越构成了现代社会、生产的一个必备要素。列宁也指出:没有年轻一代的教育和生产劳动的结合,未来社会的理想是不能想象的;无论是脱离生产劳动的教学和教育,或是没有同时进行教学和

教育的生产劳动,都不能达到现代技术水平和科学知识现状所要求的高度。具体而言,教育与生产劳动相结合之所以对人的全面发展具有十分重要的意义是因为:首先,只有二者结合,才能使未来的劳动者体力劳动同脑力劳动紧密地联系起来,结合起来,而不至于出现两者的分离乃至对立,这对于消灭体力劳动与脑力劳动的差别极为有利。教育可以使人获得从事脑力劳动的能力,发展人的智力,而生产劳动则可以使人的体力得到发展。把教育与生产劳动结合起来,可使人的体力与脑力结合起来,体力和智力统一协调发展。其次,只有二者结合,才能使未来的劳动者真正实现体力和智力的充分、自由、广泛的发展和运用,实现人的各方面素质的共同发展。再次,也只有实行二者结合,才能使未来的劳动者有机会掌握现代社会生产过程的基本原理和操作技能,受到多方面的训练,才有可能使他们成为现代化大生产过程的主人,成为那种以不同社会职能作为互相交替的活动方式的全面发展的人。最后,也只有实行二者结合,才能为社会的进步与发展,提供强有力的动力:在资本主义社会是改造社会的最强有力的手段之一,在共产主义社会又是培养全面发展新人的最有力的手段之一。所以马克思强调:生产劳动同教育的早期结合,是改造现代社会的最有力的手段之一。

(二)素质教育理论

1. 素质教育理论产生的背景。改革开放初期,我国高等教育规模小,发展滞后,人们的学历普遍偏低,高等教育只是极少数人的精英教育。在当时的背景下提出矫枉过正的人才观并运用到用人实践中是时代的需要,当时的"学历崇拜"而引发的"应试教育"对于发展我国的高等教育、提高国民受教育水平起到了积极的推动作用。但经过20多年的改革开放,在高等教育已经步入大众化阶段的时代背景下,"应试教育"的弊端日益凸显出来。

"应试教育"的特征是:学校以升学率为目标,片面追求考试得高分;围绕考试构建教育体系,安排教学内容,考什么教什么,考什么学什么,偏重智育,忽视德育、体育、美育、劳动教育;教学方法则是频繁考试,题海战术,死记硬背;在分数高压下,学生负担过重,处于被动地位。

随着经济全球化,中国高等教育面对着一个更加开放的环境。人才流动全球化,人才标准国际化,这就要求我们必须对人才质量和人才标准进行重新审视。现实问题的复杂化和综合程度的提高以及知识更新速度的加快,要求人不仅要具备独立解决问题的能力,更要具备与他人之间的合作能力,处理问题的应变能力,持续性的学习能力,自我激励能力和自我提升的能力等素质。简言之,社会需要的是全面的复合型、应用型、创新型、国际化的高素质人才。显然,"应试教育"倾向下培养出来的大学毕业生不能适应新时期经济社会发展对人才的需求。要培养适应新时期国际国内经济社会发展需要的大批高素质人才,必须实现"应试教育"向"素质教育"的转变。

2. 素质教育的内涵和特征。理论界对"素质教育"的内涵众说不一。被广泛认同的"素质教育"的内涵是,"素质教育"从本质上讲是指以提高全民族素质为宗旨的教育,以面向全体学生、全面提高学生的基本素质为根本目的,以注重开发受教育者的潜能,促进受教育者德智体诸方面生动活泼地发展为基本特征的教育。素质教育以 21 世纪中国经济社会发展需要为依据,以提高全体国民的素质为目标;按照学习者自身发展的规律构建教育体系,安排教学内容,重视德、智、体、美、劳诸方面的全面和谐发展;教育方法则主张因材施教,注意培养学生的学习能力和创造能力,发挥学生在学习过程中的积极性、主动性,使学生生动活泼地学习生活。

素质教育的主要特征是:一是全面性。素质教育强调全面贯彻党的教育方针,使学生的德、智、体诸方面得到全面发展,提高学生的思想政治素质、科学文化素养、心理素质等。通过实施素质教育,在德育方面,使学生具备正确的世界观、价值观和人生观,具备良好的道德品质修养和行为规范;在智育方面,使学生掌握必备的基础知识及动手操作能力、开拓创新能力;在体育方面,训练学生具备顽强、竞争、乐观、向上的心理素质和较强的身体素质等。二是全体性。素质教育是面向全体学生,不放弃任何一个学生,不让一个学生落伍。三是因材施教原则。素质教育强调面向全体学生,绝不是否定个体的差异,恰恰相反,素质教育追求的是"一般发展"与"特殊发展"的统一,注重因材施教,面向有差异的每一个个体,根据不同学生的不同实际,促进学生的全面发展和能力的提高。四是主体性。素质教育是充分弘扬人的主体性,注重开发人的智慧潜能,注重形成人的精神力量的教育。它唤起学生的主体意识,发展学生的主体精神,使学生主动追求真(知识境界)、善(道德境界)、美(审美境界)的完美人格,让学生生动活泼地快乐成长。五是实践性。素质教育是开放式教育,强调学生在校期间以学习为主,理论与实际相结合,有目的、有计划地接触社会、了解社会、服务社会,培养学生为人民服务的思想,使学生在接触社会、为社会服务的过程中,培养热爱劳动、热爱人民的思想情感;了解社会现实,增强社会责任感和实事求是、艰苦奋斗的献身精神;获得实际生产和管理方面的知识,加速由培养对象向社会角色的转变。

3. 推进高等院校素质教育的重要途径。《中共中央国务院关于深化教育改革,全面推进素质教育的决定》中指出:"全面推进素质教育,是我国教育事业的一场深刻变革,是一项事关全局、影响深远和涉及社会各方面的系统工程。"素质教育是国家政府、学校和家庭的共同责任,也是高等院校义不容辞的责任。营造良好的校园文化环境是推进素质教育的重要途径。

校园文化是一所学校受自然社会环境影响及长期办学过程中积淀的为师生员工所认同的价值趋向、行为方式、思维模式和行为规范。她依托传统文化而产生,在一代代教师与一批批学生之间的教育活动和学校建设活动中延续、发展,并通过学校的建筑、雕塑以及杰出人物等而得到物化和强化。校园文化是社会文化大系统的一个子系统,其系统内又可分为物质文化、制度文化、精神文化这三个不同的结构层次,并且相互渗透、相互影响。其中最浅层的是物质文化,包括人们创造的各种校园物质产品;中间层是制度文化,包括学校人际关系及规范化了的学校制度;精神文化是校园文化中最高层面的文化,它包括学校价值观念及办学理念指导下形成的行为规范、群体目标及各种思想意识,是校园文化的核心和灵魂。人是环境的产物,正处在价值观、行为方式、思维模式和行为规范不断形成和完善时期的大学生,很容易受校园文化的影响。学校所具有的规模和组织结构、所提供的物质环境、所推崇的价值观念、所熔铸的行为模式等等,构成了大学生个体的学习情境,它们对大学生的学习、行为会产生明显的影响。受教育者个体在特定情景下所采取的特定行动,又改变着现实的情境,影响自身和其他个体的身心发展。作为一个由师生员工、校园景观等众多独立要素构成的开放系统,校园文化在与学校师生员工及外界社会进行信息、物质交换的过程中,常常强烈地表现出调节约束、集体意识功能和教育导向功能。美国课程专家杰克逊认为,校园文化在促进学生社会化的非学术过程中构成了"隐性课程"。高品位校园文化一旦形成,就会成为学校的集体意识而非个人意识,对青年大学生的思维方式和行为方式起着潜移默化的作用。大学生对校园文化的认同,可以激发大学生广泛交往的积极性和对群体内成员的信任感,充分展示其全部感情和真实自我,自由地进行娱乐和消遣活动,感悟不同思维方式和行为方式的碰撞、冲突,接受大学生群体意识的熏陶和影响,形成与大学生群体一致的思维方式和行为方式。改革开放以来,我国逐步打破了过去一元化的彼此孤立的社会文化状态,发展成一个以多元化、分层化、复杂化和高度流动化为基本特征的社会结构。大学生来自不同家庭、不同地区甚至不同国度,在不同文化氛围中成长起来的青少年汇集到同一所校园,不可避免地会发生多元文化冲突,进而改变着人们的认知系统和行

为方式。学校高品位文化的形成,使大学形成鲜明的主流文化,从而对大学生各自的亚文化产生强烈的影响,引导大学生对其自身的亚文化进行扬弃,在潜移默化中矫正自己的思维方式和行为方式,形成为校园文化所认同的行为规范,从而为他们未来走向社会奠定了良好的人文基础,拓展他们向上层社会流动的空间。此外,如果校园文化是高品位的,那么生活在这一文化共同体中的个体将对校园文化产生高度的认同感、归宿感和自豪感,而这种高度的认同感、归宿感和自豪感,将会激发大学生的学习热情和创造力,促进大学生的健康成长和成才。

营造良好的校园文化环境,主要应抓好三个方面:

一是建设高品位校园物质文化。校园物质文化作为一种物质的客观存在,能为人的感官所直接触及,具有直观形象的特点,这种直观的物质文化包含了设计者、建设者和使用者的价值观、审美观,具有相当的持久性。它包括校园的地理位置、地形风貌等自然环境和校园的各种建筑;以及教学科研设备、文化设施和生活设施以及校园里大小园林、草地、花坛、道路等硬件工程。在自然环境中融入科学及人文含量,赋予育人理念,从而形成能够使学生、教师产生美好感受与体验的自然文化,得以在思想品德、法制观念、人际关系、习惯养成、美育修养、思想品德等方面起到感染、激励、熏陶、潜移默化的作用。以物质形态存在的教学、科研、生活环境及其文化体育设施,直接影响着大学生的情绪和心理。清洁、优雅、整齐、有序的校园环境,既可激发大学生的自豪感和凝聚力,又可提高学习的效率,影响大学生的行为及其人格的培养。

二是建设高品位校园制度文化。校园制度文化是学校的各种规章制度和组织机构,具有强烈的强制性、规范性、组织性。制度文化一经学校成员的高度认同,不仅能促进良好品行和价值观念的形成,更能凝结为一种无须强制就能在代代学生中自然传承的精神文化传统。学校的规章制度的制定必须体现素质教育的内涵和特征,使素质教育能从制度上得以保证。

三是营造高品位校园精神文化。校园精神文化是校园文化的核心,也是校园文化建设追求的最高目标,她体现着大学的精神品质、个性特色和社会魅力。大学应该为大学生提供安全、舒适、充满亲情、颇具人文情趣的环境,减少大学生离开亲人的不安,保持身体的健康和愉悦的心境,较快地适应和认同新的环境,形成对学校的归属感;大学校园应倡导自由的学术氛围,老师与学生之间能平等地交流,民主地讨论,这是培养创新人才、迸发创新思想火花的必要条件,可以为创新人才的脱颖而出提供广阔的空间;大学要营造多学科交汇的环境,为培养创新人才、产生创新成果提供肥沃的土壤;大学要宽容失败,让大学生在大方向正确的基础上,敢于冒尖,敢于冒风险,使每一个大学生的创造力得到充分发挥;大学教育要面向全体学生,尊重大学生的主体地位和主动精神,注重开发人的智慧潜能,尽可能多地运用赏识教育、激励教育、差异教育等理念和方式,为他们创造乐学的环境,使每一个大学生的优势得以充分发挥,个性得到充分张扬,差异得到充分尊重,让每一个大学生都成为独具特色、认同自我、充满自信的人;大学应是开放的,要创造条件让大学生接受先进文化和多元文化的熏陶,不断地扬弃和升华,从而使他们的文化品质不断得到提高。

(三)教育公平理论

有学者认为,各国对受教育权利的规定,可以归结为两个方面六个层次:义务教育方面的就学权利平等、教育条件平等、教育效果平等;义务教育以上的各级各类教育的就学范围扩大、竞争机会平等、成功机会均等。在我国社会主义初级阶段,公民的教育权利得到了法律确认。《中华人民共和国教育法》规定:"受教育者在入学、升学、就业等方面依法享有平等权利。"教育公平是指人们对教育资源配置和教育机会供给的认识和价值判断。教育公平包括教育权利平等和教育机会均等两大方面,其核心是教育机会均等。教育机会均等主要包括入学机会均等、进入不同教育渠道的机会均等和获得就业成功的机会均等三个方面。作为社会理想的奋斗目标，教育均等具有历史性、相对性、复杂性。所谓历史性，是指教育公平是发展的，是一个历史过程，不同的历史时期，教育公平的内涵和重点也会有所不同；所谓相对性，是指任何国家和地区、任何历史时期，教育公平都是相对的，绝对的教育公平和没有差别的教育是不存在的；所谓复杂性，正如经济社会发展中必须面对公平与效率这对基本矛盾一样，实现教育公平也无法回避普及与提高的矛盾。在我国，人人享有公共教育资源，是宪法赋予每个公民的权利；让每个公民享有公平的教育机会，是政府的义务，也是事关国家和民族未来的一件大事。

高等教育公平是教育公平的重要内容。我国《高等教育法》第九条规定："公民依法享有接受高等教育的权利。"公民接受高等教育的权利是基于高等院校形成事实上的法律关系的学生为了确保人格与健康生活，符合社会生活及社会发展的需要，社会承认为正当而受到国家保护的享有教育资源的权利。它具体有以下特点：一是法定性。二是基本性。义务教育阶段的受教育权利是公民的基本权利，而非义务教育的受教育权利则是非基本权利。它是人们为了更好的生存和发展而具有的比较高级的权利，这种权利往往通过竞争的方式来获得。三是平等性。平等是法律追求的价值目标，也是权利的基本特征。平等首先要求起点平等，就是要使每个人不受任何歧视，都具有开始学习生活的机会；平等还要求教育过程中用不同的方式来平等地对待每一个人；平等还是一个总目标，教育面前机会平等可视为一个总的原则。四是权义一致性。既没有无义务的权利，也没有无权利的义务。权利平等原则包含两大具体原则：即基本权利绝对平等原则与非基本权利相对平等原则。基本权利是为宪法认可、肯定与保障的人权体系的基本的、核心的人权，基本权利必须绝对平等。非基本权利主要是指单个社会成员之间设定法律关系时所彼此承认的个别化的权利，这种权利是人生存和发展的更高权利，如果说基本权利是使人称为人的权利，那么，非基本权利就是使人成为有价值的人的权利。人的价值的大小,取决于非基本权利的多少及贡献的多少,由于人的努力程度、贡献大小不同,因而享有的非基本权利就不均等。接受高等教育权利虽通过竞争获得,但对于已经在一个位阶上的个人来说,他们享有的教育权又是具有平等性的。

高等教育平等权利有以下表现形态:一是平等的入学权。指考生有平等参加考试竞争、选择志愿和接受同等成绩要求对待的权利,与之相对的是高校的招生录取权。二是平等的受教育身份权。在我国,高校学生是通过规定的程序来取得其身份。正是由于具有了高校的学生身份,高校学生才能享受国家提供的优惠与福利,更为重要的是,在国家高等教育资源相对短缺的情况下,拥有高校学生身份意味着可以在特定的年龄阶段,特定的时间、空间以及条件下享有学习和接受教育并获取知识和能力的权利。三是平等的教育选择权。其理论基础是学习自由。学习自由是学术自由的重要组成部分,大学生的学习是研究性学习,是大学学术的组成部分,重视学习自由,有利于发挥学生学习的自主性、能动性和创造性,造就具有创新能力、独特个性和高度责任感的人才。四是平等的教育教学活动参与权。校园民主要求学校的事务应由学校的成员(学生、教授、职员)共同决定,而非单纯将学生看做一种置于受教育或被管理的客体。教师和学生在人格上是平等的,双方的权利也是对等的。学校应保证学生参与学校教育决策,听取学生的意见。五是获得公正评价权。学生的学业与品行及其他方面应该获得公正的评价。首先要有一个公正的评价标准,应该从学生实际出发,用全面、发展的观点看待学生。学校教育中那些传授具有相对共识性的知识的课程,应有相对客观的评价标准,而研讨性课程,一般不应要求有唯一性的最终结论。对学位论文的公正评价表现在评定程序上,采用多数原则。六是平等获得毕业、学位证书权。在社会生活中,获得某种学业证书,是个人进入高一级学校或从事相应职业的必要条件,也是用人部门选录和使用人员的重要依据。一方面雇主对教育水平较高者支付较高的工资,另一方面人们也可根据教育程度与工资等级的关联了解不同程度教育投资人的收益,作出适当的教育投资决定。

(四)差异教学理论

差异教学是指在教育教学中,立足于学生的个性差异,满足学生个别学习的需要,以促进学生在原有的基础上得到充分发展的教学。学生的差异是客观存在的,每个学生各方面的发展往往是不平衡的,社会的进步和发展需要不同层次不同类型的人才,多元文化追求差异性的价值。正是在人的发展和社会需求的双重要求下,"差异教学"理论应运而生。

差异教学的出发点是学生存在个性差异,这个差异包括个体间的差异和个体内的差异,反映在学生的性格、兴趣、能力和认知风格等各个方面。美国著名心理学家加德纳于1983年提出著名的"多元智能理论",认为:人的大脑是复杂的机体,有许多不同的智能部位,掌管着人的不同智能。1999年,他又将这些智能分为八种:语言技巧智能(能有效运用口头语言和书面文字表达自己想法和了解他人);逻辑分析智能(能有效运用数字和推理能力);艺术智能(能察觉、辨别、改变和表达艺术的能力);身体运动智能(善于运用肢体来表达想法和感觉,运用身体的部分生产或改造事物);空间位置智能(能以三度空间来思考,准确地感觉视觉空间,并把内在的空间世界表现出来);人际关系智能(能觉察并区分他人情绪、动机、意向及感觉的能力);自我认识智能(正确认识自己的能力);自然观察智能(具有对生物分辨观察的能力,对自然景物敏锐的注意力,对各种模型的辨别力)。每个正常的人都具有上述的智能,但不同的人各有其不同的比较发达的部分(智能)。而后天的不同的教育和训练,可使其得到相应的发展;而且,不同智能部位的不同组合,又可得到不同的结果。

差异教学的目的是促进每个学生在原有的基础上都得到最大的发

展,促进自我教育,确保每一个学生都能够在其固有的基础和素质上获得充分发展。

差异教学立足于有差异的群体,要求教学面向全体学生,对学生全面负责,强调在社会和集体的共同活动中发展学生良好的个性,强调教学不仅要为学生打下全面的基础,而且要在各自的基础上让他们的潜能得到最大发展,促进学生素质的全面提高。

差异教学面向全体学生,但并非要求学生齐头并进,而是在各自的基础上最大可能的发展,由于学生的先天素质和后天的教育环境、条件等方面的不同,就决定了他们之间的差异,因此,他们的发展是有差异的发展。但要防止借口学生的差异,人为地给学生分类,给学生不公正的待遇,造成他们的教育机会不均等。

每个学生都处在发展变化之中,从本质上讲都是要求进步的,作为发展的学生,每天都在变。我们的教育要促进学生的发展,但教育是外因,要通过内因才能起作用。

差异教学就是力图从学生的差异出发,分析差异形成的原因,扬长避短,培养学生良好的品德和习惯,根据学生进步的情况,客观地给予公正的评价,激励进步,使内因发挥作用,促进学生整体素质的提高。

差异教学强调掌握学生的差异,充分发挥每个学生的潜能,而且又十分重视集体的作用,强调学生集体是由需要和兴趣各不相同、思想道德、能力各不相同的学生组成的统一体,强调同学间合作帮助,促进人的社会化。每个人都是在人与人的交往环境中成长起来的,每个人的潜能越是得到良好的开发,越应对集体做更多的贡献。而良好的集体,奋发向上的氛围,同学之间互助友爱对每个人都是巨大的教育力量。正像苏霍姆林斯基强调的,要使学校里人与人的接触成为对人成长有利的条件,同时,又要培养每一个人对集体、社会负责的能力——这就是个人与集体的和谐统一。

上述中外教育理论,揭示了教育发展和人才成长的规律性,蕴涵了古今中外教育者的经验和智慧,为情感、激励、嫁接育人机制的形成提供了坚实的理论基础。情感、激励、嫁接育人机制并非无源之水、无本之木,而是上述中外教育理论的继承、发展和应用。

三、21 世纪高校人文环境和人才培养存在的突出矛盾和问题是情感、激励、嫁接育人机制形成的时代依据

21 世纪,以人为本、科学发展观和构建社会主义和谐社会这些理论的深入人心,为大学新的人文环境塑造和人才培养目标的实现提供了良好的政治和人文环境,但也存在一些亟待克服的矛盾和问题。

（一）贫困大学生无力支付学费和生活费与高校经费短缺并存的矛盾

1. 贫困大学生因无力支付学费和生活费而陷入困境。贫困大学生,主要指家庭经济困难的学生。从目前全国平均状况来看,一般将月生活费低于 150 元的大学生确定为"贫困生",低于 90 元的则为"特困生"。

改革开放前,我国高等教育费用全部由国家承担,国家统包了个人的高等教育学费与生活费,因此,贫困生问题尽管事实存在但未得以显现。改革开放后,尤其是进入 20 世纪 90 年代中期实行高等教育成本分担制度改革以后,高等教育部分费用由大学生个人和家庭负担,大学生承担的教育费用逐年提高。

目前,大学生人均年缴费用大都在 3000—8000 元。其中,师范、农林类 2500—5000 元,普通高校普遍为 4000—8000 元,一些重点院校和热门专业则高达万元。再加上住宿费和生活费用,培养一个大学生年均费用约 10000 元。与此同时,随着我国社会主义市场经济的发展,城乡之间、不同地区、行业和阶层之间的收入差距进一步拉大。据中国社会科学院的调查,2002 年全国收入最高的 1% 人群组获得全社会总收入的 6.1%,比 1995 年提高了 0.5%;最高的 5% 的人群组获得总收入

的 20%,比 1995 年提高 1.1 个百分点;最高的 10% 的人群组获得总收入的 32%。总体而言,中国城乡收入的差距为 1∶3.24,而居住在城市的 20% 最高收入人群和居住在农村的 20% 最低收入人群的收入差距则从最初的 4.5∶1 扩大到了 12.66∶1。具体而言,1978 年,城镇职工的收入为 615 元,而同期农民人均收入 134 元;2003 年,城镇居民人均收入为 8500 元,农民的人均收入为 2622 元。这只是收入一项,如果考虑到教育、医疗、保险等基本社会福利,那么农村和城市的差距还大。据国家统计局 2003 年统计数据显示,用以表示贫富差距的基尼系数已经由改革开放初期的 0.3 上升到 0.46,这意味着 20% 的人口占据了 80% 的社会财富。在这种状态下,一般家庭承担目前高昂的学费尚有难度,贫困家庭则更加困难,从而导致高校贫困生人数不断增加。据国家有关部门统计,1996 年在校大学生中特困生就有几十万人,1999 年我国 560 万在校生中贫困生有 100.5 万人,2000 年则增至 142 万人。近 7 年来,贫困大学生的人数和比例呈迅速增长趋势,目前我国高校贫困生总数已高达 300 多万人,各高校贫困生的平均比例高达 25%。其中,清华大学贫困生比例为 23%,北京大学为 30%,上海交通大学、西安交通大学均为 35%,西北农林科技大学为 31.2%(其中特困生占 12.6%),广西师大为 32%,西南师大为 33%,青海师大 1999 年的贫困生比例已达 40%(其中特困生占 14%),而北京林业大学 2000—2001 年贫困生比例高达 48.7%。

　　贫困大学生作为一个特殊的群体,由于其承担的经济和心理压力过大而引发的问题日趋严重。调研表明,贫困生绝大多数基本生活难以保障,其生活状况远远低于学校所在地的最低生活水平。吃饭穿衣问题都甚为严重,一天只吃两顿饭或饥一顿饱一顿的现象在贫困生中很普遍,身体健康受到严重损害。贫困生问题不仅是贫困生个人的问题,更是一个家庭和社会问题。目前,绝大多数贫困生家庭因为子女筹措高额学费而背上沉重的经济负担,甚至负债累累。家长为此忧心忡仲,不少家长因而难以安心工作和生产,甚至有些家长由于为子女筹措学费无门而卖血、疾病久拖不治而成重症或为此自杀。

2. 高校经费短缺压力加大。解决贫困大学生上大学难的问题,使他们能够顺利地完成学业,是政府和高校管理者共同面临的难题。解决上述问题,就高校这一市场经济的微观主体来讲,减少家庭困难的大学生的数量和减免大学生的学费的能力都相当有限。因为在收入差距拉大,贫困大学生日益增长的同时,高校也面临经费短缺的压力。

一是随着高等教育经费由国家包干到多元化投资改革,财政对高校在校生的年平均拨款呈下降趋势。据世界银行调查,1990年以来,我国高等教育经费来源中财政外经费占总经费的百分比开始呈上升趋势,由1990年12.30%开始稳步上升,2004年达到了53.47%,占"半壁江山"还要多。这些财政外经费收入来源包括:校办企业收入、委托培养收入、教育服务收入、研究及咨询收入、后勤服务收入以及学生缴纳的学费和社会捐赠。与此同时,财政性拨款比例呈逐渐下降趋势,由1990年的87.70%逐年下降至2004年的46.53%(见表1—1)。

表1—1　1990—2004年高等教育经费来源中财政性拨款与
财政外资金统计情况表

指标 年份	高等教育经费(千元)	财政性拨款部分比例(%)	财政外经费部分比例(%)	高等教育学费、杂费(千元)	学费、杂费占高等教育经费比例(%)
1990	10930607	87.70	12.30	51934	0.48
1991	12528227	86.90	13.10	191522	1.53
1992	12533628	81.80	18.20	458167	3.66
1993	18352446	82.18	17.82	1348532	7.35
1994	24754446	72.32	27.68	3291261	13.30
1995	29219792	69.51	30.49	4451919	15.24
1996	34555255	68.22	31.78	5636530	16.31
1997	41509810	66.12	33.88	7238858	17.44

指标 年份	高等教育经 费(千元)	财政性拨款 部分比例 (%)	财政外经费 部分比例 (%)	高等教育 学费、杂费 (千元)	学费、杂费占 高等教育经费 比例(%)
1998	58703842	61.88	38.12	8943189	18.24
1999	75330600	60.03	39.97	14463023	19.20
2000	96662212	55.75	44.25	22478802	23.26
2001	121347494	52.75	47.25	32525385	26.80
2002	152749958	50.03	49.97	44190354	28.93
2003	177859691	47.79	52.21	57971659	32.59
2004	210350399	46.53	53.47	66537720	31.63

资料来源:《中国教育经费统计年鉴1990—2005》,其中1990年至1993年的高等教育经费是根据各项支出数据计算所得。

注:①表中的高等教育经费包括各级财政预算内教育事业费拨款、基建费拨款、教育附加费收入拨款,以及财政预算外的事业性收入(含学杂费收入)、社会服务收入用于教育的部分及捐(集)资收入、其他收入等。

②财政外资金包括学杂费在内的除各级政府通过财政拨款之外的所有经费,财政性拨款指教育事业费拨款、基建费拨款、科研费拨款、教育附加费拨款等。

③学杂费虽是行政事业性收费,属财政性收入,但由于是学校的组织收入,而且财政是纳入预算外管理的,所以将其纳入财政外资金。

④1999年的学费、杂费收入所以比1998年增长61.72%,因为1999年正是高等教育第一年扩招。

表1—2 2000—2004年普通高校教育经费总收入统计表

指标 增 长 年 率 份 (%)	合计金额 (亿元)	普通高校 预算内教育 拨款金额 (亿元)	普通高校 预算内教育 拨款所占 比例(%)	普通高校 预算外教育 经费金额 (亿元)	普通高校 预算外教育 经费所占 比例(%)
2000	913.35	504.42	55.23	408.93	44.77
2001	1166.58	606.07	51.95	560.51	48.05
2002	1487.86	724.35	48.68	763.51	51.32
2003	1683.07	817.83	48.59	865.34	51.41
2004	2000.15	973.01	48.65	1027.14	51.35

增长率(%) 年份 \ 指标	合计金额（亿元）	普通高校预算内教育拨款金额（亿元）	普通高校预算内教育拨款所占比例（%）	普通高校预算外教育经费金额（亿元）	普通高校预算外教育经费所占比例（%）
2001	27.73	20.15	—	37.07	—
2002	27.54	19.52	—	36.22	—
2003	13.12	12.91	—	13.34	—
2004	18.84	18.97	—	18.70	—

　　数据表明,2001—2003 年我国普通高校经费总量、预算外教育经费收入的增长均快于预算内高校经费的增长,2004 年我国普通高校经费总量、预算外教育经费收入的增长幅度与预算内高校经费的增长幅度基本持平。

　　通过对表1—2分析,可以看出:

　　虽然财政拨款绝对数值在逐年增加,但占高等教育总经费的比例却在逐年减少;随着扩招,在校生的规模迅速扩张,高等教育经费来源中的财政性拨款部分所占比例在扩招后降至50%以下。这说明高等教育经费越来越需要依赖于预算外经费等其他渠道解决。

　　二是高等教育大众化,使高校在校生规模快速增长,学校"硬件"普遍紧缺,各高校纷纷在资金短缺的情况下建设新校区,致使许多高校背上沉重的债务负担,甚至难以为继。高校大规模扩招从1999 年开始,1998 年全国计划招生数目是108 万,2001 年计划招生数目是250万,2004 年全国普通高校录取新生人数达447 万名,2005 年全国普通高校招生计划数为475 万名。

　　高校规模的迅速扩大,使各高校的教学设施等硬件普遍紧缺。据北京市教委高教处对50 所高校(其中90%是普通高校,包括中央部委所属院校和北京市属院校,其余为成人高校)调查显示,高校扩招后86%以上的学校面临着硬件设施不足和经费短缺问题,理工科学校所面临的这方面的困难更加突出。

为了适应在校生规模快速扩张的需要,各高校纷纷在资金不足的情况下建新校区,许多高校从而背上了沉重的债务负担。据专项审计显示,2005年江苏20所省属高校负债率至少达总资产的30%。经费短缺成为目前我国高校普遍面临的突出问题。

贫困大学生上学难与高校经费普遍短缺并存的矛盾,使高校陷入两难的境地:减免贫困生学费将进一步增加高校经费短缺的压力,而且,高等教育不是义务教育,而是一种人力资本投资,大学生毕业之后是有回报的,按照市场经济谁投资谁受益的原则,让接受高等教育者缴纳部分学费是符合市场经济规则的;而贫困生如果因经济问题而失学将有失社会公平,进而引发许多社会问题。这种两难的困境,要求高校必须探索适应新形势需要的新的助学体系和保障机制。

(二)"应试教育"造成部分高分低能的大学生就业困难与社会上复合型、应用型、创新型、国际化高素质人才紧缺并存矛盾

改革开放后,国家基于对知识与人才的渴求,在用人时高度强调知识化,突出学历要求,各种机会均有学历、高学历者倾斜,好的岗位均向有学历、高学历者开放。正是这种唯学历论英雄的人才观与用人观,造成了千军万马挤独木桥的格局,升大学、考研究生成为青年学子的最高追求。考试成绩成为选拔晋升的唯一标准。而在中国的考试中,个人的创造性和能力是没有地位的。考试的目的是考查学生掌握书本现成知识的能力,所以学生只要能够完整的复述老师课堂上所讲的内容,就能得满分。至于学生自己的个人创见,在考试中是不受鼓励的,教师对学生不符合标准统一答案的试卷答题,即使很有道理、很有创见,也不会加分,甚至要扣分。学生在考试中能否得高分不取决于发挥得如何,而是仿效别人的结论是否不差分毫。

从教育规律和人才成长规律来看,"应试教育"在认识上存在着两个误区:一是忽视了对大多数学生的培养,只对少数人服务;二是"应

试教育"在教育内容上忽视德育、体育、美育和生产劳动教育,只重知识传授,忽视能力与心理素质培养,它所追求的是片面发展,而不是全面发展。

中国科学院心理研究所发布的《2005年国内五城市未成年人发展联合调查中学阶段青少年发展状况报告》,通过对北京、上海、广州、昆明、汕头等城市5875名初一到高二中学生的调查发现:我国青少年的身心发展在诸多方面呈现出一种不容乐观的趋势:

1. 视力水平大幅下降。调查显示,随着中学生年级的增高,视力良好者的比例从26.2%下降到15.0%,患轻度近视的比例也从42.8%下降到30.5%。与此同时,中度近视和重度近视比例却分别从22.9%和8.3%上升至36.8%和17.8%。与这一结果互为佐证的是,2005年教育部和卫生部的一项联合调查显示,我国中小学生的近视率达34.6%,高中生近视率达70%,近视发病人数位列世界第一,发病率仅次于日本,居世界第二位。

2. 睡眠时间减少。1994年国家教委发布的《关于全面贯彻教育方针减轻中小学生过重课业负担的意见》明确指出,"保证初中生9小时以上的睡眠,高中生8小时的睡眠"。本次调查显示,从初一到高二,学生的平均睡眠时间从8.1小时下降到7.1小时,均未达到国家规定的健康标准。

3. 体质下降。在睡眠不足的情况下,中学生患感冒的频率明显上升。调查中随着年级的上升,极少感冒的人数呈明显下降的趋势。

身体素质的下降带来了心理素质的降低和思维能力的钝化。调查结果显示,学生的学习动机(积极性),创造性思维能力随年龄的增长一路递减。与此同时,孩子们的心情也变得越来越差:积极情绪得分从平均3.70分下降到3.40分,消极情绪的平均分则从2.59分提高到2.93分。

《中国新闻周刊》的一份相关报道提到,中国17岁以下的儿童、青少年中,至少有 3000 万人受到各种情绪障碍和行为问题的困扰。调查发现,中学生对各种读物(如科幻小说、侦探破案、中外名著等)的阅读兴趣都在下降,能吸引他们兴趣的只有一种书——言情小说。随着年级的增长,参与各种家务劳动的人数比例大都呈逐年下降趋势。一个最明显的例子是,初一的学生中,尚有 53.1% 的人能"在父亲或母亲生病时照顾他们",而到了高二,自信能做到这一点的只有 37.3%。至于其他的课外活动,除了"看电视"这项基本持平外,绝大多数活动的比例都在减少,唯一增加的就是越来越多的人想"多睡一会儿觉"。更令人担心的是,调查发现,考试作弊行为的影响范围从初一时的 69% 增长到高二时的 92%。还有校园暴力,影响范围从 40% 增长到 63%。

瑞士洛桑国际管理开发研究院发表的 2000 年度《国际竞争力报告》显示,中国的国民素质、科学技术和国际竞争力在世界的排名连续下滑:国民素质由 1998 年的第 24 位降至第 29 位,科学技术由第 13 位降至第 28 位,国际竞争力由第 24 位降至第 31 位。显然,这个结果与我国长期实行"应试教育"不无关系。

知识不等于能力,单纯以考试成绩为标准选拔、培养出来的人才远远满足不了社会的实际需求。世界发达国家高等教育大众化的经验和教训告诉我们,没有高等教育质量的多样化,就不可能有健康发展的高等教育。这就要求高等教育必须针对"应试教育"造成的弊端加以纠正,实施"素质教育",培养社会所需要的大批高素质人才。

(三)中国传统教育观念存在亟须纠正的三大误区

一是棍棒式教育。在日常生活中,家长和教育工作者常常拿着放大镜寻找孩子们的缺点,喜欢从反面教育孩子,希望孩子变得越来越好,这种对待孩子的"问题趋向"惯性使许多家长和教育工作者总能看到好事背后的坏事。比如:孩子考试成绩好,马上会联想到会不会滋生骄傲情绪;孩子在某个方面产生兴趣和爱好,马上会想到会不会影响孩子的学习成绩;孩子在学校出现早恋、人际冲突,往往将其看成是重大问题而严加斥责。许多家长认为孩子"不打不成才,棍棒底下出孝子"。家长们将子女的成才与否和家庭的荣誉密切联系在一起,他们把孩子看成是自己的私有财产和唯一希望,竭力想让孩子去实现自己没能实现的理想。为了给家庭争得荣誉,许多家长对孩子的教育非常严,他们按照自己的愿望支配孩子的一切,强迫孩子学这学那,一旦孩子学习不好,或者犯了错误就严厉惩罚。在相当一部分家长们的心目中,教育就是为了让孩子上大学、出国、做官、赚大钱。有的家长为了孩子成才,送孩子去学钢琴、学书法、学舞蹈、学绘画等。这种缺乏针对性、不顺应孩子身心发展特点和兴趣爱好的功利性盲目性教育,容易导致孩子产生焦虑、胆小、孤僻、厌烦心理,摧残了孩子的身心健康,引发了不少家庭悲剧,同时也扭曲了教育的本质内涵。

二是不尊重孩子的个性差异,过分压抑孩子的天性。许多家长将学习与考大学有关的知识作为孩子生活的唯一内容,将孩子从事自己的爱好和特长的活动视为"不务正业"。因此,他们想方设法阻止孩子从事与学习无关的活动,妨碍了孩子个性、特长的发展,将孩子们的自信心、创新精神和个性扼杀掉。

三是家长对孩子过度保护。现在大多数家庭只有一个孩子,生活条件好了,许多孩子是"饭来张口、衣来伸手",包括许多家庭困难的家长也认为"再苦不能苦孩子"。在大学新生入校时,经常看到家长背着沉重的行李领着比自己高出不少的孩子来学校报到。一些家长只要求子女顺从,不培养子女独立,把子女视为系在手中的风筝,对孩子的关爱变成溺爱。长此以往,许多孩子养成了以自我为中心、随心所欲、自私自利、骄横任性、我行我素的不良品性和强烈的依赖心理,独立性和生活能力较差,日后不能很好地适应社会,或者即使能适应社会,往往需要付出很大代价。

上述问题,使青少年的身心普遍受伤害,学习兴趣下降,在苦闷中成长,严重地抑制他们个性的发展和非智力因素科学素养的形成。传统教育观念存在的误区制约了青少年身心的健康成长,必须通过素质教育的理念和方式来加以弥补和纠正。

(四)贫困大学生缺乏人文关怀

在市场经济大潮的冲击下,社会文化在一些人的心目中被演化成一种以金钱为唯一目标的亚文化,社会大环境不断刺激大学生的消费欲望,大学校园中不时泛起各种各样的消费热点。这无疑给囊中羞涩的贫困生带来了沉重的心理负担,增添了许多烦恼:人际关系变得势利和冷漠,加剧了贫困生对金钱的渴望,更加看重物质利益的作用,导致心理失衡;一旦别人讥笑自己穿戴不时髦、经济不宽裕,贫困生就很容易产生自卑感和焦虑感;有的贫困生过分自尊却又缺乏自信心,性情孤僻固执,对人冷漠,具有缺乏人格吸引力的性格特征;有的人性格内向、害羞,社交技巧差,不愿意在社会生活里冒险,使其不易和他人形成良好的人际关系,导致心理产生障碍;学习成绩的不如意,导致对家长的愧疚感;家长的不自信、社会的消极评价给贫困大学生心理带来负面影响;资助上的不当举措,让本来就很敏感的贫困生有被"施舍"的感觉,挫伤其自尊心;情感受挫折——包括被朋友欺骗、失去亲人的痛苦、失恋的打击等。

根据对大庆石油学院贫困生群体生活状况、生活态度、政策管理、心理状况、个人能力等 24 个问题进行的问卷调查,发现贫困大学生普遍存在以下心理问题:

1. 对生活状况大都不满。在有效调查的 780 名学生中,贫困生共有 324 名。对生活状况不满意的贫困生共有 234 人,占贫困生总数的 72.22%;有 208 名贫困生体会不到生活的幸福,占贫困生总数的 64.20%。

2. 心理自卑,缺少自信。有的贫困生因为有社会捐助而产生了依赖,还有一部分贫困生觉得自己家里没有钱,没有背景,读完大学也难找到好工作。于是在大学里得过且过,不求上进。这些学生为自己的贫困出身而自卑、痛苦,对自己没有信心,总觉得自己低人一等,常常自惭形秽,郁郁寡欢,存在诸多心理问题。调查显示:有40.82%的贫困生对自己生活环境评价认为"充满利益冲突、人际冷漠";对生活持"悲观"态度的占16.41%;"不愿意接受贫困现实"的占22.82%;常常产生焦虑、忧郁、郁闷的情绪,经常感受的是"孤独"的占8.01%;感受空虚和压抑的比例更大。

3. 内心压抑,少有交流。贫困大学生的性格一般比较内向,社交技巧差。不少人因害怕被别人看不起而自我封闭,不与同学交流,不参加集体活动,顾影自怜;常常产生焦虑、忧郁、郁闷的情绪,经常感受到孤独、空虚和压抑。有的贫困生因为内心的极度自卑而用外表的极度自傲来掩饰,他们离群索居,极度冷漠。调查中,认为自己最大的心理压力来自于人际关系的占14.27%,来自于经济的占27.52%,来自于就业的占21.39%,来自于学习压力的占29.11%。多种压力的交织,致使他们生活得很"累",使他们本来脆弱的心理更容易出现崩溃。

4. 消极逆反,人格缺陷。虽然大部分贫困生有积极改变现状的要求,但也出现了部分贫困生自暴自弃(占6.41%)、不思进取,或者不愿意接受社会资助,连贷款也不愿意申请(占11.57%)的现象。他们不愿承认自己的贫困,因此一次次失去受助的机会,即使得到别人的资助,也会深深内疚、自责;26.02%的贫困生不愿意接受资助,希望自立解决生活费用。由于对周围环境的不适应或对自己境遇的不满情绪长期得不到有效调整,进而产生了对社会不公平的愤慨,由此进一步引发了他们对当前改革的态度、看法、世界观、价值观和人生观等一系列问题。

由此可见,贫困大学生不仅需要物质帮助,更需要人文关怀。关注贫困生的精神世界,在心理上帮助他们树立自强自立、奋发向上、积极进取的良好心态与价值体系,积极引导他们刻苦学习、奋发努力,保障他们身心的积极健康发展,提高他们的综合素质,是高校的重要责任。贫困大学生严重心理问题的存在凸显出高校人文关怀的缺失和育人机制的缺陷。

目前高校人文环境和人才培养存在的突出矛盾和问题,严重制约着对全面发展的高素质人才的培养。新时代呼唤一套系统的,融情感、激励、嫁接机制于一体的,有着良好的可实践性和可操作性,各子系统相互支撑的有效解决当前高校面临的突出矛盾和问题的新的成才机制。在这一历史背景下,通过对 21 世纪高校人文环境、育人目标的思考和对中外教育理论的探讨,山东经济学院推出了情感、激励、嫁接三结合育人机制——"313"成才工程。

第三节　实施情感、激励、嫁接育人机制的目的

一、实施情感育人机制的目的

(一)完善贫困大学生助学机制,为贫困生成才提供经济保障,实现教育公平

自 1987 年以来,党和政府一直致力于建立一种比较完善的资助困难学生的政策体系。目前已初步建立起一种以"奖、贷、助、补、减、免"为主要内容的多种方式助学体系。各高校也依据自身条件相应地逐渐构建"奖、贷、助、补、减、免"等助学体系,社会各界也以多种方式资助贫困生,取得了一定成效。但是,相对于日益扩大的贫困生需求,目前我国高校贫困生助学工作及其体系仍存在许多问题与不足,尚未建立起足够强有力的、稳定有效的工作机制。

1. 各级各类奖、助学金只能满足极少数贫困生的需求。虽然目前国家和学校设有各种奖、助学金,但由于"奖优"和"助贫"界限不清,未能切实起到奖优、助贫、促学的作用,各种奖学金主要针对学习优秀生,而贫困生却常因经济、身心多重负担而影响学业,较难获得奖学金。据统计,贫困生占获奖者比例不超过 10% 。如贫困生能获得当年奖学金,奖金数额也仅为 150—1000 元;各高校尽管尽最大努力拿出 5% —

10%的学费作为勤工助学基金,也仅能为约20%的贫困学生提供助学机会,且每人每月仅50—100元。近年新实施的国家奖学金制度,虽额度较其他奖学金大得多,获一等奖学金者6000元/年,二等奖学金者4000元/年,另外所在学校减免其当年的全部学费,但因其级别高、竞争大,对贫困生来说难度则更大。据统计,特困生占获奖者比例不超过5%。

2. 获得减免学杂费和专门困难补助的贫困生比例更小,多数学校仅限于5%的特困生。这不仅难以满足日益扩大的贫困生需要,而且由于所减免的学费要由学校承担,给学校办学造成了沉重的经济压力。

3. 贷学金制度不健全,学生贷款难。面对逐年迅速增长的贫困生总数和奖、助学金等的局限,贷学金本应成为解决贫困学生完成学业的最根本途径,但由于大学生毕业后还贷能力和诚信度较差,大多数银行不愿意提供贷款。

4. 高校勤工助学岗位少、稳定性差、基金短缺等问题突出。各学校往往只能提供极有限的固定或临时岗位以满足极少部分学生的需要。

山东经济学院实施"313"情感育人机制,目的就是解决上述问题,进一步完善助学机制和体系,保障家庭困难的同学入学交得上学费,并保证其在校期间基本的生活费用,让他们顺利地完成学业,不让一个大学生因贫困而失学,实现教育公平。

(二)给贫困大学生以更多的人文关怀,帮助他们形成健康向上的心态与正确的价值体系,提高其综合素质

不同层次群体之间在经济、政治、文化等各方面的明显差异,为来自不同背景的大学生群体的和谐相处提出了新的挑战,尤其是身处弱势地位的贫困大学生,会面临更多的压力和不适。如果学校对这一问题不加以引导和解决,将严重影响贫困大学生健康向上心态与价值体系的形成和综合素质的提高。实施情感育人机制,目的是给家庭贫困

的大学生以更多的人文关怀,让他们更多地感受学校和社会的温暖,形成爱国家、爱人民、回报社会的意识;培养他们的自立精神和社会责任感;增强他们的诚信意识和自信心,使家庭贫困大学生形成健康向上的心态与价值体系,提高其综合素质。

(三)减少高校经费不足的压力,保证高校的可持续发展

随着高等教育的大众化,硬件不足和经费短缺已经成为制约高校发展的突出问题。如果助学体系不完善,必然会影响高校学费的收缴,这无疑会使经费紧缺的高校雪上加霜。实施情感育人机制的目的是为了解决贫困生交学费难的问题,保证学校学费收缴工作的顺利完成,减缓学校的资金压力,为学校的可持续发展奠定良好的物质基础。

(四)推动社会弱势群体向上流动,促进社会的和谐发展

高校贫困生问题不仅是贫困生个人的问题,而且是个社会问题。求生存、求发展是人的天性。由于弱势群体在经济、政治、社会资源等方面的弱势地位,让子女上大学就成了他们"拾级而上"达到强势阶层的重要途径,如果因经济困难使子女无力上大学,他们将可能产生严重的挫折感和绝望感。如果他们不能通过体制内的合法方式达到自己的意愿,就会产生强烈的心理不平衡,很可能通过体制外的极端方式实现自己的意愿,形成反主流社会的价值体系,甚至产生极端行为。这将不利于贫困大学生健康向上的心态与价值体系的形成和综合素质的提高。实施情感育人机制,目的是为贫困生健康成长、成才提供保障。而一个贫困生的成才,常常会带动一个贫困家庭、家族,甚至所在乡、村、地区的发展,促进较低社会阶层人员向较高社会阶层的流动,让弱势社会阶层对未来充满希望,增强其通过制度内途径实现其更高社会目标的动力,从而帮助和促进贫困生、贫困生家庭乃至贫困地区的脱贫与发展。向上流动群体是社会发展的受益者,他们往往常怀感恩之心、感激之情,有利于良好人际关系的形成、有利于和谐校园乃至和谐社会的构建和形成。

二、实施激励育人机制的目的

（一）培养大学生的自尊心、自信心和责任感，激发其学习兴趣，消除"棍棒式"教育的弊端

自尊心是人们自我尊重与相互尊重的一种心理倾向或性格特征，它包括"自尊"与"他尊"两部分。"自尊"就是自己尊重自己，要求自由、独立、成就、名誉、自信等；"他尊"就是相互尊重，在希望他人尊重自己的同时，自己也尊重他人，承认他人的名誉、地位、才能。自尊主要有三种构成因素：一是自尊认识。个体对自尊的性质、自尊心的产生条件以及在人际交往、集体生活中所处的地位等诸方面的认识。二是自尊体验。即个体在受到尊重或尊重他人的过程中内心产生的诸如自我满足、精力充沛、乐观向上之类的积极情感；在没有得到别人尊重或不尊重别人的过程中产生的诸如自怨自艾、妄自菲薄、自暴自弃之类的消极情感。三是自尊行为。自尊认识和自尊体验都会通过自尊行为表现出来。培养学生的自尊心，首先应关心每一个学生，不论他们是成绩优的还是差的，听话的还是不驯的，都要尊重他们的人格，相信他们的能力，平等地对待每一个学生。其次是要给予学生适当的评价，即评价要切合实际情况。过高的评价，容易使人飘飘然，产生不切实际的非分之想；过低的评价又会使人产生自卑心理；只有恰如其分的评价，才会让人充分认识自身存在的价值，不断进行自我完善。再次就是创造一个具有良好人际关系的集体环境，在集体中满足与人交往、尊重的需要，培养集体荣誉感，把个人自尊心培养与集体自尊心的培养紧密联系起来。

西方社会关于成功的价值观认为，成功的含义是多元化的，而成功的实质是了解自己的兴趣和能力，并在自己热爱的领域里充分发挥自己的潜力。这种多元化的成功标准是：每一个孩子无须达到一个共同的标准，只需在自己最感兴趣的方面最大限度地发展自己的能力即可，在其他方面则顺其自然。因此，要充分尊重大学生的个性差异，鼓励大学生从事自己感兴趣的事。心理实验表明，人处在好奇和感兴趣的状

态时,身心的能动性与兴奋度会迅速高涨,潜能会得到充分发挥。

山东经济学院实施激励育人机制,目的就是将对大学生单一的评价标准转变为多元的评价标准,尽可能地为每一个大学生提供适当的评价,营造自尊和他尊的氛围和实践机会,让大学生在被尊重和被赏识的环境中激发学习的兴趣和动力,消除"棍棒式"教育下学生对学习产生的逆反心理或单纯靠"毅力"学习的压抑状态。

(二)树立人人都是人才的理念,激励大学生全面发展

山东经济学院实施激励机制,由过去的单一奖项改为多种奖项,增加大学生的受奖面和受奖比例,目的是改变以学习成绩好坏为衡量人才的唯一标准的观念,使大多数大学生在大学期间都能得到不同方面的奖励,让大学生的个性和特长都得到赏识和发展,充分挖掘了每一个大学生的潜能,有效地改善"应试教育"造成的大学生普遍缺少个性、高分低能的弊端,培养多样化的、适应社会不同需求的高素质人才。

(三)培养大学生的诚信意识,改善市场经济条件下诚信普遍缺失的社会现状

随着我国社会主义市场经济的发展,诚信缺失成为一个突出的社会问题,严重地制约了我国经济的发展和社会的和谐,恢复和再造"诚信"社会成为一个迫切需要解决的历史课题,也是高等教育的重要任务。山东经济学院实施"一奖",通过奖惩措施使不诚实者付出成本,诚实者获得利益和奖励,目的是培养大学生的诚信意识,使选择诚信成为大学生的一种理性行为,从而提高大学生的道德素质,净化社会空气,有效改善目前我国市场经济条件下诚信普遍缺失的社会现状。

三、建立嫁接育人机制的目的

(一)校内不同专业之间的嫁接目的是扩大学生的知识面,培养多学科知识、能力交叉融合的复合型人才

随着高等教育的大众化,大学毕业生每年都在高速增长。2006 年

全国普通高校毕业生达 413 万人,比上年增加 75 万人,大学生就业压力进一步加大。与此同时,社会上高素质复合型人才却相对短缺。所谓复合型人才,是指通晓两门或两门以上专业知识,精通两种或两种以上专业技能,并能在两门知识、两种技能的交叉、重叠中取得创造性成果,获得突破性进展的人才。山东经济学院实施校内不同专业之间的嫁接,使在校生可以跨学科学习,目的就是为了培养社会所需求的复合型人才,满足社会对复合型人才的需求,同时也为大学毕业生未来顺利就业和增强自身竞争力奠定基础。

(二)与国内名校相关专业之间的嫁接,培养具有多种文化熏陶和丰富人生阅历的复合型人才

学校选拔优秀的大学生到国内知名院校学习,目的是让这些大学生增加第二校园经历,接受不同校园文化、地域文化的熏陶,提高其综合素质。同时,由于只有优秀生才能获得到国内知名院校学习的机会,因此这一制度将激发大学生拼搏进取、勤奋学习的热情。

(三)与国外大学相关专业之间的嫁接,培养具有国际化视野的复合型人才

世界经济政治一体化的加强,特别是我国加入 WTO 之后,国际型高素质人才短缺;改革开放和市场经济的发展,我国相当一部分家庭已经先富裕起来,一些家庭经济承受能力较强的大学生有着强烈的出国留学愿望和良好的经济支撑。山东经济学院实施与国外大学相关专业之间的嫁接,目的是为这部分大学生搭建国际桥梁,使其能便利地接受西方教育和文化的熏陶,开阔眼界,改善知识结构,成为通贯中西的国际型人才,满足社会对此类人才的需求,同时,也为大学生的就业提供了更加广阔的空间。

第四节 实施情感、激励、嫁接育人机制的意义

情感、激励、嫁接育人机制的实施,贯彻了马克思主义关于人的全面而自由的发展的理论,体现了以人为本的科学发展观,突出了高校培养高素质专门人才的根本任务,形成了从生活层面、精神层面和科学培养层面有机结合的人才培养机制,兼顾了不同层面学生的利益和需求,形成了情感、激励、嫁接有机结合、互相支撑的育人机制,促进了大学生的全面发展和成才。

一、完善了贫困大学生助学体系,克服和弥补了目前我国高校贫困生助学工作及其体系存在的问题与不足

(一)与银行共担风险,增加了对贫困生的贷款

由于助学贷款的风险性,银行对助学贷款缺乏积极性,贷款数量少,甚至拒绝为贫困生贷款。为此,山东经济学院与银行共担风险;按助学贷款额的10%向银行提供保证金,使银行降低贷款风险,增加了对贫困生的贷款,解决了相当一部分贫困生交不起学费的问题。

(二)将"补"改为"助",解决了"补"带来的负效应

"313"成才工程实施以前,解决贫困生的生活困难,学校主要采取补助的方式,这种方式使部分贫困生感觉"面子上"过不去、怕被同学歧视而不愿接受;部分贫困生则因经常接受救济,产生不劳而获的思想;部分未获得补助的大学生往往产生攀比、心理失衡和怨怼情绪。针对这一问题,学校将"补"改为"助",培养了大学生的自立意识、劳动光荣的意识。勤工助学的学生在劳动中了解社会,感悟人生,增长才干。

(三)增加了就业岗位

针对勤工助学岗位少、报酬低,难以满足大多数贫困生需求的问题,山东经济学院支出学费的5%,设立了"勤工助学基金",增加了勤

工助学岗位。学校凡是能用学生的工作就不用临时工;减少人均劳动量,让尽可能多的学生参与勤工助学;学校离退休干部、教职工,只要本人同意,每家可安排一名学生做家政服务。目前,山东经济学院勤工助学的学生已由以前的600多名增加到2400多名,15%的学生获得了助学岗位。

(四)提高了勤工助学的劳动报酬

为了增加勤工助学学生的收入,保证其基本生活费用,学校提高了劳动报酬,由每人每月60—150元(大部分90元),提高到每人每月100—150元(大部分学生120元)。学校每年助学经费由60多万元增加到200多万元。

二、维护了家庭贫困大学生接受高等教育的权利,实现了教育公平,有利于和谐社会的构建

山东经济学院实施的"313"成才工程,从不同的侧面最大程度地保障了学生接受高等教育的平等权利。高等教育教育公平是社会公平的基础,实现包括教育公平在内的社会公平是新形势下贯彻科学发展观、提高党的执政能力、进一步推动我国经济社会发展的战略举措,是构建"民主法制、公平正义、诚信友爱、充满活力、安定有序、人与自然和谐相处"的社会主义和谐社会的要求。构建和谐社会,必须从人民群众最关心、最直接、最现实的切身利益问题着手。"313"成才工程正是从大学生最关心、最直接、最现实的切身利益出发,既帮助家庭经济困难的大学生解决了交学费和生活费等物质上的困难,又培养了他们的自立意识、诚信意识、挑战困难等积极心态,有效地消除了贫困大学生的消极心态和行为。无论对贫困生个人、家庭的正常生活和发展,还是对我国教育的整体质量和我国国民素质的全面提高,实现高等教育公平、营造大学和谐氛围、构建社会主义和谐社会都有积极的意义。

三、建立了新的人才评价标准,有效地矫正了"应试教育"带来的弊端,促进大学生的全面成才

当今时代,智力已不再是能力的同义词,现实问题的复杂化和综合程度的提高以及知识更新速度的加快,要求一个人不仅要具备独立解决问题的能力,更要具备与他人之间的合作能力、处理问题的应变能力、持续性的学习能力、自我激励能力和自我提升的能力等素质。简言之,社会需要的是全面的综合性高素质人才。而这些人靠"应试教育"是不能培养出来的。打破对学历崇拜和以学历、学位为本位的人才观与用人观,树立多元化的人才观、形成以能力为核心的公平竞争用人观和人才评价指标体系是当务之急。山东经济学院实施的"313"成才工程中的"一奖",一改原来较为单一的人才衡量标准为多元化的人才评价标准,为全体大学生的兴趣爱好和特长的发挥提供了舞台,并运用奖励的方式给予充分的肯定,有效地矫正了"应试教育"给大学生带来的心理伤害,体现了以人为本的发展观,使每一个大学生都能在被赏识的环境中愉快、健康地成长,潜能和个性可以得到充分地发展,成长为独具特色全面发展的高素质人才。

四、培养了大学生的诚信意识,对大学生成长和社会经济发展产生了积极作用

在市场经济条件下,诚信既是道德资源,又是经济资源。市场经济是以市场提供的各种信息为导向,自发调配社会资源,如果诚信缺失,市场就会提供错误的信息,就无法实现优胜劣汰和资源的优化配置;市场经济是以生产的高度社会化、市场化、国际化为特征的,精细的社会分工形成社会成员对市场的高度依赖,流通成为商品生产者乃至全体社会成员全部相互关系的总和,每个人都难以游离于市场之外,在市场经济活动中,如果社会诚信缺失、信用遭破坏,就会导致市场秩序混乱,交易链条中断;市场经济的主体以追求利润最大化为目标,各经济主体

为了避免交易过程中因诚信缺失、信息失真带来的损失,都要花费相当的时间、精力、费用对信息进行鉴别,这就大大增加了交易的成本;市场经济条件下,任何一个国家和民族都不可避免地被纳入统一的国际市场之中,诚信的缺失,会增加国际贸易中的摩擦和冲突,恶化对外贸易环境,降低外汇收入,并对诚信缺失国的社会声誉产生负面的影响;诚信缺失还会导致消极情绪乃至报复和效仿行为,致使社会成员之间互不信任,社会信任度轮番下降,从而引发信任危机乃至强化为社会危机,直到社会系统的崩溃。信用缺失将付出巨大的社会成本。相反,诚实守信的社会环境将产生无法估量的社会效益,是一笔无形的社会财富。

作为市场主体的企业和个人,诚信同样是一种重要的无形资产。诚信是财富、财源、财力。诚信有助于企业和个人经济活动的开展,经济实力的扩大,经济利益的增长。大凡成功的企业和个人,无一不是以诚信为本而立足社会的。诚信一旦缺失,就为它们走向市场、社会和国际制造了无形的障碍。

山东经济学院实施的"313"成才工程,从多个侧面突出和强化诚信的重要性。诚信达不到指标不能获得贷款、不能获得奖励,反之,诚信表现突出者可获得思想进步奖、道德风尚奖。这将有助于大学生诚信意识的形成,有利于大学生的成才和未来事业的发展,有利于社会主义市场经济的发展和社会的全面进步。

五、适应了社会对高素质复合型人才的需要,缓解了大学毕业生的就业压力

随着高等教育的大众化,我国高等教育的毛入学率迅速提高,大学毕业生逐年快速增长,大学毕业生就业形势日趋严峻。根据教育部统计,大学本科毕业生待业人数呈逐年增长态势:2001 年 34 万人;2002年 37 万人;2003 年 52 万人;2004 年 69 万人;2005 年达到了 79 万人;

2006年已突破百万大关。与此同时,我国对复合型人才的需求却日趋增长。据对高新技术企业的调查反映,目前他们大量需求复合型和创新型人才,将来的趋势是高级复合型人才和学术带头人的复合型人才深受企业欢迎。随着IT技术完全融入银行、保险、证券等领域,通晓金融、IT两大领域的金融业人才就是复合型人才,而这类人才将在未来几年内十分抢手;又如外语人才,融合另一种技能的外语人才在职场上的竞争力将如虎添翼;近年来,日化业的崛起使得全面型人才尤为走俏,而既懂销售策划又懂管理的人则极为抢手;对于方兴未艾的物流行业更是如此,人才的稀缺已成为很多企业十分头疼的问题;而近年来超市的大发展,对于熟悉卖场规划、管理的人员不啻为大施拳脚的良机;随着国际政治经济一体化的加强,有海外专业工作经验的人才更容易获得理想的工作岗位;此外,汽车、保险、传媒类的复合型人才也同样受到青睐。

山东经济学院实施"三嫁接"育人机制,强化开放式教育,拓宽大学生的知识面,增加大学生的社会阅历,可以为社会培养更多的复合型高素质人才,缓解社会复合型高素质人才供不应求的矛盾,促进经济社会的快速发展。同时,也缓解了大学毕业生的就业压力,保证了山东经济学院大学毕业生的高就业率。

六、有效地缓解了高校发展与大学生成才之间的矛盾,促进了学校的可持续发展

将大学生培养成社会所需要的全面发展的高素质人才是高等院校义不容辞的责任,而贫困大学生所占比例的逐年增加为大学生学费的收缴工作带来了严重的困难,部分高校大学生学费拖欠问题日趋严重,制约了高校的可持续发展。山东经济学院实施"313"成才工程,基本解决了学费的拖欠问题,保证了学校的可持续发展;而学校的良性发展,反过来又为大学生的成才奠定了坚实的基础。

七、山东经济学院为山东省乃至全国高等院校解决目前所共同面临的矛盾和问题提供了成功的案例和经验

山东经济学院实施"313"成才工程,建立情感、激励、嫁接育人机制,成功地解决或缓解了学校发展过程中所遇到的突出矛盾和问题,是高等教育改革的有益探索和尝试。山东经济学院是一所普通高等院校,她所面临的矛盾和问题也是其他高校所普遍面临的问题。山东经济学院的大胆尝试和成功经验为山东省乃至全国高等院校解决目前所共同面临的矛盾和问题提供了成功的案例和可借鉴的经验。

第五节 情感、激励、嫁接育人
机制之间的辩证关系

情感、激励、嫁接育人机制是相互联系、相互制约、相辅相成的有机整体,三大机制相互支撑、相互补充,从不同的侧面满足了不同层次大学生成才的需求。

一、情感育人机制满足了贫困大学生成才的需求,是大学生成才的保障机制

贫困生问题是目前高校发展所面临的突出问题,如果这一问题不能够妥善解决,贫困生就不能顺利入学和完成学业。高校是社会良知的象征,也是辍学和即将辍学贫困生的直接面对者,任何一个有社会责任感的高校管理者都不忍眼看着自己的学生因家庭困难辍学而无所作为,贫困生问题是高校不可回避的首要的和最基本的问题。贫困生是大学生群体中的相对弱势的群体,贫困生身心健康地成长不仅关系到其自身的成才,而且对其他大学生的成才以及高校的和谐与稳定都起着十分重要的作用。因此,情感育人机制是激励育人机制和嫁接育人机制的基础和保障。

二、激励育人机制面向全体学生,是大学生成才的动力机制

激励育人机制将对大学生单一的评价标准变为多元的评价标准,让每一个大学生都认识到自己是人才,使其在被尊重和被赏识的环境中激发学习的兴趣和动力,充分挖掘了每一个大学生的潜能,为促进全体大学生的全面发展、成长,为适应社会需求的高素质人才提供了不竭的动力。因此,激励育人机制是情感育人机制和嫁接育人机制的运行基础。

三、嫁接机制满足了大学生的个性化成才需求,是大学生成才的强化机制

根据马斯洛的需求层次理论,人的需求由高到低依次分为生理需求、安全需求、爱与归属需求、尊重需求和自我实现需求。人类价值体系存在两类不同的需要:一类是沿生物谱系上升方向逐渐变弱的本能或冲动,称为低级需要和生理需要;一类是随生物进化而逐渐显现的潜能或需要,称为高级需要。在低层次的需要得到适当的满足后,将产生更高层次的需要。因此,对学有兴趣、学有目标、学有余力的大学生来说,他们对成才有着更高的需求。嫁接机制正是为了满足这部分大学生的个性化成才需求,本着以人为本的思想,为他们拓宽发展空间,通过"三嫁接"将他们培养成高素质复合型人才。因此,嫁接育人机制是情感育人机制和激励育人机制的强化和补充。

情感育人机制、激励育人机制、嫁接育人机制三者相辅相成,构成了大学生成才的系统工程。

第二章

情感育人机制理论研究

在了解了情感、激励、嫁接三结合育人机制的形成背景、目的和意义之后,从本章开始将分别对情感育人、激励育人和嫁接育人三种育人机制进行理论上的分析和研究。首先从情感和情感育人的概念、内涵出发,继而对情感育人机制的心理学、教育学、哲学和管理学理论依据加以分析和探讨,并在此基础上指出高校实施情感育人机制的理论和现实意义。应当指出,在对实施情感育人机制的探讨中,有不少理论依据之间并没有严格的界限划分。有的依据既是心理学上的,又是教育学上的,同时还可能是哲学或管理学上的,本书只是根据当前各学科的主体内容和研究进展情况所作的基本划分。由此,也可以看出,高校实施情感育人机制的理论支撑既是丰富的,同时又是复杂的。对此,本书只是抛砖引玉,提供一个考察研究的基本线索和思路,还有更多更深层次和更有价值的问题需要大家继续去研究和挖掘。

第一节 情感育人机制的内涵

自 20 世纪七八十年代开始,人们就开始重视情感对人一生发展的作用,与之相应地重视情感育人,并把情感育人作为一种机制和模式的活动在全世界兴起。有关统计显示,美国有 700 多所中小学在进行情感教育,欧洲 10 多个国家、亚太数十个国家和地区都兴起了情感教育。在这种国际大背景下,20 世纪 90 年代初以来,情感育人成为我国教育理论与实践领域的重要关注点。

山东经济学院自 2004 年提出并实施情感、激励、嫁接三结合育人机制以来,在理论和实践上也进行了大量的积极有益的探索。就情感育人机制而言,要从理论上加以探讨和研究,首先应对什么是"情"、"情感"有一个清晰严格的理论界定,然后还应明确"情感育人"的含义。这是对情感育人机制进行理论研究的前提,否则后续的理论研究就没有一个坚定、扎实的根基,而流于空洞和漂浮,从而也就无从进行真正的有价值的研究。

一、关于"情"和"情感"

关于"情"和"情感",在我国不同的历史阶段,有不同的称谓和含义。一般说来,在我国传统文化中多见"情"而少见"情感"的提法,且"情"从内涵和意义上偏于"感情"、"人情"、"性情"之理解,通常与"感情"相通用。而在国外的理论研究和实践中,人们倾向于提"情感",且从意义上更倾向于"感",意指人的内心感觉或体验。这里试对中国传统文化关于"情"的论述与现代心理学和教育学界关于"情感"的论述加以梳理和考察,以期求得"情感育人"这一教育机制中"情感"的本真内涵之界定。

（一）中国传统文化关于"情"的论述

中国古代文化对"情"的阐述，基本可以概括为两个方面：一方面是关于"情"的起源。"情"在《说文解字》中释为"人之阴气有欲者。从心，青声。疾盈切"，指人们有所欲求的从属于阴的心气。段玉裁注引《礼记》写道："何谓人情？喜、怒、哀、惧、爱、恶、欲七者，不学而能。"即"情"是人的本然之性，是人与生俱来的特性，"性者，天之就也；情者，性之质也；欲者，情之应也。"（《荀子·正名》）当然，也有思想家把它当做是人后天作用于环境的产物，"情也者，接于物而生也"（韩愈《原性》）。但无论是天生还是后天产物，有一点是统一的，那就是人人都有"情"，无论是圣人还是小人，情在每个人身上都存在，而且都表现为"喜、怒、哀、惧、爱、恶、欲"这"七情"。另一方面是关于"情"的性质。"情"在中国古代各种文献记载中，虽然也通用于"感情"，如李贺《金铜仙人辞汉歌》中的"天若有情天亦老"；或现代所谓"真实的情况"，如《墨子·非命中》"然今天下之情伪，未可得而识也"；《列子·黄帝》"备知万物情态"。但在中国古代思想家的道德思想阐释中更多的是指向理性的对立面，解释为情欲。如"夫好利而欲得者，此人之情性也"、"所贱于桀、跖、小人者，从其性、顺其情，安恣睢，以出乎贪利争夺"（《荀子·性恶》），"人之所以为圣人者，性也；人之所以惑其性者，情也。喜怒哀惧爱恶欲七者，皆情之所为也。情既昏，性斯匿矣。非性之过也，七者循环而交来，故性不能充也"、"情者，性之邪也"、"情者，妄也，邪也"（李翱《复性书》）。

虽然从先秦至宋明到明清对"情"的认识有一个发展变化的过程，从对情的全盘否定（"恶、欲、喜、怒、哀、乐六者，累德也。"《庄子·庚桑楚》），到逐渐承认其存在的合理性（"七情总是个欲，只得其正了都是天理。"吕坤《呻吟语·谈道》），但中国古代教育家对"情"的看法有一点是一致的，即情不能无（"人之有喜怒哀乐者，亦其性自然。今强曰必尽绝，为得天真，是所谓丧天真也。"《二程集·河南程氏遗书》卷二上），纵则成灾（"嗜欲喜怒之情，贤愚皆同，贤者能节之不使过度，愚者纵之多至失所。"吴兢《贞观政要·慎终》）。所以，"放情者危，节欲者安"（桓范《政药论·节欲》，《群书治要》卷四十七）。

从古人对"情"的阐释中，我们不难发现，"情"在中国传统文化思想中被看做是人的天性中的本能欲望，而且这种天然之情区别于明理的天然之性，是社会纷争、万恶滋生的根源，人之所以为恶，正是因为性为情所昏。虽然古人也承认其有不可消灭和存在的合理性，但终因难以挖掘其更积极的一面，使情只能停留在人的自然性的层面上，而不能把它提升到人的社会性这一层次上。这可能也是现代人为什么不多涉足古代的情感教育的一个原因，似乎中国古代的思想家是否定情感的。但是，事实并非如此。我们可以看出，中国古代思想家所提出的"喜、怒、哀、惧、爱、恶、欲"这"七情"，其实是把"情"限定于情绪的层面上，因此，古人所否定的、并认为需要加以节制的是生理性质的情欲和心理性质的情绪，而不是社会性质的情感。相反，对具有社会意义的情感，如道德感、理智感和美感，中国古代教育家给予了极其充分的重视和关注。在做人上强调自尊、自强、仁爱、忠恕、谨慎、宽厚、谦让、坚毅等等；在家庭中强调父慈、子孝、兄友、弟恭；在社会上强调爱国、奉献等等。以上这些均从属于道德感，因为长期以来人们习惯把它们作为美德加以提倡，作为规范加以遵守，而忽略了其本身作为情感层面上的感受和体验，结果容易产生中国古代文化忽略情感教育的错觉。今天当我们从心理学角度重新剖析这些美德所折射的情感成分时，我们会发现中国古代的情感教育不仅蕴涵着丰富的内容，而且在内容和方法上形成了一定的特征。

（二）当前国内外心理学和教育学界关于"情感"的论述

当前国内外心理学和教育学界关于情感的理解并不统一。有的是从心理学角度去理解，有的是从教育学角度去理解，也有的则是从哲学角度去理解。因而，不同的观点学派给出的"情感"的定义也是众说纷

纭,不尽相同。当前,在理论界比较有影响的关于"情感"的定义主要有以下几种:

一是彼得罗夫斯基在其《普通心理学》中给出的定义——情感是一个人对他生活中所发生的事情,对他所认识或所作的事情的内部态度的不同形式的体验。

二是诺尔曼·丹森在其《情感论》中的定义——情感就是自我的感受,自我的感受构成情感过程的本质和核心。

三是毛豪明的定义——情感是对生活意义的感受与体验,生活意义是人的情感安顿之所。

四是易海涛的心理学定义——情感是人对客观现实的反映,是一种心理过程,也是人脑的机能。情感反映的不是客观事物本身,而是具有一定需要的主体和客体之间的联系。从广义而言,情感是人对客观事物的态度体验;从狭义而言,情感是和人的社会需要相联系的一种比较复杂而又稳定的态度体验。

五是朱小蔓在其《情感教育论纲》中所使用的定义——情感是指同人的特定需要(自然的或社会的)相联系的感情反映。

六是虎健的教育学理解——情感是教育过程中一个重要因素,是教育者与受教育者之间相互作用的桥梁和润滑剂,对教育过程起着强化和弱化的作用。

七是彭仲生的观点——情感是一种复杂的心理活动,是客观事物是否符合人们的主观需要而产生的一种态度的体验,对人们的实践活动具有信号、感染和动力的功能。

八是简世德的观点——情感是伴随着人的感觉、知觉、记忆、思维想象等认识过程产生并形成的,反过来影响制约着人的认知过程的发展。情感的形成、发展与变化对人的行为动机起着重要的作用。

九是李艳红的定义——情感,通常是指人们对于某种事物是否符合人的需要和欲望而产生的心理状态,是人对事物、自身及自己生活态度的体验。一般而言,它是正在建立起来的可得体验,常被人们理解为非理性的表现形式,属于"非智力因素"。

十是王圣祯的关于情感的定义——情感是人们根据一定的需要,在感知、理解、评价客观事物时所产生的一种情绪体验,指的是人的非分析性的各种情感要素,如直觉、体验、心境、热情、赞成或谴责等。

(三)"情感"的内涵及其影响因素

以上诸种关于"情感"的定义,虽然从内容上看有相似之处,但各有其独特的意指和合理性。本书认为,就学生教育与管理工作而言,我们所指称的"情感育人"模式中的"情感",与我们传统文化和日常生活中所称谓的"情"或"感情"基本上是在同一意义上使用的。二者可以通指,它主要是指在学生教育与管理工作过程中,学生或教育工作者因特定的需要所引起的对客观事物的意义与价值的一种主观感觉和内心体验。也就是说,情感作为一种主观体验,是对客观现实的一种心理情绪反应,从表现形式上可分为积极情感或消极情感。

决定或影响情感的因素主要有以下几个方面:

一是需要。情感的产生,是以需要为基础的。人有多种不同层次和种类的需要,人有无需要,需要能否得到满足,决定情感能否产生及其性质。如果没有任何需要,人也就无所谓情感。如果客观事物能满足人的需要,就会产生肯定的情感体验,如高兴、满意、喜爱等。如果不能满足人的需要,就会产生否定的情感体验,如不满、气愤、憎恨、忧伤、惧怕等。因此,情感是主体的需要与客观事物之间关系的反映。

二是环境。对环境的认知是情感产生的中介。情感不是自发的,是由外界刺激引起的。随着市场经济的发展,新体制的建立,新的社会阶层的出现,人们的生存环境发生了变化。为了生活、工作和学习,人们要接受大量新的信息,接受来自各方面的刺激,譬如岗位的变换、就业的困难、职称的评定、股市的风险、个人感情生活的不测及家庭社会关系突变等,都会使人受到明显的刺激,从而影响人的情感的产生与

变化。

三是人格。心理学研究发现，一个苛求他人的人，由于内心的冲突得不到缓解，心理便处于紧张状态，从而导致大脑与神经的高度亢奋，引起神经紧张、血管收缩、血压不稳、胃肠痉挛、消化液的分泌受到抑制，以及心情烦躁等症状。如果能做到宽容，就无异于服下一剂良药。

四是精神。一个人如果没有远大的理想，没有高尚的追求，没有坚强的意志，没有宽广的襟怀，没有一种良好的精神状态，整天斤斤计较眼前的区区小事，心理就很难健康，情绪也很难平静，心情也不会愉快。只有具有高度自制力和意志品质坚强的人、保持良好精神状态的人才能控制自己的情感，克服恐惧、愤怒、失望等消极情绪，保持良好的心境，成为自己情感的主人。

五是道德。道德也会影响人的情感。古人说："君子坦荡荡，小人长戚戚。"道德的作用不仅仅是维护社会肌体的健康，而且还能维护个人的心理健康。憎恨别人，不道德的心理素质，就如同在自己的心灵深处播下一颗苦种，不仅伤害的是自己的情感，而且极易制造和传播不良情绪或情感。

六是认识水平。情感就是一个人对于有关事物所持的态度的体验，一个人对于任何事物所持的态度都是和他对于这种事物所具有的认识分不开的。人们由于认识水平的不同就会对同一事物持有不同的态度，因而对于同一事物就会发生不同的情感。一般而言，对于事物具有正确和深入的认识，就会具有高尚、积极的情感。

二、关于情感育人

谈到情感育人，就不得不提及情感教育。这两个概念，从表面上看，仅有一字之差，好像意思也差不多。的确有人在理论研究和学生工作实践中，把二者混用，认为二者是毫无差别的同一概念。事实上，当代中国的情感教育理论研究在很大程度上是先行的中小学情感教育实验推动的结果。情感教育实验开始于20世纪70年代末,如李吉林的情境教学模式的探索。20世纪90年代后,情感教育理论研究渐入佳境,理论开始应用并指导实践,形成了一大批具有中国特色的情感教育模式,主要有:情境教育模式;愉快教育模式;成功教育模式;乐学教育模式;爱的操练模式;情知教育模式;审美建构模式;和谐教育模式;生活教育模式;自主教育模式;交往教育模式等。

这些情感教育模式的共同特点是把情感教育作为一种加强学科教学、提高学生学习兴趣的手段和方法。因此,几乎所有实验都特别强调情感的"现场感",刻意营造一种情感氛围,以动情为实施情感教育的标志,以师生共同进入情感体验作为教学追求的最高境界。课堂中的"情感气氛"点缀只是为了更好地传授知识,更好地掌握技能,"好比为知识裹上糖衣","而一旦去掉了那层糖衣,学生依旧对知识毫无感情"。这样,情感教育的本质就成为一种促进知识传授和育人的辅助手段,而并非教育目的本身。

应该说,在我国,自20世纪90年代以来,教育中情感能否成为教育内容本身的问题开始更为全面地引起人们的关注。这一关注的重点与焦点随着人们研究的深入和时间的推移,在不断地发生变化。90年代初期,人们谈教育中的"情感",主要是从工具论或方法论的意义上去谈,大多使用的是"情感育人"的提法;90年代后期至今,人们谈教育中的"情感"问题,则逐渐偏向于本体论意义,大多使用"情感教育"这一提法。因而,从内容上,前期主要是侧重于情感在教育中的工具作用的研究,即把情感当成是促进教育,提高教育实效的一种工具或手段;后期主要是侧重于情感应该成为教育中的一项重要内容。这就超出了工具或方法,而成为教育内容本身。在本书看来,如果仅从研究本身发展的线索和趋势来看,情感确实应当具有重要的本体论意义,即应该把培养学生积极、健康、丰富的情感作为一项重要的教育内容。事实上,这也已经成为当前情感教育的理论研究中不可规避的事实。但就当前

山东经济学院所探索和倡导的"高校育人机制"这一研究课题而言,我们似乎应该把视角退回到20世纪90年初期的关于情感在教育中的工具论研究,将其定位为一种育人的方法或育人模式。当然,这种后退并非简单的理论和实践上的倒退,而是一种迂回和扬弃,是在吸纳当前情感教育研究成果的基础上的一种对情感育人模式的新的发展。它既肯定情感在情感育人这一教育机制中所具有的方法论作用与意义,同时还承认在当前的教育改革和发展中,情感还是教育中一项必不可少的重要内容和理想目标。

因此,我们的"情感育人"是指在学生教育与管理工作过程中,教育者必须怀着对受教育者真挚而深厚的感情去做工作,充分发挥情感的优势去激发、打动、陶冶学生,并通过学生的积极反应达到教育和管理目的。它产生于教育者对被教育对象的深切关怀、关心、关注,也产生于教育者的强烈的事业心、爱心和职业责任感。从内容上看,情感育人主要表现为以下几方面的内容:

(一)表现为对学生的一种关爱和同情

爱因斯坦说:"只有热爱才是最好的老师,它远远胜过责任感。"教育者对学生的爱,不是一种单纯的心理成分,而是在教育过程中由教育者的理智、美、道德凝聚而成的一种高尚的情怀,它要求教育者对学生不仅要有学习生活中的体贴、关心和爱护,而且还要有严格的要求;不仅要关爱优等生,更要对生活上、学习上、心理上存在困难的学生给予真诚的呵护,要晓之以理、动之以情,深入到他们的内心世界,寻找并激发他们的闪光点。教育者把这种广博的爱心奉献给学生,必然激起学生爱的回馈,产生师生之间心灵上交流与碰撞,能在学生心理上激发出一种积极的情绪,促进学生教育与管理工作的进行和开展。

(二)表现为对学生的一种尊重

苏联著名教育家苏霍姆林斯基曾经说过:"教育成功的秘密在于尊重学生。"这里的尊重有两层含义。其一是对学生人格的尊重。教育者和受教育者之间要建立起一种民主平等的关系,即在教育过程中,教育者和学生以平等的身份共同参与教育和管理活动,形成平等友好、尊重接纳、关心帮助的良好关系,让学生在主动、自由的氛围中展示其天性和才智。其二是对学生自尊心的保护。学生的自尊心是一种个人要求受到社会、集体和他人尊重的情感,是健康自我意识的表现,它是学生成长的内在动力之一。教育者必须善于发现、培养、保护、激发学生的自尊心,把学生看成是有独立人格、有自由权利的人。

(三)表现为对学生的一种理解

教育者对学生的处境、思想行为和心情能给予充分的理解,对于他们的缺点和错误,也能给予恰当的分析和评价,以便引导他们克服缺点,总结经验,争取更美好的未来。当代大学生涉世不深,缺乏对社会的深入了解,再加上我国家庭教育和基础教育的偏颇,他们的个人意识十分强烈,凡事从个人利益角度考虑得过多,因而面对诱惑时容易犯一些错误。面对学生的错误,教育者必须走进学生的内心世界,全面了解学生的学习、生活、思想状况,用自身的博爱、宽容和无私促使学生清醒地认识错误,帮助他们走出误区。正如苏霍姆林斯基所言:"理解是改变偏执的良药。"

(四)表现为对学生的一种亲近

思想政治教育工作者热爱受教育者,愿意接近他们和亲近他们,与受教育者在一起就感到心情愉悦,离开受教育者就感到若有所失。

(五)表现为对学生的一种期望

教育者总是对受教育者寄予殷切的希望,相信他们,激励他们,推动他们走向进步和成功。即使对于处在后进状态的学生,也绝不肯轻易放弃他们,而总是尽最大努力使他们变后进为先进。

(六)表现为对学生的一种热忱

教育者甘当"人梯"和"铺路石子",心甘情愿地为受教育者的进步和成功服务。只要有利于受教育者的成长,教育者甘愿献出自己的全

部知识和力量,他们以受教育者的进步和成功为自己的骄傲和自豪。

第二节 实施情感育人机制的背景

一、实施情感育人机制是应对新时期高校改革、发展面临的新问题、新挑战的正确选择

当前我国正处于社会转型期,经济全球化和高科技的迅猛发展,既为高校学生教育与管理工作提供了前所未有的发展机遇,也提出了严峻的挑战和考验。当前我国高等教育发展和改革的一个重要特征和成果便是高等教育大众化。而高等教育大众化一方面使得高校在校生规模快速增长,学校经费相对投入不足,另一方面还使得高校师资与管理力量投入相对短缺,教育质量难以保障,尤其是造成了对学生人文关怀的缺失。

近年来,我国高等教育一直发展很快,但仍然低于发达国家的水平,滞后于社会和经济发展,已成为一个需要突破的"瓶颈"。1999 年6 月召开的改革开放以来的第三次国家教育工作会议,确定了高等教育大发展的新思路,颁布了《中共中央关于深化教育改革全面推进素质教育的决定》。《决定》指出:通过多种形式积极发展高等教育,到2010 年,我国同龄人口的高等教育入学率要从现在的 9% 提高到 15%左右。在国务院转批的教育部《面向 21 世纪教育振兴行动计划》中也明确指出:到 2010 年,高等教育入学率要接近 15% 。我国"十五"计划中提出将高等教育大众化的目标提前到 2005 年实现。这是适应经济社会发展和人民群众需求的重大举措。然而,我们应该看到,高等教育从精英教育向大众教育的转变不仅仅只是数量的增长,在大众化过程中其量的扩张将引起学校管理各个方面的深刻变化。随着高校招生人数的急剧扩张,我国政府和理论界已认识到大学生全由国家出资培养是不符合社会发展规律的。因为有限的教育经费只能让少部分人享受

"公费"上大学的待遇,而更多的适龄青年却被拒之于大学门外,失去了接受高等教育的机会。这样对国家、对社会、对个人都是弊远大于利的。大学阶段的教育是非义务教育,缴费上学是世界上通行的做法。就我国国情来说,是"穷国办大教育",有限的财力投入更应用在教育的关键环节上,在基础教育这一提高全民族基本素质的重要环节上更应多投入,而在非义务教育阶段的大学教育中实行收费制度也就势在必行了。我国从20世纪80年代中期,随着市场经济理论的应用与实践,大学也通过自费、委培、定向等收取一定费用的方式培养大学生。随着我国高等教育理论与实践的发展,在90年代中期实现了培养方式的"并轨",即学生缴费上学。1999年是我国高等教育走向大众化的关键一年。该年度扩大了招生,提高了收费水平,至此,对大学生的培养方式才真正具有了"自费"的性质。近年来,我国高等学校的学费增长比例较快,2001年已占学校收入的26.5%,甚至超过了1999—2000年度美国高校24.8%的平均水平。这显然超出了人们的经济承受能力。其后果便是导致贫困大学生群体的出现。高校规模的扩大使得各高校的教学设施等硬件普遍紧缺,各高校还纷纷在资金不足的情况下建新校区,许多高校为此而背上了沉重的包袱。硬件危机的同时,许多高校还不得不面对生均师资力量投入短缺,教育与服务严重缩水,尤其是人文关怀缺失的现状。在这种境况下,一方面贫困大学生群体的出现与高校投入不足、教育质量缩水问题相交织,另一方面贫困生因经济问题而产生的"精神贫困"及社会公平等问题也相继出现。所有这些问题,都要求高校去探求一条既注重大学生情感需求和人文关怀又适应新形势需要的育人新机制。

二、实施情感育人机制是对"唯理智教育"、应试教育的抗争和对素质教育的人文诉求

　　当前我国正全力进行教育改革,努力推行素质教育。素质教育的根本目标是促进人的全面发展,人的全面发展从本质上讲就是人的各种需要的满足与发展。它不仅包括体质发展和认知发展,也包括情感发展。个体的情感发展如何,可以影响人一生的际遇。高校实施情感育人机制就是以人的情感需要为切入点进行施教,它不仅有助于促进人的情感发展,还有助于其他需要的满足与发展。从本章第一节对"情感"及"情感育人"的分析,我们不难发现,通过对影响情感的环境、认知过程的控制,加强对情感的正面教育、引导,使受教育者形成对某种事物持久、深刻的认识,形成某种稳定长久的情感,会对其责任感、进取心、人生价值产生很大影响,这恰恰是目前我国实施"素质教育"所不可缺少的重要环节。

未来的竞争,乃是文化的竞争,归根结底是人才的竞争。这足以证明 21 世纪是"以人为本"的时代,是人的价值得以充分实现的时代。面对 21 世纪,我们应当想到:我们培养的大学生能否经受新世纪的挑战? 这也是衡量我们的高等教育是否成功、高校教师是否称职的最直接的标准。中国教育正从"应试教育"向"素质教育"的转变说明我们已清醒地认识到,未来竞争的关键在于人才素质的高低。那么,未来人才到底应具备什么样的素质呢? 著名教育学家厉以贤教授总结概括了未来人才的几个重要特征:自主意识、创新精神、责任感、对科学与真理的渴求。我们不难发现所有这些素质都是以"情感"为基础和原动力的。因此,实施"情感育人"是 21 世纪中国实施"素质教育"战略的重要环节,是培养适合 21 世纪要求的高素质人才的重要步骤,是一个必不可少的重要条件。

实施情感育人机制是落实素质教育的重要途径。以人的全面发展为目标的素质教育迫切要求"情感育人"。人的全面、和谐、充分、自由的发展一直是古往今来教育家、思想家所追求和崇尚的教育理想。在古典人文教育时期,西方哲学家、思想家提倡教育应促使人"爱智慧",以智慧照亮人的心魄。他们认为智慧的内涵是人生意义,是心灵的善与美,主张充分发展人的天性中美好的品质,追求良好道德品质的形成和崇高的人格境界。以孔子为代表的东方哲学提倡"仁者爱人",强调个人应加强仁德修养,不断修身养性,以达人格的完善。中西方古典教育的共同之处是强调人的德性的完善,心灵的和谐,以人为中心,以人性的完整和谐、全面发展为教育的最终目的。文艺复兴时期,西方教育家反对宗教蒙昧主义对人性的禁锢与压抑,提出以人为中心,恢复人的自然天性,以艺术来陶冶心性、启迪智慧。当代人文主义思潮主张通过人文精神与科学精神的融合来缓解人性的扭曲,培养完整、健全的人格,倡导关注人的尊严、理解与宽容、自由与责任,敬重自然,将人性教育贯穿于教育过程中,使教育"人性化"。尽管不同时期的人文理想的内容不一,但实质和核心都是一种人生观、世界观教育,目的是引导人更好地洞察人生、完善心智、理解人生的意义与目的,找到健康正确的生活方式。今天我们所追求的人文教育其内涵被赋予了鲜明的时代特征,即培养学生对人类社会的过去和未来及自然环境的广泛的关注精神,使其具有正确的道德信念、历史使命感和社会责任感;培养学生正确的价值观念,关注人生的意义与价值;培养学生求真、求善、求美的精神,使之成为具有丰富、高雅的人生情趣和健全、丰富、和谐的个性的人。

江泽民同志曾反复强调素质教育,提出要大力加强思想政治教育及培养人的创新精神。思想政治教育和人的创新精神的培养都离不开对受教育者道德感、美感、理智感的教育、引导,使其成为受教育者持久、稳定的觉悟和立场,从而激发出受教育者对其他领域的好奇、探索的渴望,从而培养人的创新精神。这更说明高校实施"情感育人"机制是落实"素质教育"的重要条件。当代大学生正处于我国历史性的伟大转变时期。改革开放和现代化建设带来了经济的快速发展和巨大进步,同时信息更新的速度也达到了前所未有的高度。这使得当代大学生更倾向于用多元化的、差异性的方法来解释世界,他们渴望在理论层面上解释他们所面临的种种问题,渴望认识自然、社会、人生和自我;但信息的多元化与复杂性也使他们更容易被动地接受未经认真思考的信息。大学生们思维活跃、敏锐、较少保守思想,但辨别是非能力有限;市场经济的趋利性,加上学业的艰难、就业的压力等等因素,使他们更注重专业学习而忽视思想素质的提高,忽视对自身世界观的改造,少数人理想淡漠,信仰个人利益。根据以上现实情况,结合当代大学生的思想需要、道德需要、心理需要、学业需要,高校教学应改变课程过于注重知识传授的"唯理智教育"倾向,转向帮助学生形成积极主动的学习态度,使获得基础知识与基本技能的过程同时成为学会学习和形成正确价值观的过程,引导学生学会学习、学会合作、学会生存、学会做人,关注学生的全面发展,实施素质教育,培养学生的社会责任感、健全人格、创新精神和实践能力,乃至终生学习的愿望和能力。

高校教育与管理工作本应是为培养高素质人才服务,以培养全面发展的自由的人为目标。然而,事实告诉我们,长期以来,由于高校教育的价值功能扭曲,我们忽视了对大学生的人文关怀,片面强调科学知识的传授,造成没能把情感和人文关怀与认知相并重的教育格局,致使陶冶学生情操、塑造学生品格、培养学生良好的心理素质等美好的愿望成了可望而不可即的空中楼阁,学生成了片面发展的"知识人"、"片面人"和"单向度的人"。现实中我们不难发现,有些大学生认知能力较高,但情感素质不高;还有相当一部分大学生有不良的情感特征:冷漠、孤独、空虚、无聊;依赖性强或偏执、偏激,自控力差;缺乏爱心和对他人的尊重;缺乏自信心等。应该说,学校教育与管理的"唯理智主义"倾向是难逃其咎的。我们知道,目前学校为了追求升学率,老师不得不以严格的纪律来约束限制学生的自由和发展,对他们的思想政治教育也只是教条式、模式化的说教,品德的培养是表面化、形式化的强制性治理。学生学习更是统一的填鸭式灌输式的方式,只能是被迫地接受教育。从学习的内容来说不能超出教学大纲,唯一的载体是教科书,只要背好了课本,考试也就不会有大的出入,一些普通的常识则不懂。从学习的方式方法来说,一般的教学方式是:老师讲学生听,即灌输式。根本不发挥学生学习的主观能动性,不培养他们的创新能力,由于教学内容的限制,教师和学生也不敢有什么创新或创造。造成的结果必然是:教师喜欢按部就班的教学模式,不管学生喜不喜欢,讲完了自己的备课内容就算完成了任务。学生则按老师的要求,听好课,做好作业,考试再有个好成绩就万事大吉了。这种考试制度亟待改革,它束缚了学校的手脚,萎缩了师生的思维,限制了师生的创造能力,更压制了师生的个性发展。这种信奉学习成绩一好即能遮百丑的价值观,表现出追求学习成绩的畸形发展的人格特征,助长了其自私自利品质的形成。为了学习,他们从来就不需要关心别人,不用关心家庭、集体和国家,亲情、友情、同情、热情、激情甚至爱情,都抛到九霄云外去了。现实的教育由于片面强调教育目标的工具价值而忽视教育所应有的精神培育和人文关怀的功用,将大学生的认知兴趣引向功利主义需要,不但会使认知和情感之间失衡,还会使本来就很脆弱的情感变得越发脆弱和不堪一击,于是情感的荒漠化所引发的大量社会问题也就是在所难免的了。

面对"唯理智教育"和应试教育所带来的种种弊端,每一个有责任感和使命感的教育界人士以及每一所高校都须有清醒的头脑和冷静的反思。在这种情势下,大力倡导"情感育人"模式,实施"情感育人"机制不失为一种明智的选择。

三、实施情感育人机制是针对当代大学生情感发展的新特点提出的必要举措

出生于20世纪80年代的当代大学生总体上是一群伴随着民族改革开放的步伐、伴随着国家现代化的进程、伴随着电视、电脑、网络成长起来的"新新人类",他们在情感发展上表现出十分明显的时代特点。

一是情感需要的多元性。在当今社会变化日新月异的形势下,大

学生的价值观出现了前所未有的多元化组合,甚至出现了多元价值观并存的现象。越来越多的大学生强调自我与社会融合,索取与奉献融合,兼顾国家、集体和个人利益而又非常注重自我,注重现实。这种呈主流状态的价值观直接导致大学生在情感需要上的多元性,绝对权威崇拜、绝对单一的情感需要已经荡然无存,取而代之的是多元纷呈的情感需求,并形成丰富强烈、纷繁复杂的情感需要结构,既有低层次的与生理、物质相关的情感需要,又有高层次的和心理、精神相联系的情感需要。如满足现代化物质生活的情感需要、进行健康愉悦社会交往的情感需要、享受新奇高雅文化娱乐的情感需要、提升自我学习求知的情感需要、学习专业努力成才的情感需要、归属群体得到爱与尊重理解的情感需要、实现自我的情感需要等等。可以说,当代大学生的情感需要是异常的多种多样、丰富多彩。

二是情感体验的矛盾性。大学生处于青春期中期的年龄阶段,在这一特殊时期他们除了具有一般青年人的喜怒哀乐外,还因知识、阅历等原因使得他们有着更为丰富的情感和更为活跃的内心世界,在情感体验上普遍存在着以下矛盾与冲突:崇尚理性与较强的情绪性之间的矛盾;自我意识的发展与自我形象的模糊性之间的矛盾;较强的交往需求与较大的封闭性之间的矛盾;思想上的主动性与行为上的被动性之间的矛盾;较强的责任感与较弱的责任心之间的矛盾等等。这些矛盾冲突的情感体验交互作用,对大学生的成长起了负面作用,使得他们长期处于压抑状态,造成心理障碍,甚至会产生过激行为。

三是情感取向的浅显性。由于学校和家庭教育的诸多误区,学生的情感发展远远滞后于认知能力的发展,而且随着学生年龄的增长,考试竞争的加剧,纯知识、智力的教育大大加强,情感教育往往被忽视。尤其在大学阶段,由于大学教师普遍认为情感教育是低龄教育阶段的内容,高校只注重高端知识和专业技能的培养和学习;同时由于科研、生活的压力日益增大,许多大学教师对教育缺乏应有的热情,对学生缺乏真诚的关爱,对学生的幸福感、满意度、创造力和潜在力关注不够,师生间缺乏必要的双向交流,这些在客观上淡化了教师情感的感化作用,造成了大学生情感教育的缺失,使得大学生的情感取向处于浅显状态。表现在大学生的情感活动上就是对人的自然性的情感如吃、穿、住、行的欲望和情怀,而对社会性的情感如对自己生存的群体的责任与义务,对集体的关心,对国家的热爱,对民族的维护等则普遍缺失和淡化。

四是负面情感的普遍性。改革开放以来,社会转型过程中所出现的广泛、深刻、剧烈的社会变化以及工业社会的特性——生活的快节奏、高压力,使得当代大学生一方面对现代生活新奇向往、积极适应、努力追求;但另一方面,又常常在现代化的物理和社会环境面前感到自卑,感到渺小,感到物对人的巨大压抑。因此大学生的社会性情感在社会的扩展中负荷过重。同时"后现代主义"文化思潮力求表达无意义、无思想、无深度、商业化、大众化、非历史、不想未来、只求顷刻的现在等等,这种文化现象所反映出的注重对文化的直观性体验,热衷于对形象化、表面化的追求,而将思想意义放逐得浅薄、浮躁,造成了大学生情感的混乱、浮躁;同时美化暴力、凶杀、情杀、复仇、色情、迷信、赌博等现象,对大学生健康的情感会产生严重威胁。另外家庭的溺爱、应试教育模式等也会造成大学生的情感畸形发展。因此,虽然健康向上的情感是当代大学生情感发展的主流,但是他们在情感发展上也普遍陷入懦弱、混乱、虚浮及冷漠的危机之中。概而言之就是:对人不感激,对物不珍惜,对事不负责。

对于大学生出现的上述新特点,高校应认真加以研究和对待,并针对不同的情况和具体的问题,开展积极有效的情感教育。从某种意义上说,实施"情感育人"机制是新时期高校教育与管理工作的必要举措和摆在高校教育工作者面前亟待解决的重要问题。

四、实施情感育人机制是创新高校学生教育与管理工作思路、构建和谐校园的需要

当前,我国正处于一个转型的社会变革之中,社会主义市场经济体制的确立给全社会都带来了强烈的震撼和影响,人们的思想、行为、价值观念都受到一定的冲击与洗礼。大学生是社会中一个对新事物较为敏感的群体,他们首当其冲受到市场经济体制的影响,大学生的思想解放进一步增强,在思想政治上要求享有充分的民主,在人与人关系上要求平等相待,在重要问题上要求享有知情权和话语权,等等。在这种加快改革开放步伐,建立社会主义市场经济体制的新形势下,高校实施情感育人机制,对于激发大学生为振兴中华民族而努力学习的崇高使命感和历史责任感就显得更为重要与迫切。为了培养大学生的使命感与责任感,我们应当通过与大学生充分的情感交流,帮助他们正确认识改革开放给全社会带来的巨大变化和取得的伟大成就,加强他们对党的路线、方针、政策的理解。教育与管理工作者要注意结合大学生的思想特点和当前的热点问题,坚持用事实讲话,晓之以理,动之以情。教育与管理工作者要主动、及时地回答大学生普遍关心的问题,使他们在实践和学习中进一步领会邓小平同志建设中国特色的社会主义理论。这样的教育往往能使大学生将个人的前途与祖国的命运紧紧联系在一起,真正意识到跨世纪青年肩负的崇高历史使命,从而树立为中华民族和全人类事业而勉力追求的坚定信念。

高校实施情感育人机制还能对促进高校教育与管理工作起到催化与推动作用。我们知道,高校的教育与管理工作在学生的成长过程中有着极其重要的作用,在这个过程中,教育者通过情感教育的各种措施激发学生对某一事物、观念产生更深刻的情感体验,产生发展、强化和保持他们健康高尚的情感,抑制和改变他们不良的情绪、情感。情感反过来又在学生道德品质的形成和发展中发挥着巨大的作用。它既是思想政治道德认识转化为思想政治道德信念的催化剂,又是思想政治道德信念转化为思想政治道德行为的推进器。因此,在高校妥善地实施情感育人机制必然有助于培养大学生良好的思想政治道德情感,也必然会对大学生教育与管理工作起到催化和推动作用。

高校实施情感育人还可以使高校教育和管理工作者与学生之间建立良好的共鸣与沟通。高校的教育与管理工作是由教育者和受教育者共同完成的,是二者相互作用的过程。作为高校教育与管理工作者,总是希望自己发出的具有教育意义的信息能够尽快地最大限度地为大学生所接受,并获得良好的反馈,因此,教育者和被教育者之间需要建立一座融洽的沟通桥梁。教育者运用情感教育的方法以自己对学生的爱和自身高尚的情操去影响学生,与大学生在平等的地位上沟通感情,共同探讨,做学生的的良师益友,从心理上消除学生的屏障,使学生产生接受教育的自觉动机,为思想教育的深入开展铺平道路。情感育人的重要特点在于以情感人,引起共鸣。其主要表现为以感染、激励为主的形象教育式感化;以关心、照顾、信任为主的温暖式感化;以各种艺术手段进行的艺术典型感化;以及以其他形式进行的潜移默化来教育帮助受教育者。实施情感育人的内容与途径是丰富多样的,但对于大学生来说,主要应当通过良好的情感教育来培养他们积极健康的情感、良好的思维方式,培养他们的爱国主义感情和民族自豪感,引导和帮助他们认清自己肩负的历史使命,树立正确的世界观、人生观和价值观。

因此,高校实施情感育人机制是在新形势下高校学生教育与管理工作的深化和改革中探索出来的一条适合当代大学生情感发展的新特点和高校学生工作实际的有益尝试,对于培养德智体全面发展的高素质人才,创新大学生教育与管理工作模式以及维护高校稳定团结的大好局面创建师生员工与学校共同发展的和谐校园具有重要意义。

第三节　实施情感育人机制的理论依据

情感育人机制是针对新时期学生教育提出的一种新型教育管理机制和教育管理范式。下面主要从心理学、教育学、哲学和管理学理论的四个维度对情感育人这一教育管理机制合理性和理论依据进行探究。

一、实施情感育人机制的心理学依据

（一）人不仅运用知识理智地对待世界，同时还以情感非理性地对待世界——实施情感育人机制的生理心理学依据

当代脑科学的成果为我们勾画出情感系统的清晰部位——下丘脑。正是下丘脑、边缘系统的存在和进化才使人类具有了与理性系统同样重要而复杂的情感系统。正因为这个系统的存在，人类不仅不像山川石木一样木然存在，也不能客观冷静地对待大自然，而是对大自然产生了无比复杂的情感体验。正是由于下丘脑、边缘系统这种生理"构件"使人类摆脱了那种纯客观主义的理智、中性的处世态度，采取了一种具有社会学意义、情感意义的主观的对待世界的态度。也就是说，理智是中性的，而情感是非中性的，情感能力使人喜与怒，爱与憎。当然，理智系统和情感系统不是孤立存在和发生效应的，它们是相互影响和制约的。人脑的情感系统，首先是天赋的、自然的、生物性的，但这一系统及其潜能又会在后天被人为地不断诱发、塑造。所以，它是先天与后天相互作用的产物。这是因为脑细胞、大脑潜能虽是先天形成的，然而，大脑有巨大的可塑性，这可塑性也是先天潜能，其表现方式是脑神经之树突（神经元细胞的组成部分之一）可在后天刺激下增长，这一增长使神经细胞间的关系、联系大大复杂化、精细化、定向化，许多条件下的暂时神经联系便这样建立起来。同时，通过后天的刺激，大脑的化学系统会丰富和改变。一是原有化学物质递增，二是产生某种新的脑

化学物质。这种神经联系的建立和化学构成上的变化,随着后天的刺激量、刺激性质、刺激方式的不同而不同。所以,脑的一定生理结构以及受其制约形成的心理结构是依赖于后天的影响,也就是说:人脑及其各系统的先天可塑性,依靠后天的影响才能成为变化了的现实。马克思在《1844年经济—哲学手稿》中指出,人的能够享受的感觉一部分是生来就有的,一部分是逐渐发展起来的。他讲的正是情感系统或曰情感生理、心理结构的先天与后天统一的性质。一个人由于不断地从事情感活动,例如,欣赏文学作品,他的先天情感生理心理结构由于生理组织与化学递质的变化而发展成为一个先天和后天统一的变化了的情感生理心理结构。但是,必须看到人的情感是一种非理性的因素,它本身不是认知,它的产生、运动变化并不遵从逻辑思维规律。而且,情感体验能力是千差万别的,比较起来,情感比理智思维更加复杂多变。所以说,人的情感规律、情感世界、情感能力及其培养就更需要研究和关注。就教育而言,不仅要培养学生的理智能力,更要培养学生的情感能力。

(二)情感一经产生便会以不同的方式影响人的整个精神状态——从情感的心理特征看实施情感育人机制的心理学依据

首先,情感是认识和洞察学生内心世界的窗口。情感作为一种全身性的心理、生理反应,它一经产生便会强烈地影响人的整个精神状态,能最鲜明地表现人的主观世界,反映出人的思想觉悟、人的志向、人的胸怀与度量。因此,学生教育工作者完全可以通过学生的表情动作等情感表现状态把握学生真实的内心世界,因材施教,有针对性地对学生开展教育和管理工作。其次,积极情感具有驱动性、感染性的作用。积极情感的驱动性就是情感具有动机作用。人们活动的动机不仅与生物内驱力(生理需要)有关,而且与情感有关。实际上生物的内驱力只有经过情感的放大才能具有动机作用。有人说:"激情、热情是人强烈在追求自己对象的本质力量。"人们的许多活动是在感兴趣和好奇等情感的直接驱动下产生的。例如,教育者运用教育内容的内在力量和灵活的教育方法来激发学生的兴趣和好奇等,吸引学生的注意,启迪学生思维,调动学生积极性;欲"晓之以理",先要"动之以情"。积极情感的感染性就是情感对人起着协调、促进、鼓舞的作用。积极情感会使人感到舒适和满足,感到生活很有意义,感到彼此易于沟通,从而大大提高教育和管理效果。最后,情感是学生品质形成的内在环节。学生品德形成的过程就是他们自身知、情、意、行诸因素辩证发展,从不平衡到平衡,又到新的不平衡这样一个循环往复的运动过程。其中,"情"是一个重要的环节。可以说,情感是认识的动力、意志形成的先导、行为习惯养成的鼓舞力量。品德的教育过程就是把外在的客观要求转化为内在的主观意识,再由内在的主观意识转化为个体的思想品德。它是"内化"与"外化"过程的有机统一,也是内因与外因变化规律的直接体现。从这一角度来看,情感是品德形成的从外化到内化的催化剂。

(三)人总是力图满足某种需求,人的行为总是受着需求的影响——从马斯洛需求理论看实施情感育人的心理学依据

需求层次理论是美国心理学家马斯洛(Maslow)在1943年所著的《人的动机理论》一书中提出来的。他把人的需求归结为五个层次,由低到高依次为生理需求、安全需求、社交需求、尊重需求和自我实现需求。一般来说,只有在低层次的需要求满足以后,人才会有进一步的追求高层次的需求,而且低层次的需求满足的程度越高,对高层次需求的追求就越强烈。人在不同的发展阶段,其需求结构也是不同的。因为人的需求是不同的,所以要调动人的积极性,就必须针对不同的人,引导满足其不同层次的需求。对大多数人的共同需求,可以采取共同的方法来激励,而对不同的需要则需要采取不同的方法。结合高校学生教育管理工作的具体特点,并根据马斯洛的需求层次理论,山东经济学院提出了情感育人这一育人机制。

1. 生理需求。衣、食、住等都是生存所需要的最基本的生活条件,

学生工作首先要做的就是满足学生对健康的生活环境的追求愿望。近年来山东经济学院逐年加大投入,新建学生宿舍、食堂、教学楼、图书馆、校园广场、泄洪沟改造等系列工程,大大改善和美化了校园生活环境。山东经济学院实施的"313"成才工程中的一项重要内容就是对经济困难学生实行三种保障机制,即贷款保学费,助学保饭碗,补助保重点。环境的改善以及管理的人性化,都会潜移默化地影响到每个学生的行为。他们会自觉地提高自己的修养,以使自己的行为和周围清新、整洁的氛围相吻合,体现了行为文化软约束的力量所在。广大学生都乐意把山东经济学院称之为"学习生活的乐园"、"精神的乐园"和"成才的摇篮"。

2. 安全需求。安全需求是指对人身安全、生活环境安全等的追求,在这里可延伸为对求学环境、社会环境安全的需求。学校要了解学生对安全的需求,通过一系列措施加以实现。山东经济学院于2004年下发了《关于建设"平安校园"实施意见》。意见指出要通过深入开展创建活动,努力建成"四大环境",实现"六不"的具体目标。"四大环境",即稳定的校园环境、良好的治安环境、规范的法治环境以及安全的学习、工作和生活环境。"六不",即不发生群体性事件;不发生群死群伤的安全责任事故;不发生大规模的食物中毒事故;不发生大的火灾和房屋倒塌事故;不发生重大治安刑事案件;不发生"法轮功"等邪教组织非法聚集事件。在关心特殊学生群体方面,针对经济上、学习上、心理上有困难的学生,山东经济学院主要通过实施"313"成才工程、成立大学生心理健康教育中心等一系列助学帮扶措施,解决与他们切身利益紧密相关的问题,关注学生健康心理倾向的养成,注意培养学生勇于吃苦的精神、面对困难的勇气和战胜挫折的毅力。

3. 社交需求。社交需求是指每个学生都希望获得同学的友谊,拥有良好的人际关系,同时得到团体的接纳和组织的认同。市场经济使校园处于开放的环境中,学生的需求多元化,交往和活动范围也日益扩大。因此,学校教育管理工作要注重指导学生的交往生活,教授学生交往的基础知识,培养和锻炼他们的交往能力,引导他们勇于和善于建立起平等友爱、互帮互助、开放宽容、诚实守信的良好人际关系,为自身的健康发展和社会的安定协调好人际关系。这方面,山东经济学院主要通过引导、组织学生参加一些社团活动、文体活动等丰富多彩的校园文化活动为学生提供一个交往的舞台,满足学生的交往需求,让学生感受和体验到学校文化的亲和力、吸引力和感召力。在校外,通过建立教学实践基地、开展"三下乡"社会实践活动等形式,建立起一种学校和社会双向参与、相互促进的体制和机制,使学生跨出校门后面对这个竞争而又公平的社会不再无所适从。

4. 尊重需求方面。尊重需求是指希望自己得到别人高度的评价或为他人所尊重。每个人都有一定的自尊心,若得不到满足,就会产生自卑感、无能感,从而失去自信心。学校实施情感育人的一个典型特色就是首先要从情感上尊重学生的人格和自尊。从某种角度说,尊重学生,不仅仅是情感育人的起点,更是它的核心和灵魂。每一个学生的人格是独立的、平等的,也就意味着每一名学生无论家境贫富、相貌丑俊、出身尊卑,都享有同等的受教育的权利和发展的机会。在学生教育管理工作中,学校要求所有的工作人员都要尊重学生,尤其是对那些在经济上、学习上、心理上有困难的学生,更要尊重他们的人格、关心他们的成长。

5. 自我实现需求。自我实现需求是指每个学生都希望成功、渴望成才,都愿意通过一些富有挑战性的工作,来充分发挥自己的潜力,体现自己的能力,实现自己的理想和愿望。尤其是当学校满足了他们以上几个方面的需求后,他们对自我实现的需求将更为强烈。为此,学校一方面倡导一种"人人可以成才"的理念,同时又采取"一奖"、"三嫁接"和鼓励学生参与学校管理决策、举办创业计划大赛等方式来为学生实现自我价值提供施展个人才华的舞台,体现对学生成长、成才和自我实现的关怀与关注。

（四）实施情感育人机制的人本主义心理学依据

20世纪60年代，人本主义心理学的兴起和发展，使得教育中的情感问题更加受到重视。人本主义心理学认为，教育应该以促进人的全面发展为目标，而要实现该目标，必须把认知和情感两个方面统一起来。

国内外相关研究表明，人们对学校教育与管理中的情感问题越来越关注。以埃里克森（Erikson）、马斯洛、罗杰斯（Rogers）等为代表的西方人本主义心理学家提出的一些理论和观点对教育和管理提供了有益的启示。美国人本主义心理学家罗杰斯认为：人的认知活动总是伴随着一定的情感因素，当情感因素受到压抑甚至抹杀时，人的自我创造潜能就得不到发展和实现。而只有用真实、对个人的尊重和理解学生内心世界的态度，才能激发起学生的学习热情，增强他们的自信心。然而，传统教育片面强调知识和服从，严重忽视与主体活动及自觉能动性相联系的因素，从而导致学生的被动与盲从，导致认知和情感的分离。罗杰斯曾经指出：和谐的教育和管理氛围是教育者以一定的认知背景为基础，对学生的情感因素充分激发的同时，与学生的主观能动性共同促成的一种理想的互动状态。学校的情感育人正是力求在教育与管理过程中，通过达成一种如罗杰斯所说的理想的互动状态"和"，达到一种"随风潜入夜，润物细无声"的和谐，从而最终实现我们的教育管理目标。

二、实施情感育人机制的教育学依据

"人非草木，孰能无情"。正因为人具有情感，所以人们在认识客观事物的过程中，不会无动于衷，冷若冰霜，常常情动于中，形乎于外。同样，学生的学习、生活也离不开情感。情感因素在学生的学习、生活中的作用越来越被教育者所看重。教育者的情感对受教育者有直接的感染作用,教育者良好的情感品质能塑造学生美好的心灵、高尚的品德。思想政治教育是教育者和被教育者之间的一种思想交流活动,是一种双方互动活动。通过情感的交流,使双方思想得到沟通,受教育者能顺利地实现思想的转化和升华。

(一)情感能以情动情,以情晓理,以情感的魅力感召学生

"动之以情、晓之以理"是教育工作的基本原则,而调动学生的积极性、主动性来自于两方面:一方面是教育者的责任感和教育能力;另一方面是教育者对学生的情感的投入量。教育管理工作是做人的工作,其最大的特点是教育者对学生采用"情感激发","感人心者,莫过于情",在师生的情感交流中,教育者怀有浓厚的感情,这种情感的力量让学生受到感染,从而让学生的思想发生转变和升华。古话说:"情到理方至,情阻理难通。"所以,教育管理工作应充分发挥情感的先导作用,用情感去教育、感化学生,使师生之间产生心灵的共鸣和心理的相容。如果没有对学生的爱就谈不上真正的教育,因为爱是教育的基础,离开了爱的内涵,教育工作就会变得苍白无力,所以教师必须倾注自己的感情,让学生真正体会到你的关心和爱护。比如,教师与学生进行一场亲切、促膝谈心的思想交流,一句亲切友好的话语,都能体现出教师对学生的尊重和关怀。教育者与学生关系融洽了,双方的距离缩短了,彼此心灵沟通了,学生教育与管理工作的目的也就达到了。

(二)情感育人能树立一种亲情的力量,一种人格的力量,从而赢得学生的尊敬和信赖,促进学生健康地发展

教育者用高尚的情怀关心和爱护学生,使学生对教育者产生一种亲近感。曾经有人对4000名学生进行过关于"你心目中最喜欢什么样的老师"的调查,在20个调查项目中,"关心学生、爱护学生"一项占被调查学生的88%。可见,在情感上对教育者提出要求的学生,具有相当的普遍性。教师在育人的过程中,必须尊重学生人格,不讽刺、挖苦学生,对学生的过失能理智地分析、正确引导,适当给予宽容和谅解;对

低差生用超常的耐心去感化和挽救,不伤害低差生敏感的心灵和自尊;对学生群体中出现的问题,不偏不袒,公正无私地处理;当学生遇到挫折打击时,能亲如父母,及时给予关怀;当学生对教育者的教育产生抵触情绪时,能与学生进行心理交谈,通过与学生心理的相互沟通,让学生心服口服。这样的教育者的影响往往高于自身学识,留给学生的是无价之宝。

(三)情感育人有助于树立一种师生民主平等的观念,有利于教育者的意愿和想法得到真正的理解和认可,获得最大的工作效率

确立先进的教育民主化观念是未来教育者人格特征的一项重要内容。师生之间民主平等的关系体现出一种真诚平和的对话态度,这种真诚平和态度能影响人的认识、情感和意识活动。态度真诚能唤起学生内心深处的真挚与信任;态度平和能让学生感受到一种令人亲切、温暖的召唤力。一位对学生真诚友善的教师,容易创造出宽松和睦的气氛。就认知而言,能使学生思想活跃,思路开阔;就情感而言,能使学生心无疑虑,坦诚相对。师生之间有了这种融洽的感情,教育者就能全面、正确地认识学生的学习生活动态,了解学生心声,发现问题,并且在开展各项活动时,赢得学生的积极配合与支持,有助于活动的顺利开展,同时又提高了教育者的工作效率。

(四)实施情感育人机制符合学生个体思想道德品质构建和形成的规律

通过有效的教育和管理工作,使学生形成优秀的思想道德素质,是学生工作的基本目标之一。应该说实施情感育人机制不仅符合学生个体存在的主体特征,也符合思想政治教育活动过程的特性和规律。人的主体性存在本质决定了思想政治教育在具体方法上必然是尊重人的主体性的、切入个体心性世界的、能激发个体心灵共鸣的教育方法。涂尔干曾说:"若要为我们的教育事业提供必要的驱动力,我们就必须努力遴选出作为我们道德性情之基础的基本情感。"与知识传授不同,思

想政治教育更大意义上是主体与客体的价值互通与心灵融洽过程。理性化的认知导向要转化为个体内在的价值信仰,除了要求思想政治教育内容要体现社会理性外,还取决于教育的具体方式能否激起受教育者的心灵共鸣。情感化教育方法之所以对思想政治教育的成效起着至关重要的作用,源于情感是个体价值世界构建的基础,是个体确立理想信仰的前提,是个体精神价值追求的内在驱动力。中央教育科学研究所朱小蔓教授说:"人的情感素质及其发展往往在更深层次上表征着人的道德面貌。由于道德在本质上是人对自身的精神需求不断提升的结果,它主要用情感满足与否以及用什么方式满足和表达来表征自身的精神需求","我们的美德袋式的教育之所以受到批判,一个重要原因就是它忽视了学生的主体性,忽视了学生的情感体验,把学生的头脑作为一个容器来灌输"。

在思想政治品德的形成和发展中,思想政治情感是一种巨大的力量。情感一经产生,便能有选择地促进并巩固同这种情感有联系的认知,同样,相应的情感障碍也妨碍相应的认知。"感人心者,莫先乎于情","动之以情,方能晓之以理","情到理方至,情阻则理难通"。正如列宁指出的,没有人的感情,就从来也不可能有人对于真理的追求。思想政治情感推动或制约着思想政治认识转化为思想政治信念和行为。在一定意义上说,只有充满思想政治情感的行为实践,才能使行为实践本身充满思想政治的意义和价值。

三、实施情感育人机制的哲学依据

(一)马克思主义人性论——实施情感育人的理论基石

马克思主义继承了以往哲学关于人的思想的积极成果,科学地提示了人的本质,为"以人为本"思想的确立奠定了科学基础。马克思主义人性论认为,人是从事实际活动的人,不是某种处在幻想的、与世隔绝、离群索居状态的人。人既是一种生理意义上的存在,同时也是一种超越生命的存在，是一种具有无限丰富性和多样性的存在。人的存在不仅仅是一个被外力塑造的自然过程，还是一个自主自决的能动性创造过程，从生命本体性看待人的可能发展，人的能动性才是人的存在的更根本性的力量。人从对历史的学习中不断超越自身，超越了自身动物性的存在，人因而有思想的存在。以情感育人为特征的教育与管理尊重人的本性，确立人的本性具有存在论意义上的合理性和合法性，是用人的方式去理解学生、对待学生、关怀学生，特别是关怀学生的精神生活、精神生命的发展。高等教育与管理工作中的以人文关怀为灵魂的情感育人模式符合人的本性，它是育人、育心、育德的一种全方位的综合教育活动，是一种人与人心灵之间的沟通、精神的契合，是人对人主体间的相互交流活动，包括知识内容的传授、生命内涵的领悟、意志行为的规范，并通过文化传递功能将文化遗产教给年轻一代，使学生自由地生成知识、智慧，并启迪其自由天性。所以，在高校学生教育与管理工作过程中实施情感育人机制符合人的本性。

并且，马克思主义人性论认为个人在自己的联合体中并通过这种联合体获得自由，才能使自己作为个性的个人确立下来。这说明，只有当人成为劳动和一切活动的主体，他们的活动成为自由、自主的活动时，人才能成为有个性的人。唯物史观明确主张"从现实的、有生命的个人本身出发"，亦即把从事实际活动的人当做其理论出发点。这要求广大教育者树立正确的"主体意识"，并将其贯彻到教育管理工作实践中，努力激发和培养受教育者的主体性。尊重人的主体地位，要充分认识到，思想政治教育的生命力之所在是以理服人、以情动人。情感是沟通教育者与受教育者交往关系的基础。因此，在思想政治教育实践中，教育者一定要发挥情感在教育管理工作中的先导作用，放下架子，与学生平等交流，和风细雨地把思想政治工作做到学生的心坎上。

当今社会是政治、经济、科技、教育、文化和生活变化发展十分迅速的时代，随着信息网络技术的快速发展和经济全球化趋势的日益加强，教育环境不断变化,大学生的思想行为也在不停地发生变化,这就要求我们高校的教育与管理工作也要与时俱进、不断创新。当前高校存在着重视学生的科学文化知识教育和技术技能培养,而相对忽视学生思想政治素质教育和培养的倾向。因此,学生的思想观念发展和行为规范表现呈现出滞后于其知识能力发展的倾向,其综合素质得不到全面健康的发展。高校要真正促进大学生素质的全面提高,把学生培养成为社会的有用人才,必须重视和加强大学生思想政治教育的创新,加强人文关怀,以学生为本,关注每个学生的心理活动、行为特征和个性特点,充分唤醒和增强大学生的主体意识,使大学生自觉主动地去认识自我、寻求真理和完善人格,把自己塑造成为具有优秀个性特征和良好素质的社会主体,从而能够很好地面对人生、适应社会,实现自己的价值。当代大学生虽然是同龄人中的优秀群体,具有较高的知识素质和技能素质,但是如果没有良好的思想政治素质将同样无法适应时代发展的客观要求。党的十六届三中全会提出的科学发展观是一种全新的发展理念,其中把"以人为本"作为科学发展观的核心,这也要求加强对学生的人文关怀,尊重学生并引导其健康发展。人文关怀的思想政治教育把大学生看做具有独立个性和特定观念的教育主体,启发引导学生内在的教育需求,调动和激发大学生主动学习的积极性、主观能动性和创造性,使学生自觉树立起科学的世界观、人生观和价值观,形成正确的政治思想素质和高尚的道德品质,从而使他们真正成为合格的社会主义现代化事业的建设者和接班人。

(二)存在主义理论对实施情感育人机制的启示

存在主义产生于 19 世纪后期,流行于 20 世纪 20 年代,至五六十年代达到鼎盛,之后则逐渐式微,被结构主义、后现代主义等哲学思潮所掩盖。如今存在主义似乎成了"明日黄花",但它对人存在的关注,对人存在的意义和价值的思考却是永恒的,其中一些观念对思考培养人的教育仍有重要的现实借鉴意义。

存在主义与其他非理性主义思潮一样,拒斥人是理性动物的判断,高度重视人的情感体验。比如,海德格尔把人的存在视为"被抛入的设计",即人无原因和理由地被抛入世界后,首先产生各种情感。从表面上看,好像理性控制着人的一切行为和情感的流动,但实际上,情感是人的"基本的存在范畴"。存在主义者虽然有贬低人的理性作用、强化人的情感功能的偏颇,但他们却揭示出人真实存在的另一侧面——情感生活。这种哲学观有利于我们确立教育是知、情、意、行相统一的过程的教育理念,把现实教育抛弃的人的情感寻觅回来。教育就其本质而言,是"整体"人的教育,"整体"的人既是生物的存在,也是社会的存在,是理性与非理性的统一体。因此,真正的人的教育只能是一种整体教育,是逻辑与直觉、理智与情感之间相辅相成、协调互补的统一。这种整体的教育观的核心观念在于,人的认识与情感是互补的,相辅相成的。其实,即使崇拜理性的哲学家也没有断然否定人情绪、情感的作用。17 世纪理性主义哲学家笛卡尔认为,人的情绪主要有四方面的作用:(1)保持适当的活力在体内流动;(2)使身体为应付在变化的环境中可能遇到的目的物而做好准备;(3)使灵魂期待那些我们认为是有用的客体;(4)使这种期待经久不衰。被认为是理性主义者的黑格尔也曾说过:"我们简直可以断然声明,假如没有热情,世界上一切伟大的事业都不会成功。因此,有两个因素就成为我们考虑的对象,第一是那个'观念',第二是人类的热情,这两者交织成世界史的经纬线。"教育作为教师的教与学生的学之间双向交流的活动,师生情感的融洽是师生双向互动的前提。教育实践也证明,只有建立在师生情感交流基础上的教育才能取得良好的效果。反之,倘若师生之间缺乏情感交流,缺乏心灵沟通,那么,在教育过程中就会只剩下知识信息的流动,学生就只能是填充知识的容器,教师厌教、学生厌学大概源于此。

然而,时下的教育却割裂了人的理智与人的情感体验的统一。就人而言,似乎从来就没有一个情感体验的问题,而只是一种认识、理性的存在,进而以这种人学观对待教育,把整个教育过程预先规划、设定成"复制某种功能的人"的过程,把整个教育流程看做按照社会需要把受教育者塑造成一件件标准化的产品的"生产线",教师犹如操作工,学生好比"克隆"同一母体的"多莉"羊。于是乎,我们看到的是这样一种教育情形:教师忙于作出种种刺激以激发学生,学生忙于作出种种反应以应答教师——一个冷冰冰、机械而紧张的世界,至于学生在教育中的喜怒哀乐则被排斥在教育之外,最多用于保持学习的动机和维持注意。此时,受教育者只需死记硬背、再现所学的内容,而不允许掺杂任何个人的有创造性的"自我意识",最终使教育对人生命意义的追寻、对人终极价值的叩问、人与人主体间灵肉的交流以及人情感的化育被置之"教育"之外,受教育者在学习中成了忠实地再现和认识所教内容的"复印机"。有血有肉、生机勃勃的受教育者无疑"将退化成自动机或条件反射式的动物","其结果就是造就出一批有聪明而没有智慧,有知识而没有思想,有文化而没有教养的人来"。所以,存在主义所揭示的情感对人成长、发展具有重要作用的哲学观,将有利于我们确立人是理性与情感相统一的人学观,进而注重教育对人情感的培育,充分发挥情感在人发展中的重要作用,而摒弃那种仅把人视为一种纯粹认识或抽象思维的存在的教育观,使目前机械、冷冰冰的教育世界重新焕发出生命的活力。

(三)符号理论对实施情感育人机制的启示

德国哲学家恩斯特·卡西尔与他的学生苏珊·卡纳斯·朗格因其符号理论在语言哲学和美学方面的卓越成就,被人们看成是20世纪30年代以后西方兴起的符号美学运动的"开路先锋"。在美国,人们常常把两人的学说合称为"卡西尔—朗格的符号说"。本书希望通过透视二者的观点,从符号理论角度探析情感的形成、特点以及情感在教育中的独特意义,以便丰富我们对情感的认识,探寻实施情感育人的理论依据,更有效地开展高校学生教育与管理工作。

卡西尔在《人论》中明确提出他对"人是什么"这一问题的看法,认为人是"符号的动物"。符号系统使人的应对方式与其他有机体的反应方式有了根本的区别。生物体各有一套感受器系统和效应器系统。靠着感受器系统,生物体接受外部刺激;靠着效应器系统,它们对这些刺激作用作出反应。没有这两套系统的互相协调和平衡,生命体就不可能生存。卡西尔认为,人类世界当然也符合这种有机体生命的生物学规律。但是,在人类世界中还可以发现一个人类生命特殊标志的新特征,那就是符号系统。其他有机体对外界刺激的反应是直接而迅速的,而人则因为有了符号系统,对外界刺激的应对被思想的缓慢复杂过程所打断和延缓。这个新的特征改变了整个人类生活。与其他动物相比,它使人的功能圈不仅仅在量上有所扩大,而且经历了一种质的变化。它使人不再生活在一个单纯的物理宇宙之中,而是生活在一个符号宇宙之中。因此,卡西尔认为,理性不能完全涵盖人的特性,"应当把人定义为符号的动物来取代把人定义为理性的动物"。

符号理论对人的特征的界定并没有否认人的理性特征,只是符号理论的提出扩大了人们的注意力,原来人们强调人的理性特征,所以在研究人时,容易把目光集中于人的理性过程而忽略这一过程所产生的结果,把它们看成是差异不大的理性的产物,并且在研究中偏重某些范围,比如把目光只集中于概念语言、逻辑语言和科学语言,而对情感语言与诗意想象语言却很少予以关注,"人是符号的动物"的观念扩展了人们的思维方式,使人们把视角定位于人类的创造、表现结果,并由结果出发反思其过程。由此研究范围扩大了,情感语言与诗意想象语言作为一种人类的符号创作进入了人们的研究视角。

更为重要的是,符号本质的揭示使我们看清了人的生活本质。人不再仅仅生活在一个单纯的物理宇宙之中,而且还生活在一个符号宇宙之中。所以人类不只是直接地面对实在,不是像动物那样对外界刺激即刻作出反应。对人来说,符号不仅仅是一种简单的工具,而且是对

他的认识和实践产生深刻影响的媒介，以致除非凭借这些人为媒介物的中介，他就不可能看见或认识任何东西。在这些符号的影响下，人不仅仅是根据他的直接需要和意愿生活，而且是经常生活在想象的激情之中，生活在希望与恐惧、幻觉与醒悟、空想与梦境之中。生活在他对物的意见和幻想之中。所以，从某种意义上说，人的认识在不断地与自身打交道而不是在应付事物本身。这也就可以解释，为什么面对同一件事不同的人感受不同，而拥有同一种情感却可能出现表现方式上的差异。因为，即使同样是情感活动，但人的情感运作与动物的情感运作方式是不同的，因为人的情感运作中具有符号的理解和创作。

如何理解这种符号的意义？卡西尔通过分辨信号与符号的差异来说明这一问题："信号和符号属于两个不同的论域：信号是物理的存在世界之一部分；符号则是人类的意义世界之一部分。"在卡西尔理论的基础之上，朗格对信号与符号的本质做了进一步区分。他指出，尽管信号与符号有着极为密切的关系，有时甚至出现交叉和重合的情况，但就本质来讲它们是截然不同的两回事。二者在对应形式上也有所不同：指示信号与其代表的物体一一对应，象征性符号的内涵则包括了多层意思。一个符号并不是作为物理世界一部分的那种现实存在，而是具有一个"意义"。符号活动是一个创造活动，它融入了人对外界的自身理解。

用符号理论来理解人的情感活动，我们可以认为，情感是主观与客观的统一体，就引起情感的外界因素来说，它是客观的，具有不以人的意志为转移的客观本性，就情感的内涵和形式来说，它是一种心理体验，是主观的过程。虽然，情感不可能脱离外界的生活状态产生而存在，但是，外界的生活状态只有被个体自我觉知时，才能成为一种心理活动，才对个体有意义，才能转化成某种情感。情感的内容与形式取决于个体符号系统的加工。面对某种情境人们会产生何种情感，如何表达，关键在于他先前的符号系统的状况。

情感的发生、发展虽然要以一定的外界条件为基础,但更重要的受制于个体内部的符号系统加工。然而,在情感教育中,目前教育者最容易陷入的误区是忽略个体的符号系统的存在。具体表现为:一是简单地认为相同情境会产生同种情感。例如,认为能够激发上一代人某些情感的事件应该同样会唤起下一代人的同感,由此在教育中重复上一代的故事、情境,以此期望获得相应的效果;二是移情的简单化。教育者常常以自己的感受来衡量儿童的感受,以自己对爱与恨、幸福与痛苦的理解来施教于受教育者,结果在教育初始就造成双方情感错位。由于各自生活环境不同,教育者与被教育者对事件所进行的符号加工完全不同,情感符号的意义在双方的视野中存在着很大的差异。教育者认为能引发某种情感的事件,受教育者因缺乏相应的符号体系而往往对此无动于衷。而对受教育者的情感需要和情感体验,教育者又往往视而不见、漠不关心,他们常常站在自己的角度,以自己的感受要求受教育者具有同感,最终使教育难以获得良好效果。人的文化、年龄、性别等种种不同决定了人的符号系统的差异性,因此,教育者要真正做到"动之以情",就要研究不同受教育者的情感符号系统,深入他的情感世界,研究其特点,有针对性地施加影响,激发个体的想象和移情,注重心灵交融,以此增加个体情感上的认同、共鸣。

（四）后现代主义哲学理论对实施情感育人机制的启示

后现代主义是20世纪60年代作为对于现代化和现代性的批判与否定而兴起的具有世界影响的哲学文化思潮,代表人物有法国的福科（Foucault,Michel）、德国的德里达（Derride,Jacques）等。后现代主义以其批判、丰富、新颖、独特的思想冲击着人类生活的方方面面,为各领域的研究尤其是人文社会科学的研究提供了新的视角,开启了新的思考方向。

后现代主义一个显著的特点就是反对理性主义,强调尊重、关心人的内心体验。这里的"理性",是指西方的源于古希腊文化传统的一种

主流性的文化思潮,一种推崇知识与理智的文化思潮。这种理性主义随着启蒙主义的高涨、科学的迅速发展、工业革命的巨大胜利,在人类近现代史上被推向了鼎盛。后现代主义反对科学至上,怀疑理性和科学能否带来自由和解放,否认存在和认识的相对稳定性,否认任何形式的理性认识和方法,否认任何规律和体系,主张用非理性打破理性的统治地位,认为不能将理性作为普遍规范,理性必然会限制人的个性发挥,束缚人的想象力和创造力,只有个人的情感、体验和想象才是真实的,才是创造的源泉。

后现代主义推崇"本体论的平等",认为任何存在的东西都是真实的,一个人无论是伟大的还是平凡的,一种思想亦无论是伟大的还是平凡的,他们都是真实的,一个"实在"并不比另一个"实在"多点或少点实在性。这种本体论上的"平等"要求摈弃一切歧视,"接受和接收一切差异"。后现代主义的上述观点启示我们,在学生教育管理中要"强调一种朝向人的、水平的管理风格,而不是朝向任务和功能的管理",即学校管理组织应该"去中心化",尊重个体存在的价值和创造性,尊重学生的思想与存在,注重人与人之间的平等,即以人为本,关心学生的主体需要,尊重学生的个性发展。

后现代主义崇尚差异性、倡导多元性,为高校建立多元化的学生评价标准提供了理论依据。教育评价作为对教育现象的价值判断,可以引导和控制教育活动的方向,监督或调节教育活动的进程。我们要实现人才培养的多元化,在人才评价标准方面就必须相应做到多元化。在保证学生评价标准的全面性、综合性、基础性和一般性的前提下,我们要尊重学生个体发展的差异性和独特性的价值,从多元的角度确定不同层面的评价指标和标准,以激发学生内在发展的动力,帮助学生认识自我、建立自信、明确目标,激励学生在更广阔的空间里获得更大的进步和发展,实现个体的自我价值。

后现代主义一个显著的特点就是强调差异、强调尊重、关心人的内心体验。法国哲学家、教育家卢梭在他的名著《爱弥尔》中提出"自然教育",提倡要按人的自然本性与规律开展教育,使人身心得到自由发展。后现代主义尖锐地指出,现代性在给人类带来巨大物质财富的同时,也逐渐加深了人的物化和异化。人被物化和机械化了,人丧失了自己的本质,丧失了自我意识和主体地位。后现代主义者坚决批判这种外在条件对人的异化现象,他们强调尊重人、关心人。教育也应该强调尊重学生发展的内在需要和客观规律,尊重人的个性和自主性,促进个人素质的全面提高。后现代主义的另一个最显著的特征是大无畏的批判精神、创新精神。尼采、叔本华、海德格尔等后现代主义的思想先驱们提出"重估一切价值"。法国学者德里达提出解构主义,主张解构一切,怀疑一切,否定一切。这虽然极端,但却相当深刻。后现代主义倡导的批判精神、多元论是创新的思想基础。高校教育要转变重灌输轻批判、重权威轻异端的理念,要鼓励、培养有创新思维的人才,启发学生独立思考,要引导学生改变不敢或不会提问、不敢或不会反问、不敢或不善于挑战权威的思维习惯,培养大学生敢于质疑、勇于探索和敢为天下先的精神。后现代主义强调个体差异性,提倡多元论;批判权威,提倡创新;反对片面追求科学知识和智力的发展,提倡人格和个性的发展;为我国目前提倡的"以人为本"的教育理念和高校情感教育提供了很多有益的启示。

四、实施情感育人机制的管理学依据

学生教育管理工作作为学校教育的一个重要组成部分,其基本职能是围绕学校育人的中心工作,全面贯彻党的教育方针,根据国家颁布的有关学生教育管理的政策和规定,通过对学生进行有效的思想政治教育、道德行为养成、学习生活的常规教育管理,维护学校正常的教学、工作、生活秩序,保证学校育人目标的实现。从其本质和基本特征来分析,可以理解为学生教育工作者对学生的一种管理活动。因而从理论

上同样受管理学理论的指导。而在当今管理学理论的创新和发展中，情感管理理论已成为重要的内容和关注点。

俗话说:感人之心,莫过于情。现代情绪心理学研究认为,人是有着丰富感情生活的高级生命形式,情绪、情感是人精神生活的核心成分,它们在人的心理活动中起着动力和组织作用,支配和组织着个体的思想和行为。不为别人的感情所动的人是绝对没有的。正因为如此,情感才会成为人世间最能打动人心、使人从心灵深处长久地受到感染和触动的东西。情感所具有的巨大内在力量,是其他任何东西都无法比拟的。有效的管理者应该创造条件,最大限度地影响被管理者的情绪、情感,努力增强情绪、情感对组织的积极影响。

情感管理就是管理者以真挚的感情、诚挚的心情,不断加强管理者与被管理者之间的情感联系和思想沟通,满足被管理者的心理需要,形成一种晓之以理、动之以情的思想、工作交流方式,使被管理者心甘情愿的服从规范,接受管理,进而提高工作效率和效果,并促进组织目标实现的管理方式。从情感管理理论的分析和探讨中,我们可以找出高校实施情感育人机制的管理学依据。

首先,现代管理是以人为中心的管理,如何掌握人的特点和规律去实现有效的管理是每个管理者面临的课题。把心理学的研究成果应用于管理工作领域,通过揭示组织管理过程中人的心理活动规律,实现对人的科学管理,才能促进管理工作的科学化。当代大学生有他们自己的心理特点和规律,作为学生管理工作者,应该针对每个学生的不同特点采取符合人心理行为规律的管理措施,这样才能实现有效管理,才能激发他们的学习热情,调动他们的积极性,增强集体凝聚力。正确认识人是有效管理人的前提。当代的大学生群体是正在经历我国高校教育与管理体制改革的一代,他们接受了传统的初等教育之后,在接受有较大幅度改革的高等教育的新的管理模式时,容易出现一定程度的情感脱节,会产生独特的心理状态和心理变化。这就要求学生管理工作者实施不同的管理方式方法进行管理,尤其要注重情感管理的应用。

其次,从管理心理学上讲,人是有着丰富感情生活的高级生命形式,人在认识和改造客观世界时,对客观事物会有诸如愉快、忧伤、愤怒等不同的态度和体验,并产生不同的情绪和情感。情感是由于人的社会需要、精神需要(如劳动、交往、艺术、文化知识等)是否满足而产生的,具有持久、稳定、深刻的特点,其表现状态分为道德感、理智感、美感。情感是人精神生活的核心成分,在人的心理生活中起着组织作用,它支配和组织着个体的思想和行为。有效的领导者就是最大限度地影响追随者的思想、感情乃至行为。作为学生管理工作者,仅仅依靠一些物质手段激励学生,而不着眼于学生的感情生活,那是不够的,与学生进行思想沟通与情感交流是非常必要的。因此,感情管理应该是管理的一项重要内容,尊重学生、关心学生,是管理好学生的基础。美国著名的情绪心理学家拉扎勒斯提出,当前面临的事件触及个人目标的程度是所有情绪发生的首要条件,当该事件的进行促进个人目标的实现时,产生积极的情绪情感;反之,则会产生消极的情绪情感。目标是个人追求的一种生活境界,它表现为个人的理想、愿望、对未来生活的一种期盼。如果某些管理行为能够促进学生的个人目标朝着预期的方向发展,学生就会产生积极的情绪情感;反之,就会产生消极的情绪情感。情感交织在人们的思维中,成为一种刺激,对人的认识和行为起着调节和支配的作用。高校管理工作者积极的工作态度、愉悦的情绪能使学生精神振奋、思维活跃,使学生感到温暖、感化和激励,能激发学生的积极性和创造性;而消极的情感则抑制学生的积极性和创造性。因此,学生管理工作者要用真挚的、丰富的情感去感染教育学生。在学校管理中可以说是"三分管理七分情"。管理离不开感情,感情投入得多少,直接影响着管理的效益和成败。古人云:感人心者,莫先乎情。的确,情是开启人们心扉的一把钥匙,情到之处,金石为开。感情是密切师生关系,进行思想教育的基础。

再次,从管理对象——大学生自身的状况来看,大学时代处于人生最活跃、最丰富多彩的时期,是心理断奶的关键期。心理断奶意味着切断个人与父母、家庭在心理联系上的"脐带",构建自己独立的心理世界。在这一过程中,种种矛盾冲突交织在一起,而社会经济的发展、科技的进步、各种思潮的流入、互联网等高科技媒体的蓬勃发展给当代大学生群体的多元思想提供了土壤。作为多数是独生子女的一代,他们渴望交往,渴望理解。他们关心个人成长却忽视了集体的力量,他们标新立异却往往不愿吸收别人的长处,他们强化爱好却忘掉夯实基础,他们自信却承受不住小小的挫折,他们个性鲜明、协作减退,表现欲强、适应性差,提出问题能力强、解决问题能力弱。但同时他们也具备了以前学生不具备的各种优势。新时代的大学生是朝气蓬勃的,他们接受新事物的能力和对社会环境的敏感都比以往的学生更强,他们有良好的知识底蕴、有较强的综合潜力、有强烈的自信心和表现欲。对于当代大学生如果仅仅用强制性的制度管理,往往会使他们产生反感,必须晓之以理、动之以情。

最后,高校实施情感管理更利于育人目标的实现。施行积极的情感管理,能够使学生对学生管理者更加敬重、爱戴和信赖,学校管理者的威信也随之树立起来。有了建立在学生出自内心的敬重、爱戴和信赖基础上的威信,学生就会自觉地遵从学校管理者的要求,信服学校管理者的安排,心悦诚服地按照学校管理者的要求去工作而不是心有杂念、阳奉阴违。施行积极的情感管理,能够使学生常为有这样的学校管理者而乐道,常为有这样的学校管理者而自豪,并且会更加努力工作,恪尽职守。施行积极的情感管理,能使学生深深感到学校管理者是知己,是朋友,感到师生之间无隔膜。

第四节　实施情感育人机制的
理论意义和现实意义

通过上述对实施情感育人机制的心理学、教育学、哲学和管理学依据的初步分析和探讨,可以看出当前在高校实施这一育人机制的重要理论和现实意义。对此,简要说明如下。

一、实施情感育人机制是贯彻落实"以人为本"和"和谐教育"的教育理念,满足学生的情感需求,促进学生全面成才的重要途径

"晓之以理、动之以情"是教育工作的基本原则。教育管理工作是做人的工作,其最大的特点是教育管理者对学生采用"情感激发",在师生的情感交流中,教育者怀有浓厚的感情,这种情感的力量让学生受到感染,从而让学生的思想发生转变和升华。古话说:"情到理方至,情阻理难通。"实施情感育人机制,对高校而言,意味着对学生的尊重和关爱,意味着对学生中的弱势群体的支持和帮助;对学生而言,意味着学生与教育管理者一样,具有同等的人格和尊严,应受到同样的尊重和关爱,享受同等的权利和义务。这样,既满足了学生的心理需求,又能促进学生的身心全面发展,在体现以人为本的教育理念的同时,又能为构建和谐校园和落实和谐教育的理念作出积极的贡献。

二、实施情感育人机制是顺应大学生情感认知规律,建立良好师生关系、提高教育管理效果的重要举措

大学生受教育的过程是知、情、信、意、行等因素相互作用直至达到平衡发展的内在矛盾运动过程。这个过程的基本问题是如何将不知转化为知,将知转化为行的问题。"知者不惑",但"知"仅是人们认知活动的一个方面,偏重于人的智力因素的发挥和发展。人的认知缺乏非智力因素(情感因素)的参与,就难以达到认知的高级境界,因此"知之者不如好之者","好之"是智力因素和非智力因素的合璧,而"好之者不如乐之者","乐之"是全身心投入的审美体验,是最完善的境界。所以说"情"是"知"、"信"、"意"的催化剂,是"行"的推动力。高校实施情感育人机制利于教育和管理工作目标的达成。同时,实施情感育人机制也是建立良好师生关系的重要环节。师生关系是教育管理领域里人与人关系的具体化,其实质是人与人之间的一种情感关系。师生情感上的一致性,会唤起双方心理的"共鸣"和"共振",在教育管理中起巨大的相互调节作用。心理学研究成果已表明,在师生情感的"共鸣"、"共振"期所给予的教育,学生接受性最强,效果最佳。在正确的认知和积极的情感基础上建立起来的良好的心理关系,能促进良好的师生关系的形成和教育管理目标的实现。

三、实施情感育人机制在大学生品德形成中发挥着重要作用。情感是影响人格和品德形成的重要因素

有学者指出,人对道德信息的接受以情绪活动为初始线索,个人道德的发展最终由个人内部以情感为核心的动机系统作为内在保证。如情感对道德观念的确立有很大影响。在道德信息组成的因素中,如果抽去"笃信"的深刻情感,抽去强烈的责任心和追求理想的高度热情,道德信念就成了语言的外壳而失去原有意义。再如,情感对道德行为有引发和调节作用,情感一旦形成定式,就能够维持和深化人的某种行为,以保证道德认识与道德行为的统一。因此,在高校教育管理工作中实施情感育人机制,有利于学生良好品德的形成。教师言传身教,对学生付出真正的关心和爱护,学生才会产生对教师的信任感,才会对教师的意见和要求产生肯定的倾向从而愉快地接受;否则,同样的意见,却不被学生认可,甚至会引起抵触情绪和行动上的抗拒。可见,教师对学生的真诚和关爱,是赢得学生信任的基础,是学生接受教育的心理前提。师爱还能使学生仿效教师的品德。模仿性是青年的重要心理特征之一,心理学关于模仿的研究表明,人们总是趋向模仿爱他和他所爱的人,而不愿模仿那些他所厌恶的人。学生不仅乐意接受他们所爱慕教师的情操和观点,而且还会自觉不自觉地模仿他们的言论和行动,这样,教师的道德观和行为准则就成了他们的道德观和行为准则。榜样具有很大的感染力,它能把教师的优良品质深深地印在学生的思想、行为中。通过实施情感育人机制,教育管理者用自身的榜样力量和创造性的劳动,用充满情感的激励,能使学生具有积极价值取向的情感得到张显与发展,形成良好的品德。

四、实施情感育人机制有利于改变高校教育和管理中普遍存在的重"理"轻"情"和"情""理"分裂的现状

在科技革命的推动下,人类创造了日益发达、丰富的物质世界,而在这样的历史背景下,近一个多世纪以来教育的主要宗旨只是教人去追逐、适应、认识、掌握、发展这个外部物质世界。在当代科技和教育的影响下,人类驾驭物质世界的知识与能力有了长足的发展。但是,在历史的行进中却也暴露出当代社会与教育的缺憾,这就是在现代教育被视为向现代大工业社会输送各种知识人才的手段,专注于知识的传授和技能的训练,因而在一定程度上造成了学生的全面发展与专业训练的分裂,理性与情感的分裂。由于教学偏重于知识概念、逻辑推理、数理公式等,在价值、审美、情感、意志、信念、责任等方面缺乏对学生的引导,学生只获得一大套的知识,而缺乏对现代生活的真正理解,缺乏美感、责任感、情感等,造成了生活经验的欠缺和生活的片面化。这种教育的片面性与人的生活、精神的完整性的本质相悖。因此,现代高校教育和管理必须对此在战略上作出迅速和正确的反应,以帮助学生建构完整的经验和精神世界。从这种背景和意义上来说,在高校实施情感育人机制不失为一种明智的选择。

第三章
激励育人机制理论研究

　　大学生作为一个素质较高、人格相对独立、世界观、人生观基本形成而可塑性较大的特殊社会群体，其素质对社会人力资源的构成和未来社会的发展均有不可忽视的作用。对大学生如何优化管理、挖掘潜力、提高素质，使其向着社会发展所需要的目标健康成长，是摆在高校教育管理工作者面前一个现实而且具体的重要课题。

　　激励作为一种重要的教育手段，对于调动大学生潜在的积极性，出色地去实现国家、教育和个人目标，使其早日成为适合时代需要，具有个性特色、特长的创造型人才，具有十分重要的作用。因此，研究大学生激励育人方法，构建大学生激励育人机制，既是落实科学发展观的要求，也是我国高等教育发展的要求，又是高等教育实践的现实要求。

第一节　激励育人机制的内涵

一、激励育人机制的概念

"激励",译自英文单词 Motivation,在中文词典中释为鼓动,激发使之振奋或振作,一般指一个有机体在追求某些既定目标时的意愿程度,它含有激发动机、鼓励行为、形成动力的意义。

我国历史上,楚汉相争时期楚将项羽领兵攻赵,运用"陷之死地而后生,置之亡地而后存"的兵法背水布置,激发士兵奋力拼杀的斗志,即为激励。激励是管理学和管理心理学及行为科学中的一个重要概念。管理学通常把激发人的工作行为动机叫做激励,还把鼓舞士气、振奋人的精神、激发人的工作热情叫做激励,又把强化人的工作行为,使之达到或保持某种积极状态叫做激励。心理学界认为,激励是增强一个有机体在追求某些既定目标时的愿望程度。这个目标可能是外在物质实体,也可能是内在的精神满足。激励是一种刺激,是促进人的行为,调动人的积极性的一个重要手段。行为科学认为,激励决定了一个人在工作中会尽多大的努力,把努力放在什么方向上,这种努力能持续多长时间。

美国学者贝雷尔森和斯坦尼尔认为:激励是指一个有机体在追求某些既定目标时的愿望程度。它是人类活动的一种内心状态,一切内心要争取的条件、希望、愿望、动力等构成人的激励。

卡特斯和罗森茨韦克认为:激励是个体与环境相互作用的结果,激励涉及需要、需求、紧张、不安和期待。在行为的背后有一种趋向行为的推力或拉力。这意味着在个人与周围环境之间存在着某些不平衡或不满意的状况。

著名管理大师哈洛德·孔茨在《管理学》一书指出:激励是应用于动力、愿望、需要、祝愿以及类似力量的整个类别。我们可以把激励看成是一系列的连锁反应:从感觉的需要出发,由此引起要求或要追求的目标,这便出现一种紧张感,引起为实现目标的行动,最后满足要求。

我国有学者认为:激励就是激发和鼓励,就是通过某种刺激因素,激发人的动机,诱导人的行为,使其发挥内在的潜力,从而去努力实现既定的目标的一种心理过程。

这些定义都是对激励与行为发生及行为走向相互关联的认同和阐释。为了消除或减少紧张和不愉快,人们就会作出相应的反应——因激励而行动。目前学界对激励的理解基本上没有超越科学管理时期的激励范式:A 使 B 做 A 希望 B 做的事。而后来的研究者在激励的"使役性"、"强制性"等方面做了许多调整,更注重激励的内在性、精神性、隐蔽性和自主性。

根据国内外学者的分析,作者认为:人的行为总是由一定的动机推动的,而人的动机又总是由一定的需要引起的。需要是人在社会生活中感到缺乏某种东西而力求获得满足的一种内心状态,是人对自身在一定的社会环境中生存和发展所需条件的反应,它是人的积极性的基础和根源。恩格斯指出:"就个别人说,他的行为的一切动力,都一定要通过他的头脑,一定要转变为他的愿望的动机,才能使他行动起来。"①激励与需要和动机密切相关。在日常生活中,任何人都有一种不安和紧张的心理状态,这是激励的起点。在遇到能够满足需要的目标时,这种紧张的心理状态就会转化为动机,推动人们从事某种活动,向目标前进。当人达到目标,需要得到满足时,紧张的心理状态就会消除。这种由需要引起的、由动机推动的、指向目标的行为过程就是激励的过程。当某种需要得到满足,它所发出的激励作用也就随之消失。但由于需要是无限的,一种需要得到满足,又会产生另一种新的需要,又要经过指向目标的行为,如此循环反复,人们不断为满足自己的需要

---

① 《马克思恩格斯全集》第 21 卷,人民出版社 2003 年版,第 345 页。

而驱使自己的行为。

因此,激励就是对人的各种需要予以不同程度的满足或限制,以引起人们心理状态的变化,以达到激发动机、引起行为的目的,并通过对动机的强化,对行为加以控制和调节。教育工作者要善于激发和鼓励大学生,诱发动机,调动其内在积极性,增强其内在激励,使其自觉为目标而奋斗。激励教育即是运用激励的手段对学生进行教育,激发学生的积极性、主动性和创造性,增强其内在动力,实现教育人的目的的一种教育手段。

马克思将人的需要分为生存、享受、发展等需要;马斯洛提出了"需要层次理论";赫茨伯格则把人的需要按作用分为"激励因素"和"保健因素"。种种需要理论告诉我们:物质需要是基础,精神需要比物质需要对人的行为激励更大更深远。

两千多年前的古希腊学者阿基米德说:"给我一根足够长的杠杆,我可以将地球撬起。"同样的道理,一个平凡的人,如果能够受到最充分的激励,就能迸发出巨大的能量,作出不平凡的事迹。著名成功学家拿破仑·希尔曾经被认定是一个坏孩子。母牛走失了,树莫名其妙地被砍倒了,每个人都认定是他做的。甚至连他的父亲和哥哥都认为他很坏。人们都认为他的母亲死了,没有人管教是拿破仑变坏的主要原因。既然大家都这么认为,他也就无所谓了。有一天,父亲说再婚。大家都担心新妈妈不知道是什么样的。拿破仑也打定注意,根本不把新妈妈放在眼里。陌生的女人终于走进家门,她走到每个房间,愉快地向每个人打招呼。当走到拿破仑面前时,拿破仑像枪杆一样站得笔直,双手交叉在胸前,冷漠地瞪着她,一丝欢迎的意思也没有。"这就是拿破仑",父亲介绍说,"全家最坏的孩子。"令拿破仑永生难忘的是继母当时所说的话。她把手放在拿破仑肩上,看着他,眼里闪烁着光芒。"最坏的孩子?"她说,"一点也不,他是全家最聪明的孩子,我们要把他的本性诱导出来。"以后继母总是鼓励小拿破仑依靠自己的力量,制订大胆的计划,坚毅地前进。后来证明这种计划就是小拿破仑事业成功的支柱。这是运用激励进行教育转化例证。

这样的例子不胜枚举,像德国物理学家爱因斯坦、意大利歌唱家帕瓦罗蒂、中国象棋大师许银川、旅日围棋名手林海峰等人就是从小受到了其父母或亲友、老师的激励,从而成为一代伟人或名人的。激励是学生成长的营养剂,学生需要激励,犹如种子需要阳光一样。不管教育体制如何进行改革,最重要的还是教育体制能否激励学生,能否让学生感到学习中的乐趣,否则教育改革很难成功。

激励育人机制是施教者通过激励因素与学生之间发生相互作用的方式,是有关学生激励的一套制度、措施,是通过对大学生日常的一些好行为和取得的成绩给予认可和表扬,采用物质奖励与精神奖励相结合,以精神奖励为主的原则,激发学生的内在动力,促使学生奋发进取,取得更大的成绩。简单来说,就是在学生的教育管理过程中,激励者在把握激励对象的各种因素情况下,通过某种方式调动激励者的学习或工作积极性,使之产生符合其要求的行为制度总和。激励育人机制主要是由激励源(即思想道德教育工作者)、激励对象及激励的目的这三个要素构成的,三者缺一不可,缺乏其中的任何一项,激励育人机制都不能成立。在激励过程作为整体的实践活动时,只有当这三个因素相互作用发生一定的矛盾运动时,才能使激励过程产生。

二、激励育人机制的内容

结合前述的激励含义和激励育人机制的概念,激励育人机制的内容应包括以下几个方面。

(一)诱导制度

诱导制度是使激励客体产生某种行为的激励因素的集合。激励因素是指能满足一个人的某种需要,激发一个人的某种行为,诱导他去达到某一目标的刺激性因素。心理学认为,因为人的任何动机与行为都是在需要的基础上产生的,没有需要也就无所谓动机和行为。当人们产生某种需要后,只有在这种需要具有某种特定目标时,需要才会产生动机,动机才会成为引起人们行为的直接原因。实践证明,在多种动机下,只有优势动机才会引发行为,由于个人的需要是多种多样的,且是发展变化的,这也决定激励因素的多样性和变化性。因此,对施教者来说,就是要因人、因时、因地寻找激励对象的各种诱导因素,这是激励育人机制的起点,也是激励工作的关键环节。

（二）行为导向制度

行为导向制度是指对激励对象所期望的努力方向和所倡导的价值观的规定。由于每个个体的个性不同,由诱导因素所激发的个人动机及由动机产生的行为可能会朝向各个方向,不一定与施教者所期望的目标行为模式相同;并且个人价值判断也不一定与组织的价值观相容。这就要求在制定激励制度时必须明确组织所期望的行为方式和应秉承的价值观,使组织成员的行为朝向明确的目标。

（三）行为幅度制度

行为幅度制度是指对诱导机制所激发的行为强度的量的控制措施。这种激励的量的规定通过一定奖酬与一定绩效的关联性起作用,激励的起点是满足激励对象需要,而由于被激励对象存在着个体差异性和动态性,并且只有满足最迫切需要的措施,其效价才高,激励强度才大。正如期望理论指出的激励力量取决于激励客体所能得到结果的全部预期价值乘以他个人认为该结果的概率。因此在制定激励机制时,为了使激励力量控制在一定范围内,应当对目标效价和期望值进行整合。一方面使目标效价为激励对象大多数成员所认同,另一方面要处理好个体期望概率和实际概率之间的关系。

三、激励育人机制的基本原则

高校激励教育的对象主要是青年大学生,高校激励教育是研究大学生现实思想及其形成、变化、发展规律的一门科学。大学生所处的年龄阶段、社会地位、学习条件、生活环境的特殊性，使他们不仅与其他年龄阶段的人在思想方法、行为方式上有较大的差别，同时也区别于同龄段从事其他职业的人，他们思想的形成和发展具有自身的特点和规律，这种特殊性就决定了对大学生进行激励教育应有与之适应的教育规律、途径和方法，而激励的合理运用是对大学生开展成才教育最有效的方法。因而，研究大学生激励教育的原则就显得尤为重要。为确保大学生激励教育的有效性，在运用激励育人机制时应遵循以下几点基本原则。

(一)把握正确的方向性原则

所谓方向性原则，就是高校大学生激励必须始终坚持正确的行为导向，着力调动学生的积极性、创造性。高校大学生激励就是要解决激励对象中存在的实际问题，满足其合理的需要，以调动其积极性，但又不应只停留在满足对象的需要上，着眼点应该更高更远，应该把激励对象的积极性引向更高层次，形成更高层次的需要，使其能够自觉地、合理地调整自己的需要，以产生积极向上的行为。

高校大学生激励必须具备明确的指向性，提倡什么，反对什么，不能有含糊，不能不加区分地——满足学生的各种需要。高等教育的目标和任务以及人们需要的多样性，决定了必须在激励的过程中引导学生的积极性沿着正确的方向发挥，也就是说，高校大学生激励要把个体内在的积极性引导到学校和社会所要求的目标和方向上来，使学生个体的积极性得到有益的发挥。而一切积极性的动力源泉是人的需要，因此，在高校大学生激励的过程中，要从积极性的根源——需要入手，不仅要尊重、了解学生的需要，更要促使个人需要朝着社会需要升华；同时，还要对合理的需要和不合理的需要、物质需要和精神需要进行引导、调节。在高校大学生激励过程中，必须始终坚持爱国主义、集体主义和社会主义的导向，注意调节、控制和引导学生的各种需要，以调动学生的积极性,从而促进学生的身心健康发展。

(二)个体激励与集体激励相结合的原则

大学生的能力和心态受小气候,如一个班、一个寝室的影响至为重要;而一个一个的小圈子,以班或寝室为单位,也反映着大学生们的人生设计和精神风貌。在大学校园中,有的班级被评为校级先进班集体甚至是省级、国家级先进班集体,班级的成员个个成绩优良,人才济济;而有的班,旷课、舞弊成风,人人混日子。这正是群落效应的实证。它告诉我们:根据大学生的生理、心理特点,班集体这个对大学生朝夕发生影响的环境,直接体现着思想和行为导向,直接关系着他们能否成才。

集体目标有助于全班同学的统一行动并控制偏差;有助于提高个人成就感,使之不断进取;有助于凝聚力量并提高班集体工作效能。确立集体目标,要让同学们在明确了大目标的前提下,根据集体的实际情况,确定大多数同学能够达到的具体目标。

学生作为个体,很自然都会有其个人目标,这是大学生自我的人生追求和内在的源动力。如果个体目标与集体目标高度一致,那么,在达成集体目标的同时,亦会达到个体目标,而且还对学生个体会有较强的激励作用,使之积极主动地学习与工作。反之,则很难达到激励作用,或根本没有。在实现集体目标的过程中,大学生可以通过集体目标的影响,学会正确认识自己;在同学间的交往中,取长补短,你追我赶,大学生个体的智力活动可达最佳状态;在参与集体活动中,体验到社会责任感及为他人做奉献的乐趣。一句话,正是把个体目标与集体目标相结合,才能培养出为人类、为社会拼搏进取的积极的生活态度。这是大学生今后不断进取、努力成才的动力源。

学生的个人目标与集体目标的一致性是进行激励的有利条件。事实上,对于学生而言,其个人目标和集体目标之间往往会有着某种天然的联系,问题是如何将个人目标引导到集体目标上来,这种引导就是激

励的艺术。

（三）情、理、行相结合原则

多年来成才教育实践证明，物质刺激不是调动积极性的唯一动力，还要用精神的力量去调动人的积极性，即感情激励。感情是启开人心灵的钥匙，是人与人之间沟通的桥梁。教育工作者仅仅注意人的物质利益是不够的，还应该注意感情的投入，只有相互间感情的深入交流，才能促进相互信任，才能使教育工作得以顺利开展。对大学生进行感情投入的途径有：一是关心人。关心爱护学生，解决学生的实际困难，满足学生的感情需要，是调动学生积极性的重要方法。比如：在学生学习、工作取得成绩时，给予祝贺，会使学生受到鼓舞；当学生受到挫折和失败时，给予关怀和慰问，会使他们感到温暖从而增加信心和勇气。这种关心效应无疑会调动学生的积极性。二是理解人。教育工作者注意学生的喜怒哀乐，体察学生的需求和困难，设身处地为学生着想，给学生以真诚的信任和帮助，让学生感到为师者的可亲可敬，这样才能增强学生的凝聚力和向心力。三是尊重人。尊重最主要是指尊重他人的人格，尊重他人的成果，尊重他人独立思考和表达思想、争论辩护的权利，尊重他人的生活方式和个性，以平等的态度待人。教育工作者在做大学生教育工作时一定要尊重学生的人格，在教师与学生之间架起一座沟通理解的桥梁，用心交换心，用真诚交换真诚，才能使感情激励起到应有的作用。

说理激励是运用概念进行一系列逻辑判断，对客观事物的本质和规律作出科学论证，从根本上提高人们的理解认识水平的激励形式。实事求是，摆事实、讲道理是教育具有强大威力的关键所在。只有通过摆事实、讲道理，才能使学生信服，且较容易接受教育工作者的思想、观点，进而达到教育的目的。在对大学生进行说理教育过程中，教育工作者除需具有较高的马克思主义修养和思想政治觉悟、较完备的知识结构和政策水平外，还要熟悉学生普遍关心的理想问题，在具体工作中不回避、不搪塞、不掩饰,敢于用马克思主义基本理论、基本观点理直气壮、旗帜鲜明地予以回答。进行说理教育时,教师对学生以诚相待,坦率对话,双向交流,利于引导他们明辨是非,澄清认识。

坚持情、理、行相结合的原则,除做到晓之以理、动之以情外,还要导之以行。"纸上得来终觉浅,绝知此事须躬行",现代心理学在研究做人的工作时,强调知、情、意、行的结合。对教育工作者来说,既要善于运用各种晓之以理、动之以情的教育方法,也要注意导之以行的实践教育方法,而不能把教育仅仅局限于讲解书本知识,满足大学生能够说一些空洞的大道理上。因此,实践教育对大学生来说同样十分重要。合理组织大学生参加社会实践,为社会提供无偿服务等活动,让大学生了解社会、开阔视野、提高素质,对大学生树立正确的世界观、人生观、价值观具有十分重要的意义。

(四)精神激励与物质激励相结合的原则

人的需要可以分为物质需要和精神需要两个方面,在大学生激励教育中必须坚持物质激励与精神激励相结合这一原则。物质激励,即通过对人的物质需要的满足而提高其积极性和创造性,它是为了表彰先进、鞭策后进而采取的一种形式。在运用中要反对平均主义,制定适宜的目标,防止拜金主义的出现,将激励落到实处,不能成为"空头支票"。精神激励,即通过对人的正当精神需求的满足、引导、升华,发挥其积极性和创造性,它是培养学生爱党、爱社会主义,树立正确世界观、人生观、价值观的根本保证和动力。

精神激励在大学生教育中起着主导作用。因为大学生是特殊的群体,有着与其他人群不同的思想特征和个性特征,他们更看重于精神激励。因此,在做大学生教育工作时应多运用精神激励。教育工作者要充分看到学生的进步和所取得的成绩,并给予及时的肯定和表扬,满足学生的自尊心和成就感,使他们的自我价值得到肯定,这就调动了他们的内在动力,使他们能够自觉地按照教育工作者所期望的目标前进。

由此,我们更应注重对大学生进行恰当的精神激励,激励其求知欲,满足其成就感,帮助其实现自身价值。

当然,在市场经济条件下,只有精神激励、没有物质激励是会影响激励的效果的。正如邓小平同志所指出的:"……不重视物质利益,对少数先进分子可以,对广大群众不行,一段时间可以,长期不行。革命精神是非常宝贵的,没有革命精神就没有革命行动。但是,革命是在物质利益的基础上产生的,如果只讲牺牲精神,不讲物质利益,那就是唯心论。"①大学生要完成大学的学习,需要一定的物质条件和经济资助,除父母给的钱以外,他们更向往有好的学习条件,得到学校的奖学金、贷学金及困难资助。因此学校提供优越的学习环境,适时适度地给他们一定的物质奖励,让他们体会到努力、勤奋、刻苦终能得到回报,更加激发他们的学习积极性和工作热情。

实践证明,物质激励与精神激励是互为条件、互为作用的,只有将二者有机结合起来,才能达到激发学生积极性的目的。如果只注意物质激励,而削弱精神激励,不仅会降低激励的力度,也会使精神激励失去应有的作用。因此,只有在重视精神激励的前提下,兼顾物质激励,才能使激励达到更好的效果,真正调动起大学生的积极性。

(五)正面激励与负面激励相结合原则

正面激励就是充分肯定学生所取得的进步成绩,并给予适当的表扬和奖励。负面激励就是对学生犯的错误、过失、存在的缺点毛病给予否定、批评和惩罚。奖励和惩罚能给复杂的连锁行为提供反馈信息,起到激励行为的作用。正面激励能使符合社会期望和组织要求的行为得以增强、保持、巩固和发展。负面激励能使不符合社会期望和组织要求的行为得到尽快的控制、减弱、消除和改正。正面激励是一种使先进更先进的激励方法;负面激励是使后进变先进的激励方法。在运用过程

---

① 《邓小平文选》第二卷,人民出版社 1994 年版,第 146 页。

中,必须做到以正面激励为主,负面激励为辅,两种激励相结合。因为负面激励虽然能激发人的动机,但始终会给人带来焦虑、苦恼的内心体验,所以要在实际操作过程中奖惩得当、宽严结合,要使受处分和批评的同学心悦诚服,使其他人得到教育和启发。正面激励也不要过头,那样会使少数同学产生优越感和骄傲自满情绪,从而脱离群众和集体。因此在做学生教育工作时,一定要坚持正面激励与负面激励适当有度地相结合,使学生工作有序进行。

（六）合理与灵活运用激励的原则

合理性原则是指激励的措施要合理,激励的程度要合理。人的行为是由一定诱因引起的,是需要和动机的反映。激发学生的积极性,在一定程度上取决于需要的满足程度。学生的需要是多种多样的,教育者要通过有效的激励去满足学生正当的、合理的需要,去支持和鼓励促进社会主义物质文明和精神文明建设的良好行为,从而激发学生积极向上不断进取的精神,以利于他们提高思想政治觉悟,健康成长。大学生的心理活动不仅受着自身主观方面的经历、认识、水平等限制,在客观上还受着社会、学校、家庭等方面制约,因此,大学生的心理活动呈现出鲜明的多面性、变化性和阶段性的特点。这就要求教育工作者在进行激励时,必须具有适时和适度的观念,坚持适时和适度的原则。

激励是对学生积极行为的一种直接肯定与强化,因此,这种强化要及时,要选择记忆犹新的最佳时刻,否则就会失去意义和作用。实践证明,一个精明强干的教育工作者,要有一种敏锐的观察力,及时发现学生中的闪光点和变化趋势,准确抓住其思想或行为契机,才能卓有成效地激发他们的热情。一般来说,心理上的需要与激励之间的时间间隔越短,其激励的效果越佳,时间间隔越长,激励效果越差,甚至还会起副作用。心理学研究表明,及时激励的有效度为80%,滞后激励的有效度仅为20%,所以教育者要及时对学生平时的点滴进步给予表扬。如奖学金评选,本应是一种激励学生奋发学习的有效措施,学生可以从中取人之长,补己之短,可是由于学校奖励的不及时,半年后或更长时间才使奖金发下来,因此学生先前被激发出来的学习动机早已削弱,这也就失去了激励的意义,但这里并不排除某些特殊情况下所采取的延时激励,如对科研成果的奖励等。总体而言,大学生是一群活生生、感情丰富、积极向上的年轻人,激励活动一定要在他们产生良好的心理气氛下进行,这是获得激励效果的最佳时机。

根据大学生心理活动的特点,激励还要掌握一个适当的度。所谓"度",就是事物保持自己质量的维度、范围,是与事物的质相统一的数量界限。所谓适度,就是指激励本身应保持的限度和范围。适度的标志就是激励的程度要与被激励者的成绩和贡献相一致。过度的激励,即任意拔高,夸大事实,不适当的宣传或表彰,不仅会使本人产生骄傲心理或逆反心理,害怕当先进,而且也容易使其他人产生不满情绪,不愿向这样的先进典型学习。相反,激励如果达不到一定的度,不仅使激励发生不了应有的效应,也会产生不良后果。因此,在激励活动中,表扬、奖励要适当,恰到好处,不能过于夸大。

教育工作中的激励是否奏效,一定要根据人的需要,采用相应的手段和方法。每个人的需要是不同的,且一个人可能有几种需要同时存在,但在一定时间内有一种需要占主导地位,对行为起决定作用。当一种需要得到满足以后,对行为的推动作用就会降低,而其他各种需要则上升为优势地位。因此,人的需要模式不是固定不变的,而是因时因地因不同的情境因素而发生变化,所以采取的激励措施应有针对性,要因人、因时、因事、因地制宜。青年人情感丰富,对他们以情感激励则收效更大。中年人经验丰富,比较注意个人的成就和在团体中的地位,因而根据工作能力和表现,给予适当的职位激励则比较有效。另外,激励要根据大学生的个性心理特征来进行。大学生的个性心理特征是指大学生的能力、气质、性格的综合表现。大学生相对其他职业或年龄段的人来说,他们工作能力强,普遍具有气质好、性格开朗、品德端正等个性心理特征,这样的个性心理特征就决定了大学生是容易接受激励、愿意接受激励,激而易发的群体。但就大学生个体而言,不同的学生又具有不同的个性心理。比如,气质是大学生典型的稳定心理特征,但有的人属于胆汁型气质,有的则属于抑郁型气质的人,对此就要采取不同的激励方式,如果一致对待,就可能出现效果不佳的状况。所以,要深入了解和掌握每个大学生的具体情况,特别是心理状态,根据实际情况,采取不同的激励方法。

(七)针对性原则

人的行为往往由需要引起,因此,在制定激励措施之前,必须了解被激励者需要的类型和需要的结构。在高校中,每一个学生作为相互独立的个体,其需要结构、个性特征、能力素质都存在不同程度的差异,同一种激励方式或手段作用于不同的学生、不同的环境和时期,都会引起不同的反应与效果。高校激励有很强的针对性,我们常强调"一把钥匙开一把锁",这是因为影响学生思想行为的内部及外部因素众多,而且这众多因素随着时间的推移,思维的变化而处于动态之中。针对不同需要、不同层次的学生的激励不应完全一样,应区别情况,具体分析,即使是对同类学生进行激励,也要因人而异。有的激励是针对思想品德教育的,有的激励是针对某一学科学习的,有的则是为培养学生的某种能力的,有的负激励则是矫正某一不良行为的。

四、激励育人机制的主要方法

激励育人机制的方法与大学生成才教育工作是结伴而行的,是进行成才教育工作的重要方法。根据管理心理学以及大学生思想特点的规律的研究,激励育人机制的方法和途径主要有以下几种。

(一)目标激励法

目标,就是指满足人们需要的对象,也是调动人的积极性的有形的、可以测量的成功标准。或者说,目标是人们期望在行动中所需要达到的成就或结果。简言之,目标就是人们的行为目的。恩格斯指出:"推动人去从事活动的一切,都要通过人的头脑……外部世界对人的影响表现在人的头脑中,反映在人的头脑中,成为感觉、思想、动机、意志,总之,成为'理想的意图',并且通过这种形态变成'理想的力量'。"①目标作为一种"理想的意图",一旦确立起来,就会变成一种"理想的力量",推动人们行动起来。目标"作为一种动力,它激起自身的外在化"。也就是说,目标表明了人们对现实状态的不满足,而决心以自己的行动去改变它,使之符合自己的理想要求。

目标激励就是针对大学生自我成才的需要,结合高校培养目标,设置明确的、具体的、针对性强的相应激励目标,尽量使他们在自我价值的追求中不断实现自我满足,增强自信心,并通过这一激励方法激发和强化他们的正确主体意识,调动他们潜在的主观能动性和积极因素,变"要我这样做"为"我要这样做",使他们在大学阶段充分得到自我开放、自我塑造的锻炼,为步入社会打下坚实的基础。

人类的行为是有目的的自觉行为。人们行为的发生既受外部因素的影响,又与其内在心理因素密切相关,是外部因素与内在心理因素共同作用的结果。人的行为发生的基础决定于人的内部需要和动机,当需要尚未得到满足时,个体就会产生一种内部的驱动力,而外部因素则起着导火索的作用。目标设置之后,实现目标就成为人的某种需要,这种需要将驱动人的行为。人的动机总是与一定的目标联系在一起,只有当需要具有特定的目标时,才能转化为动机。这种动机和外部因素共同推动人们去从事某种活动,并不断地激发起人们在活动中的积极性、主动性和创造性,使人们不断地向目标接近。而一旦达到目标,需要得到满足,随之又产生新的需要,遇到适当的目标又转化为新的动机,推动人们向新的更高的目标迈进。

---

① 《马克思恩格斯全集》第 21 卷,人民出版社 2003 年版,第 324 页。

理想信念,是一种远大的目标,是人生的精神支柱,是人的行为最有力、最复杂和最高的动机,对人能产生强大而持久的激励作用。激励教育从根本上说,就是要帮助大学生树立坚定的理想信念,在理想信念的鼓舞下,积极主动地投入到社会主义的伟大事业中去。同时,我们也要看到,近期可以实现的具体目标,对个人的激励作用则更直接、更实际。正如列宁所说:要向大的目标走去,就得从小的目标开始。因此,目标激励要把实现远大的目标与实现具体的目标紧密结合起来,使远大目标因具体目标而变得现实可行,使具体目标因远大目标而更具有价值,更具有激发力。

目标对个体行为和组织行为具有强有力的激励作用,它是一种牵引,也是一种刺激,人为了实现目标就会主动采取某种行动。为大学生设立明确而适当的目标,鼓励他们一个又一个地达到,从中获得的满足感和成就感又不断鼓舞他们在努力完成学业的同时全面提高自身素质。

在运用目标激励法教育学生时,目标设置必须明确,具有挑战性,必须与学生的需要和动机相结合,以达到激励的最佳效果。

(二)榜样激励法

榜样是在道德实践中产生的、具有肯定意义的现实生活中的典型,是一定历史条件和社会关系的必然产物,是社会先进道德观和行为准则在典型人物身上的集中表现。榜样应该是社会主体完美形象的统一,代表着人的价值追求,具有能够触发人们仰慕、效仿的特征,具有感召力和影响力。榜样永恒的魅力在于榜样所体现的人生精神,如古人"头悬梁"、"锥刺股"的榜样激励了一代又一代的学子,其中起激励作用的是"头悬梁"、"锥刺股"行为所体现的学习毅力和学习态度,这才是榜样的实质精神。

大学生的榜样激励就是在高校教育工作者的引导下,通过对榜样对象(英模及其行为,特别是与大学生同时代青年)的感知、崇敬和理解,进而模仿榜样人物的思想行为、言行举止,在广大的大学生群体中形成符合一定要求的社会态度和行为习惯。榜样激励的特点就是形象、实际、生动、直接、具有以情感人、以形动人的力量,容易被人接受,所以成功的榜样激励往往都是以形象感动为起点,激发崇高美好的情感,再诱发高尚、正确的思想动机,然后落实成进步的、良好的行为,这是榜样激励的发展规律。

心理学家认为:人的行为往往被其内在的动机和需要所推动,而这些需要就是人们控制自己的生活效力能达到什么程度。塑造榜样就是为了给行为提供参照,一旦榜样学习者将榜样确定为学习样板,也就明确了未来的行为目标,进而努力使自己的行为与榜样行为保持一致。当人们确定了目标之后,会为了实现自己的目标主动采取行动。榜样激励的前提是学习者的行为与榜样行为之间存在差距,榜样行为具有超越性和突破性,因此学习者就会把自身与榜样做比较,用榜样与历史相沟通,让榜样成为理解的桥梁,去寻找共性的契合点和闪光点。

斯金纳认为人的行为是由外界环境决定的,外界的强化因素可以塑造行为,而榜样行为就可视为一种强化因素。个人的价值评判具有较高的社会一致性与社会依赖性,一个人只有得到了社会的承认与接纳之后,才能形成稳定的自尊感,才有可能获得自信与安全感。所以对于社会接纳和社会认同的看重以及对于社会偏离和社会抛弃的焦虑,成了人们自觉或不自觉地与社会现状或社会基本倾向保持一致的心理原因。学校倾向于在总体上与社会的基本要求与期望相一致,以社会需要来强化大学生的需要、愿望、意志、情感,激发内在的心理动机,让潜在的能量得到充分释放。这就是说,学校是按照社会对社会角色的要求来表现和塑造自己、来教育与塑造学生的行为。因此,当社会或学校树立一位榜样要求大家学习时,往往具有一定的统一性与权威性,很容易得到受教育者的认同与响应。如果受教育者学会了社会所要求的行为模式,并因为表现这种榜样行为而受到社会的认可,并不断进行自我激励与自我强化,这种模仿榜样的行为就会得到加强并反复出现;如果受教育者表现这种榜样行为并未受到社会认可,甚至遭到讽刺挖苦,那么这种行为便不太可能再发生,榜样就没有多大的激励效应。

由此看来,榜样激励法是培养大学生自觉遵守道德规范,形成具有时代精神的大学生风范的重要方法和有效手段,也是增强高校大学生的活力和凝聚力,提高大学生素质的重要途径。

正确运用榜样激励法,首先要选择好典型,即为榜样学习者确定好目标,这个目标应该具有鲜明的时代性、实际性。选择榜样目标时,应该注意选择切实可行的各种层次、各种类型的先进典型,不能一味追求令人望而生畏的高、大、全的典型。其次,教育工作者要身体力行做好表率和示范作用。李瑞环同志曾经指出,思想政治教育工作要真正说服人,一靠真理的力量,二靠人格的力量。所谓"人格的力量",是指人的内在精神因素在实践中产生的效应。这里是说思想政治工作者必须以身作则,言行一致,带头实践自己所提倡的人生追求的奋斗目标。再次,在树立典型,倡导学习榜样的同时,还应该正确处理学榜样与做凡人之间的关系。没有缺点的英雄是不存在的,不要人为地拉大英雄与凡人的差距,让英雄远离了平民百姓。榜样教育的现实性在于我们不仅要颂扬成功者,也要赞美平凡者。因为我们教育的首要目标还是培养现代的公民,只有这样才能回复到教育本身的功能与价值,体现出教育对每一位青少年的成长关怀。最后,对良好的榜样行为应给予积极的强化。学生对榜样的模仿行为是否能持续、巩固、发展成为稳定的社会态度和行为习惯,在很大程度上取决于模仿行为是否受到正面强化。在高校教育中应加强校园文明建设,对校园中涌现的优秀人物要及时大力宣传,加强传播力度;对于良好的模仿行为要积极宣传,使良好的风气在大学校园中得到弘扬,成为大学校园中占主导地位的风尚。

(三)奖惩激励法

所谓奖惩,就是通过一定的物质或精神方式,对符合培养意图、达到培养要求目标的人或事进行表扬,给予肯定和鼓励;对于不符合培养意图、违背管理禁令的人或事进行批评,给予否定和惩罚的一种方法。奖惩激励就是运用奖励或惩罚的手段来调动大学生的积极性或限制其错误行为,发挥激励功能作用的一种激励方法。大学生的奖惩激励实际上是通过奖励或惩罚手段这个外部条件来调节、规范和促进大学生在思想上、言论上、行为上符合高校培养目标、高校学生管理规定和大学生行为准则等有关要求。奖励是从正面来肯定学生思想、行为中的积极因素,给予精神或物质上的正面刺激,以达到鼓励先进,发扬正气之目的;惩罚则是从反面否定学生思想行为中的消极因素,给予教育或处理,以达到明辨是非,纠正错误,促进转化之目的。当某一学生的行为受到肯定、得到鼓励时,他在心理上就会得到某种满足,一般情况下能激励他沿着同一方向产生更高层次的要求,激发他更加努力的工作、学习;而当某一学生的行为受到制止时,由于触动其自尊心,一般会检讨自己的行为原因,纠正自己的行为。由此可见,奖励或惩罚主要是通过支持、鼓励或制止、消除学生某种行为,以外部刺激的方式对学生的行为起着加速或延缓的作用。

奖励激励和惩罚激励的管理手段各不相同,但无论是对优秀行为的宣传、肯定,还是对违纪行为的处罚、否定,其目的是为全体学生树立生动鲜明的榜样形象,明确奋斗目标,以激励调动广大学生内在的积极性,促使整个学生群体出现奋发向上的勃勃生机,从而达到全面育人的目的。

奖惩激励是根据培养需要设置奖惩项目,根据人的需要来设置奖惩内容,刺激、活化人的需要,使人为满足需要而去完成奖惩项目要求完成的任务。这样,奖惩把每个人的工作成绩跟其需要紧密结合起来,调动人的积极性、主动性和创造性,达到激励的目的。

奖励激励主要发挥了教育中的正强化效应。通过对优秀者、先进者某种积极向上的行为的肯定、奖赏等外在因素的刺激,进一步鼓励、激发、调动其内在的积极因素,使其完成目标的行为总是处于高度激情状态,使符合社会期望和学校要求的行为得到保持、巩固、加强和推广,从而达到鼓励先进、鞭策后进,引导全体大学生共同进步的目的。惩罚激励主要发挥了教育中的负强化效应。通过对违纪者和后进者某种行为的否定和限制以及严肃的处罚来约束这种行为的发生、减弱直至消除,从而使不符合社会期望和学校要求的行为得到控制和矫正。

运用奖惩激励法应注意以下几点:一是要掌握奖惩激励的尺度及时间性。在运用奖励激励时,如果评奖标准过高,比例过小,就会使大部分学生可望而不可即,进取心下降;比例太高,则会失去奖励的激励作用。同样在运用惩罚激励时,如果惩罚过重,就可能使违纪者产生破罐破摔的想法。奖惩是一种强化(奖励是正强化,惩罚是负强化)。为了提高奖惩的强化作用,奖惩必须及时进行。及时进行奖惩,对受奖者来说,自己的努力与进步很快就得到了学校的肯定,这对他未来的进一步努力无疑具有很大的鼓舞作用;而对受惩处者来说,不良的行为刚产生便及时得到了抑制,在维护校规校纪的权威的同时,使学生能尽早地认识到自己的错误,避免在错误的泥淖中越陷越深。

二是对学生实施奖惩必须有根有据。这就要求我们对学生的各项考评材料必须保存齐全,这是奖惩激励机制有效实施的依据。因此,在日常管理过程中,对每一个学生都要建立相应的档案,对其平时各方面的表现做好详细记载。只有这样,在奖惩机制实施时才能尽量减少主观偏差,增强客观性,做到有据可查,使学生心服口服。

三是建立信息反馈网。奖惩措施必然会在同学中产生一定的反响,反响意见中既有正面的,也有反面的;既有中肯的,也有偏激的。但有一点不能否认,那就是学生的意见总是有一定的根源的。如果找不到学生意见的根源,我们的工作就会缺乏针对性,失去主动性,甚至使同学产生抵触情绪。为此必须有一个完善的信息反馈网络:一方面,要让学生有提意见的地方,扩大信息来源;另一方面,要对一些措施进行广泛的问卷调查、分析,以保证信息的畅通。

四是工作程序规范化。奖惩实施过程要有计划、有程序、有层次地进行,做到环环相扣,系统配套。在制度的确立、意见的收集、材料的保管、工作的检查、措施的落实等方面,都要按规定办事,各部门担负起相应的职能,使奖惩有条不紊地实施,机制正常运转,达到预期目标。在学生工作中积极、合理、有效地发挥奖惩激励机制的管理效能,必将使学生工作更具规范性、科学性、前瞻性、可持续性,从而使学校人才培养目标得到更好的实现。

(四)竞争激励法

《庄子·齐物论》郭象注曰:"并逐曰竞,对辩曰争。"在现象上,竞争表现的是竞争者的欲求满足问题,是竞争者与竞争目的物的关系,在二元两极的竞争结构中,竞争主体相互争胜(二元),都力图使自己与竞争客体(两极)的关系成为理想状态——获得竞争客体。这种竞争主体之间的矛盾关系,根源于主客体之间的矛盾关系。只有在主体都具有对特定客体的需求和欲求,而特定客体又不能同时满足需求的情况下,才会产生竞争。因此,竞争就是竞争主体之间,基于各自需求和满足需求的客体的特定性而形成的一种较量关系。这种较量关系的最终结果是一个竞争主体占有竞争客体。竞争是现代社会经济生活中的一个极为显著的特征,它已渗透到社会的各个方面。而目前绝大部分大学生对这一现象认识不足,竞争意识淡薄。如果这一状况得不到有效改变,大学生毕业后很难适应充满激烈竞争的社会环境。实施科教兴国战略,要求高校培养出大批合格人才,在普遍重视知识,重视人才,鼓励竞争的新形势下,社会对大学生的培养标准赋予了新的内容,竞争意识已成为大学生基本素质的重要方面,是社会对当代大学生的普遍要求。另一方面,大学毕业生的就业不再由国家计划分配,而是要进入人才市场,参与人才竞争,如果大学生的竞争意识淡薄,不能抓住机遇,发挥优势,就有可能在就业竞争中受到挫折。再者,大学生的健康成长,全面成才需要有一个良好的学习氛围,但如果大学生的竞争意识不强,参与竞争的热情不高,浓厚的学习风气就难以形成。因此,通过竞争手段激励并强化大学生的竞争意识,培养竞争素质,提高个人竞争力,高校培养的人才才能更符合社会需求。

在大学生教育中需要运用竞争激励,因为竞争是一种有目的的行为过程。人的行为总是由一定的动机驱使的,而动机产生于人的需要。这就是说,无需要就无人的行为,一定的需要产生一定的行为。需要是人们在某一社会中为了使自己的生存和发展成为可能而要予以满足的要求或欲望。它是人们一切活动的出发点和归宿,是人类社会历史的第一个前提。人们是在争取满足自己的需要当中创造他们的历史。这就告诉我们,竞争作为一种有目的的行为,它起源于人们的需要。

竞争源于需要,但并不是所有的需要都产生竞争。行为主体要有共同的需要,而且只有当这一共同需要不能使所有人同时得到满足时,即人们的需要之间产生矛盾时,才会产生竞争。也就是说当面对共同的需要,有些人能得到满足,而另一些人不能得到满足时,就会产生竞争;需要导致竞争,竞争也可以引起需要。竞争会直接影响人的需要,激励人们产生某些需要,人的生存、享受、发展等需要都可以在竞争的激励下产生。

（五）情感激励法

在情感育人机制理论探讨时,本书将情感定义为:情感作为一种主观体验,是对客观现实的一种心理情绪反应。人们既可以通过它来表示态度和沟通感情,也能够调动人们的行为。

情感激励法是指通过一定的形式和途径,对激励客体的情感发生影响,从而使其焕发内在精神力量的过程。与有形的物质相比,无形的情感所产生的激励作用更为持久。情感对人的认识有重大影响,尤其正面情感是人的活动的催化剂;情感还具有主体性的调节作用,成为人际关系的黏合剂,亲密、融洽、协调的情感关系可以激发士气,使组织效率倍增。

在大学生教育中需要运用情感激励,因为在客观事物与情感之间起重要作用的是人的需要。需要是人的动机与行为的基础,人的需要是否得到满足会产生相应的情绪和情感。在一般意义上,凡是符合人的需要的客观事物,能引起肯定的感情。根据马斯洛的需要层次理论,人在较高的需要层次上有尊重的需要;阿尔德弗认为人有关系需要、成长需要,他们的理论都说明人除了生理性的需要外,都有社会性的需要,都渴望与他人交往,追求和谐的人际关系,得到他人的爱、尊重和理解,都有强烈的发展需要,追求成就的欲望。随着经济的发展,人们的生活水平迅速提高,学生的物质需要已基本得到满足,此时安全、交往、尊重、成就等心理需要便上升到主要地位,学生渴望得到更多的尊重和信任,渴望获得爱和归属感。

对大学生进行教育时运用情感激励法还要有情感期望。美国心理学家罗森塔尔通过实验发现,如果教师喜欢某些学生,表现出对他们抱有较高期望,学生感受到教师的期望、关怀、爱护和鼓励,常会以积极态度来对待学习,对待生活,对待教师,从内心迸发出一种积极向上的激情,这些学生常会如老师所期望的那样进步。相反,教师表现出对学生期望较低,冷漠歧视,经过一段时间,学生也会以消极的态度对待教师,缺乏学习兴趣和积极性,成绩与品德逐渐变坏。这就是有名的"皮格马利翁效应",它来源于塞浦路斯一位善于牙雕的国王,叫皮格马利翁,他把全部热情倾注于自己雕刻的美丽少女塑像上,竟使塑像活了起来的一个传说。教师要善于发挥和利用这种积极的"教师期望效应",对学生充满信心并抱有积极的期望。

师生之间很重要的沟通是情感上的沟通,教育工作者积极的情感对学生会产生良好的感染作用,从而对学生的学业产生巨大的激励作用。在对大学生运用情感激励法进行教育时,应与大学生心理教育和心理咨询相结合,尽量满足学生合理的情感需要,充分利用尊重、信任、理解等情感方式进行激励,以产生深层的激励效果。

第二节 实施激励育人机制的背景

一、激励思想的发展和以人为本思想兴起的背景

进入 21 世纪以来,科学技术突飞猛进、知识经济已见端倪。随着世界多极化和经济全球化进程的加快,世界各国在政治、经济、文化、信息、军事等领域的竞争日趋激烈,综合国力的竞争日益表现为人才的竞争,而人才的竞争就是教育的竞争,教育的竞争,实质上就是人才培养的竞争。高校培养什么样的人才? 如何培养人才? 如何调动学生学习的积极性、创新性? 如何挖掘学生的潜能? 这些都是各高校在思考研究的问题。而激励作为挖掘学生的潜能、调动学生学习的积极性、创新性,培养学生奋发进取、努力成才的重要手段,越来越受到高校教育工作者和管理者的重视。

(一)激励思想的发展需要建立激励育人机制

不管是从教育管理角度还是从一般管理角度分析,激励思想的发展大致可以划分为四个标志性阶段,即在 20 世纪以前是普遍运用的"以恐吓与惩罚为主的激励思想";流行于 20 世纪 20—40 年代的"以奖赏为主的激励思想";第二次世界大战以后开始在美国流行的"以工作中的奖赏为主的激励思想";从 20 世纪 70 年代起,人们进行积极探索的"以激励特性为主的激励思想"。

从对激励思想发展的回顾中可以看出,激励思想从着重外部控制(恐吓和惩罚为主)转向内部引导(满足受管理者的内在需要),从使用硬性措施(严格控制)转向软性管理(培养让受管理者自觉自发的环境),从依赖相互独立的激励措施(如惩罚、工作扩大化)转向整体配合的激励策略(建立激励性组织),从只注重短期激励效果(如计件工资、年度奖金)发展到注重短期激励效果和长期激励效果(如建立企业文化)并重,从他激励思维方式(由管理者激励被管理者)转向自激励思

维方式(让被管理者自我激励)。激励思想的发展思路对于我们构建学生全面发展的激励机制具有极大的启发意义。

在培养教育过程中,我们只有多给学生思维的空间、行动的空间、讨论的空间,让他们多看、多想、多说、多做,充分尊重他们的个性,充分发挥他们的兴趣,充分挖掘他们的潜能,使大学生在被认同、被赏识的氛围和环境中,张扬个性,迸发激情,拼搏进取,奋发成才。只有这样,大学生才能健康快乐地成长,大学校园才能真正成为大学生精神的乐园。

(二)以人为本思想的兴起要求建立激励育人机制

20 世纪初,以泰勒为代表的"科学管理"替代了传统的经验管理,实现了人类管理史上的第一次革命。但是,"科学管理"过于强调对物的管理和对工作的管理,忽视了对人的管理,只强调工作效率,把员工看成是只有经济需要的理性经济人。20 世纪 20 年代梅奥等人在"霍桑实验"的基础上提出了"人群关系理论",标志着管理思想和实践中人性文化的崛起,这种尊重人性的文化推动了人本主义管理的兴起。随着行为科学的问世,重视人的主观能动性和人本管理的思想和方法一直在探索着和实践着,但由于工业经济时代人的观念、生产方式、技术条件、市场需求特点等条件的局限,制约了人本管理的真正实现。在知识经济时代,一方面知识日渐成为组织活动中最重要的资源,人对知识的掌握和驾驭以及由此带来的创新使得人在经济活动中的地位和作用比以往任何时候都更加突出和重要;另一方面,人的思维方式、价值观念也发生了巨大的变化,人的自主性、个性化、自我实现的愿望等等都将得到充分的尊重。这些都促使组织在管理中把对人的关注推到了中心地位,"以人为本"的管理得到了空前的强化。特别是知识生产本身已成为经济生活的中心,组织必须围绕着最有利于知识生产潜力的发掘——人的创新能力的最大限度的发挥而进行空前和深刻的改造。因此,人本管理成为知识经济时代组织管理变革的重要内容。

党的十六届三中全会明确提出了科学发展观："坚持以人为本，树立全面、协调、可持续的发展观，促进经济社会和人的全面发展。"这是我们党在实践的基础上，通过不断总结发展中的经验教训，总结共产党执政规律、社会主义建设规律和人类社会发展规律而逐步形成的。有什么样的发展观，就会有什么样的发展道路、发展模式和发展战略，也就会引导和推动着发展的实践朝着一定的方向前进。教育以育人为己任，无论从经济社会发展对教育的要求，还是从教育自身的发展规律来看，当前教育的改革与创新都必须坚持以人为本，必须树立以人为本的教育观。而激励是高校实现以人为本的科学发展观的重要方法。

因此，高校通过建立激励育人机制，尽可能多地运用赏识教育、激励教育、差异教育等理念和方式，使每一个大学生的个性得到充分尊重，兴趣得以充分发挥，潜能得到充分挖掘，让每一个大学生都成为独具特色、认同自我、充满自信的人。通过激励育人机制对不同时代、不同背景、不同资质的大学生强化其薄弱环节的教育和锻炼，鼓励其特长和爱好的发挥和发展，为不同层面和特点的大学生提供全面发展的空间和环境，将他们培养成具有良好的品德素质、知识素质、能力素质、审美素质和生理心理素质的适应社会发展需要的全面发展的人才。

二、国内外高校竞争加剧的背景

高校之间的竞争主要表现在生源、就业市场以及其他教学资源等方面。近年来高校之间的竞争日趋激烈。一方面，根据我国加入 WTO 时对教育作出的承诺，教育领域逐渐开放，国内高校面临着国外高校、教育机构的竞争。教育国际化程度的不断提高，要求高校管理者必须依照国家教育法律法规和国际教育通则制定教育管理办法。一种新型的充满人文关怀的主客体关系将在大学生教育培养的舞台上畅行。另一方面，由于国内教育管理体制和其他相关制度的改革，再加上资源的紧张，使得国内高校之间的竞争也日趋加剧。就生源情况来说，以山东省为例,高中段生源 2008 年达到最高值,当年报考人数达 80 多万,到 2011 年后生源则开始减少,到 2013 年,生源将大幅下滑,减至不足高峰期的一半。为应对竞争,学校就必须提高人才培养质量,因为只有较高的人才培养质量才能得到社会的认可,其毕业生才能在就业市场上赢得竞争,也才能吸引更多优秀的生源。

因此,面对国内外高校的激烈竞争,我们必须建立科学的激励育人机制,培养大学生的自尊心、自信心和责任感,培养大学生的诚信意识,树立人人都是人才的理念,激励大学生全面发展。通过营造自尊和他尊的氛围和实践机会,让大学生在被尊重和被赏识的环境中激发学习的兴趣和动力。改变以学习成绩好坏为衡量人才的唯一标准的观念,使大多数大学生在大学期间都能得到不同方面的奖励,让大学生的个性和特长都得到赏识和发展,充分挖掘每一个大学生的潜能,有效地改善大学生缺少个性、高分低能的弊端,培养多样化的、适应社会不同需求的高素质人才。通过奖惩措施使不诚实者付出成本,诚实者获得利益和奖励,培养大学生的诚信意识,使选择诚信成为大学生的一种理性行为,提高大学生的道德素质,净化社会空气,有效改善目前我国市场经济条件下诚信普遍缺失的社会现状。只有这样,才能在激烈的竞争中抢得先机,才能适应社会的发展需要,才能得以生存和发展。

第三节　实施激励育人机制的理论依据

一、从教育学的视角看激励育人机制

在教育管理领域,许多教育学者都对教育中的激励问题进行过研究,提出了许多精辟的见解,为我们研究学生全面发展的激励问题提供了有益的启示和借鉴意义。

（一）古代学者论学生激励

孔子是我国古代伟大的教育家,在《学记》中蕴涵着他丰富的激励

思想。他的"不愤不启,不悱不发"、"君子之教,喻也,道而弗牵,强而弗抑,开而弗达。道而弗牵则和,强而弗抑则易,开而弗达则思,和易以思,可谓善喻矣"、"因材施教"等教育思想就是说要注重激发学生自身的求知欲望,调动学生学习的积极性、主动性、自觉性,培养学生分析问题和解决问题的能力。

苏格拉底提出的"产婆术"、裴斯态洛齐提出的"展现法"等都重视学生学习的内因,主张调动学生学习的积极性、主动性,实际上就是一种学生激励的思想。德国教育家第斯多惠也认为:"教学艺术的本质不在于传授的本领,而在于激励、唤醒和鼓舞。"

(二)近现代学者论学生激励

17世纪捷克著名的教育家夸美纽斯相信学生发展的巨大潜能,认为所有的学生都可以通过教育使自己的智慧得到普遍发展,班级教学可以发挥群体的激励功能。他说:"教师看到眼前的学生数目越多,他对于工作的兴趣便愈大;教师自己愈是热忱,他的学生就愈是表现热心;在学生方面,大群的伴侣不仅可以产生效用,而且可以产生愉快(因为人人乐于劳动的时候有伴侣);因为他们可以互相激励,互相帮助……,因为一个人的心灵可以激励另一个人的心灵,一个人的记忆也可以激励另一个人的记忆。"他相信教育的失败并不是学生自身资质低劣,不可教诲,而是教师没有激发学生的学习兴趣和求知欲,从而使学习成为枯燥无味的事情。他引用普卢塔克的话说:"有许多富有天分的人毁在他们的教员手里,因为教导青年的方法通常都是非常严酷的,以至学校变成了儿童恐怖的场所,变成了他们才智的屠宰场,大部分学生对学习和书本都感到厌恶,都匆匆离开学校,跑到手艺工人的工场,或找别种职业去了。"他认为,教育必须激发学生的求知欲,必须采取一切办法激发学生的求知欲;教师要态度温和、循循善诱,要用仁慈的情操与语言吸引他们,要称赞所学功课的美好、快意与安易,要称赞用功的学生,要使用直观教具等方法。此外,他还提到环境激励法、榜

样激励法、应用激励法等。

美国民主主义教育家杜威在《民主主义与教育》等论著中也体现出许多激励思想。他的"儿童中心论"认为学校教学活动的中心是"儿童本身的社会活动",教学应从儿童本身的兴趣出发、从儿童的需要出发,儿童是太阳,教师是地球,教师围绕儿童转。他提出"主动作业"的思想,要求学生亲自动手去做木工、金工、缝纫、园艺等实际操作,以培养他们的自觉性和主动精神。在谈及教育方法时,杜威坚决反对让学生被动地"静听"教师那种令人生厌的"讲课",批判呆读死记的学风。他说:"记诵的学风使儿童的心智像一个'蓄水池',知识像用一根管子一样机械地引进来,考试的时候又像是用另一根管子把它排出去。这种教学的确使儿童对学习厌恶,课业变成一堆'死物',还谈什么培养学生的创造力呢?"

苏联教育家阿莫纳什维利、沙塔洛夫、谢季宁等人在《合作教育学》中提出的许多观点都包含着激励思想。他们认为学生具有完整的个性,是潜藏主动性的精英。每个学生来到学校,除了怀有获得知识的愿望外,还带来了他们自己的情感和感受。教育过程必须围绕学生的种种需求和对全部生活的渴望来进行。学生具有内在的学习积极性,有着克服困难的天性,是富有主动性的精英。学生的懒惰,只是因为他们的主动性被束缚了,而束缚的力量正是强制性教学和教师的权力主义倾向。在学生的内心世界里,潜藏着国家所极端需要的人的力量,潜藏着有待得到发展的才能,潜藏着善良的力量,潜藏着使所有人和自己都生活得幸福的愿望。在论述师生关系时,他们坚决反对传统教育中的师生对抗和权力主义倾向,主张师生合作,并由此提出了教学的自由选择原则、不给学生打坏分数原则、尊重学生人格尊严原则、进行鼓励性管理原则等。

(三)当代学者论学生激励

人民教育家陶行知毕生从事平民教育,并积累了丰富的教育经验,他所认识的管理并非常人所讲的管理就是提出约束性措施,制定惩罚性条文,宣布限制性禁令,要求被管理者必须怎样,应该怎样,不准怎样,严禁怎样;而是疏导人们的思想,调动人们的积极性,挖掘人们的潜力,合理组织力量,以及协调关系,以至为人们排忧解难。陶行知在论及因材施教时常打比方说:"松树和牡丹所需要的肥料不同,你用松树的肥料培养牡丹,牡丹会瘦,反之也然。同理,培养学生的创造力要同园丁一样,首先要认识他们,发现他们的特点,而予以适宜之肥料、水分、阳光,并需除害虫。这样他们才能欣欣向荣,否则不能免于枯萎。"教师随时关注每一个学生的志趣、爱好、毅力、恒心等心理特征,发现问题并及时的给予激励,学生就能产生强大、持续的动力,以至不断进步。陶行知在谈及如何培养学生的创造时,态度鲜明,提出要冲破旧的传统教育的束缚,要让学生自己管理自己,从五个方面解放学生:解放学生的头脑,让他们敢想;解放学生的双手,让他们多做;解放学生的嘴巴,让他们敢问多问;解放学生的空间,让他们到大自然、大社会中去多学;解放学生的时间,让他们有空暇时间消化知识、增长知识。五大解放,目的就是给学生创造一种宽松的环境,还给学生学习的基本自由权,以激发学生学习的动力,培养学生的创造力。

二、从管理学的视角看激励育人机制

现代管理学中的激励理论以人们的心理过程为研究对象,从不同角度对激励育人问题进行了比较具体的研究,提出了一系列相关理论。这些理论有较强的应用性,对高校大学生激励具有借鉴意义和参考价值。

（一）期望理论

弗鲁姆的期望理论是从"外在的目标"入手来探讨激励问题的。他认为,任何时候一个人从事某一行动的动力取决于个人对行为的全部预期成果的主观估计,即取决于预期成果的效价和期望值的乘积。

效价指的是达到目标对于满足个人需要的价值。期望值指的是根据一个人的经验,判断一定的行为能够导致某种结果和满足需要的概率。也就是说,假如一个人把目标的价值看得越大,估计能实现的可能性越高,那么激发的动机就越强烈,积极性也就越高。期望理论从动态上阐明了激励的复杂过程。

根据该理论,在高校大学生激励中应注意到:第一,不同的学生往往有不同的目标,同一目标对不同的学生有不同的价值。在设置目标时,要考虑组织目标与个人目标之间的关系,即学校培养目标与学生个人成才目标的关系,把两者结合起来,只有当组织目标的实现对于达到个人的目标有一定的意义时,才能激发学生的积极性。第二,人的期望受主客观环境的影响。如果客观条件不允许,目标就难以实现,客观上难以实现的目标对人的激励作用就很小。当然期望更取决于人的主观感受,特别是人的认识。因此,一方面,要创造客观条件以促成目标的实现;另一方面,更要提高人们对客观规律的认识,正确估计目标实现的可能性。

(二)目标设置理论

美国马里兰大学心理学教授洛克通过研究发现,大多数激励因素(如奖励、工作评价与反馈、期望、压力等)都是通过目标来影响动机的,甚至成就感和责任感都要通过目标的达成而满足个人的需要,因此,重视目标和争取完成目标是激发动机的重要过程。

目标设置理论从研究目标本身的难度与明确性等特征开始,以后逐步扩展到从实现目标的整个激励过程中,揭示设置目标的心理效果。洛克等人提出了一个目标设置的综合模式,特别是有一个心理循环:目标导致努力,努力创造绩效,绩效增强自尊心和责任心,从而产生更高的目标。这样循环往复,带动人们不断前进。另外,在组织目标和个人目标的关系问题上,该理论提出:要力求把组织目标和个人目标结合起来,并使个人目标有实现的可能,因为使人们能明确和实现个人目标是激发动机的关键。总之,要把组织目标和个人目标结合起来,才能有效的激发人们的积极性。

目标设置理论运用到实践中,为高校大学生激励提供了一种有效且可操作的激励方法,即目标激励法。特别是我们要把远大的理想目标与现实的具体目标结合起来,通过目标分解使人们更能理解和接受,从而逐步实现。

（三）强化理论

强化理论是研究人的行为怎样转化和改造,如何使人的心理和行为变消极为积极的理论。此理论是由美国新行为主义学者斯金纳提出的。他提出以学习理论来解释人类行为的形成机制,而学习过程的基本原理就是强化。

强化,是指对一种行为的肯定或否定的后果,它在一定程度上决定该行为是否重复,即只要控制行为的后果就可以达到控制和预测人行为的目的。当行为的结果有利于个体时,这种行为就可能重复出现,反之则会消退和终止。

常用的强化手段有四种:奖励、逃避、取消和惩罚。奖励是指用某种有吸引力的结果,如认可、奖赏、提升、表扬等,对某一行为进行奖励和肯定,以期该行为能重复出现。逃避是指预先告知某种不合要求的行为或不良绩效可能引起的后果,从而使人们为逃避惩罚而减少或削弱不希望出现的行为。取消是指撤销对某种行为的奖励,对某种行为不予理睬,以表示对该行为的轻视或某种程度的否定。惩罚是指运用某种带有强制性、威胁性的结果,如批评、降薪、降职、罚款、辞退等,来消除某种行为重复出现的可能性。奖励、逃避对人的行为具有鼓励作用,属于正强化;取消和惩罚对人的行为具有惩罚和抑制作用,属于负强化。实施强化,应把正强化和负强化结合起来,并应以正强化为主。同时,强化应及时、正确,形式多样,因人而异。

借鉴强化理论,我们在实施高校大学生激励的过程中,应注意运用各种行之有效的强化手段,及时肯定人们正确的思想和行为,否定错误的思想和行为,并使正确的、先进的思想发扬下去,良好的行为习惯保持下来。要坚持正强化与负强化相结合,以正强化为主的原则,并注意根据具体的情况,采取不同的强化手段。

(四)同步激励理论

该理论由华东师范大学心理学教授俞文钊创立,其基本思想是,在我国社会主义初级阶段的条件下,只有将物质与精神激励有机综合、同步实施,才能取得最大的激励效果。用公式表示,则为:

激励力量 $= \sum f($ 物质激励 $\times$ 精神激励 $)$

这一公式表明,只有当物质与精神两种激励都处于高值时才有较大的激励力量。其中任何一种激励处于低值时,都不能获得较大的激励力量。

同步激励理论对实施高校大学生激励富有较强的启发性,物质激励与精神激励同等重要,在实施激励的过程中,要注意两者的协调性,同时要注意怎样实现物质激励与精神激励的同步问题。

(五)C 型激励理论

C 型激励理论是我国行为科学研究者冬青吸收马斯洛的需要层次理论,结合我国意识形态,总结我国激励经验提出的一种探索性的激励理论。其基本观点是:一方面是领导、组织对职工的关心,尽量满足职工的五种基本需要;另一方面是通过教育、启发、引导职工的思想和行为,加速最高层次需求的形成。

借鉴 C 型激励理论,实施高校大学生激励时,对大学生的激励应考虑思想修养、道德情操、社会理想等因素,不能一味强调物质的作用,应强调培养大学生的高尚品德。

(六)全面激励理论

华东师范大学教授熊川武在吸收国内外有关激励理论长处的基础上,提出了适合我国学校管理实际的全面激励理论。该理论认为,作为一个系统,激励至少包含这样一些因素:一是人,即激励主体与客体。二是时空,即激励过程与相应环境。三是方式与内容。包括全员激励,把精神激励渗透到激励的各个层面,动员全体师生员工参与激励,形成他励、自励、互励统一的格局;全程激励,按照激励本身的心理过程和管理活动过程进行激励活动,形成相对完整的周期;全素激励,利用一切可以利用的激励手段鼓舞师生员工,在继续坚持物质、精神激励的前提下,不断谋求新的激励手段。

全面激励理论给我们的启示是,高校大学生的激励就像一盘棋,最关键的一着是人,即激励主体与客体的问题,着眼于人的主体性充分发挥的激励具有战略意义。同时每一着棋都有特定的作用,缺一不可。因此,高校工作的各个环节都应充满激励的气氛,要在计划、实行、评价等环节实施富有成效的激励措施。当然,任何激励活动都离不开激励方法,物质、精神等激励手段各有特点和作用,不可偏废。

三、从成功学的视角看激励育人机制

成功学是一门研究人成功规律的科学,是培养人们心态力、认识力、自信力、生存力、创业力、决策力、行动力、控制力、交际力等一百多种成功能力的科学。

成功激励法主要指运用成功学原理,在非智力因素理论研究的基础上,通过讲授、培训和常规训练等方法,开发学生的非智力因素,激发学生的成功欲望、自信心和内在潜力,使之产生强烈的学习动机,养成良好的学习习惯,实现学生的内化教育,从而提高学习成绩的方法。它采用的是培养和激发学生学习的动力系统,使学生的潜能转化为成功的现实的综合矫治措施。

几千年来,人们都在谈论成功。然而把"成功"当做一项专门学问来系统地加以研究,总结出成功的规律,提炼出成功的方法,进而推广成功的策略,却是以成功学的诞生为标志。就其理论基础和发展历程

而言,成功学可分为五大派别:强调"品德"为成功之本的品德成功论;认为人必须具备成功者所必备的素质才有可能获得成功人生的素质成功论;强调人的成功与否取决于与他人相处的技巧的人际关系成功论;积极心态成功论;潜能成功论。潜能成功论是到目前为止所有成功学派别中,理论方法最为完备的。它的开创者是美国新一代成功学研究专家安东尼·罗宾。他所开创的激发人的潜能、追求人生成功的理论和方法是建立在神经语言学理论基础上的。安东尼·罗宾从科学实用的角度,论述了神经与语言之间的关系,为人们提供了激发和利用自身潜能的途径和方法。他从一个新的角度,指导人们从自身的潜力着眼,开采自我的金矿,从自己的心灵、观念和日常行为中寻求成功的途径。他认为,每个人都具有成功的特质,只要调整了既有的神经系统,成功乃是人生的必然,只是时间的早晚不同罢了。罗宾的著作已经被翻译成 11 种语言,行销全世界,并屡屡位于畅销书排行榜第一名,成为追求成功者的必读物。

经过戴尔·卡耐基、拿破仑·希尔、安东尼·罗宾、史蒂芬·柯维、金点拉、派翠克·波特、陈安之等成功学大师的研究和推广,成功学著作已在世界范围内如雨后春笋般不断涌现。美国卡耐基成人教育机构、国际卡耐基成人教育机构和它遍布世界的分支机构,多达一千七百余个,影响了几代人,接受这种教育的人数多达几千万。成功学在西方历经百余年不衰,在国内也越来越受到人们的重视。2000 年 8 月 19日,"中国式成功学专题研讨会"在北京召开,之后,国内诞生了"行动成功学"、"影响力成功学"、"改变命运学"等十几支成功学的分支,产生了华杰训练机构、南京影响力训练机构、北京如意文化交流中心等几十家成功学的训练和推广机构。"西部成功教育学院"等学校应运而生,上海交大、西安交大、浙江大学等一些大学都增设了成功学课程。陈安之、李伯淳、易发久、杜云生、李践等成功学专家也定期或不定期地到各大城市讲授一些培训课程。但迄今为止,成功学训练的对象均为成人,训练的目的主要是提升学员素质,教给人提升工作业绩等取得高成就的方法。

成功学其实就是研究激励教育的一种学问,其对大学生成才的意义在于,成功学使大学生认识到成功是可能的,对于大学生增强自信心、提高与他人相处的技巧、增加成功的机会有一定的意义。

第四节 实施激励育人机制的
理论意义和现实意义

一、激励育人机制的理论意义

(一)实施激励育人机制贯彻了以人为本的思想,满足了大学生的心理需求,促进学生的成长成才

1. 大学生的尊重和自我实现需要较强。马斯洛把人的需要分为生理、安全、相属与爱、尊重和自我实现五个层次,他认为,这五种需要就像阶梯一样,从低到高,不断上升。现今的大学生,他们生活在父母的关爱和改革开放带来的相对富裕中,没有吃过什么苦,没有什么锻炼,普遍自我表现评价较高,尊重和自我实现需要较强。他们认为自己已经成人,竭力想要摆脱学校、师长的约束,强烈地要求独立自主。他们希望受人尊重、被人征询和获得信任。大学生由于身心的迅速发展和生活领域及交往范围的不断扩大,特别是伴随着社会的进步和年龄的增长,他们对自我,对社会均有了自己独立的认识,不再轻易苟同他人见解,不愿因循守旧,勇于变革创新。特别是在当前社会环境日益宽松、个人价值受到认可的年代,大学生的自我意识更是得到张扬。

2. 青年大学生的情感浓烈,情绪变化大,心理加上"锁"。青年大学生热情奔放,情绪变化比较明显,他们既会为一时的成功而激动不已,也会为小小的失意而抑郁消沉。但在师长面前往往会掩饰、隐藏自己的真实情绪,不愿轻易反映自己的真实心理状况,出现心理"闭锁"

的特点。

3. 大学生的成就和赞许动机强烈。成就需要理论指出,成就动机是指个人或群体为取得较好成就,达到既定目标而积极努力的动机。赞许动机是指人们期待自己的行为能得到别人或集体的鼓励或称赞,获得心理需要的满足。每个人都有成就和赞许动机,不过有的强一些,有的弱一些,青年学生的成就和赞许动机要比一般群体强烈。

4. 大学生有强烈的情感和交友需要。当代大学生随着年龄的增长和生活环境的变化自我意识有了新的发展,他们十分渴望获得真挚的友谊,进行更多的情感交流。大学生一般都远离家乡父母,过着集体生活,与其他同学处在平等位置,失去了以前那种对父母的"血缘上的""无条件的"依赖。因此,人际交往活动,在交往过程中获得友谊,是适应新的生活环境的需要,是从"依赖于人"的人发展成"独立"的人的需要。

(二)实施激励育人机制落实了科学的发展观,促进学生全面发展,提高学生的综合素质,适应社会发展的需要

激励育人机制追求大学生的全面发展,改变以学习成绩作为衡量人才的唯一标准的观念,对大学生的评价标准由唯一性转化为多元化,树立人人都可以成才的新观念,使偏才、怪才、鬼才都能得到学校的认可,尽可能的为每一名大学生提供一个科学的评价。通过实施赏识教育和素质教育,使大学生的兴趣、爱好得到充分发展,潜能得到进一步的挖掘,每一名大学生的个性和特长都得到学校的认可和师生的赏识,激发了他们的激情和进取的动力,从而促进了学生的全面发展,提高了学生适应社会的能力,使整个校园百花齐放、生机盎然。

二、实施激励育人机制的现实意义

激励育人机制作为高校教育的一种方法,对大学生成才教育具有积极作用。

（一）有助于满足大学生的精神需要

激励的基础是需要。大学生在高校学习与生活都有一定的精神需要，但他们的需要层次实际上是千差万别的，从满足于及格、"混个文凭"到争取品学兼优、有所创造和成就等等，不一而足，但是整个社会对大学生是有一个基本期望值的。在这社会期望与实际有距离的现实中，激励可以起到积极的调节作用。对于层次较高的学生，他们有思想、有追求，在他们取得成绩时给予表扬和奖励，一份肯定往往能满足他们的精神需求，从而继续努力，再接再厉；那些目标较低的学生，也有其精神需要的一面，这些人往往在学习以外的其他方面如文体、社会活动等方面有较好的表现，这时若能抓住他们这方面的需要，在他们某一方面作出成绩时予以肯定和奖励，也会满足他们精神上的需要。爱美之心，人皆有之，激励大学生的真、善、美行为，是适应他们的特点和有助于他们身心健康发展的。精神需要的满足，有利于我们因势利导，及时引导他们在思想品德、专业学习等方面有所追求，这样就能逐步使更多的大学生的精神需要进入高一级的境界。

（二）有助于调动大学生的积极性

学校教育的对象是人，是人的思想、观点、立场、方法。它的根本任务就是提高人的觉悟和认识能力，调动人的积极性和创造性，用社会主义、共产主义思想体系教育人、武装人，培养和造就一代又一代的社会主义、共产主义新人。而激励恰恰是调动人的积极性，挖掘人的潜力，鼓舞人奋发向上精神的最佳方法。

心理学研究揭示了人的行为基本遵循这样一个规律：需要—动机—行为—目标，然后再产生新的需要，如此循环往复，不断提高。因此，需要是大学生积极性的源泉。激励的实现，一是为满足大学生合理需要提供条件和可能，从而提高需要的迫切程度，促成并强化动机；二是有意识施加影响，形成刺激，引发大学生更高层次的需要，进入新的循环。简言之，通过满足，引发需要，解决大学生行为的心理动力，改变

大学生的行为模式,把"要我做"变成"我要做",从而最大限度地调动大学生的积极性。

(三)有助于培养大学生的竞争意识

新时期社会的发展使竞争意识更为突出,为造就适应社会需要的人才,培养奋发向上的新一代大学生,激励的运用有其积极作用。奖励在学习、生活、社会工作等方面表现突出的学生,并作适当的宣扬,往往能形成你追我赶、奋发向上的风气,如采用学习成绩在年级中的排名次,并作适当的肯定和指出,往往在无形中能激励大学生刻苦学习、奋发争先。当然,这种推动作用仍需师生的共同努力。又如在知识与实际相结合方面,学校若能及时褒奖利用所学知识结合实际有所创造的学生,一方面可以鼓励本人再接再厉,朝着更广阔的领域迈进,更大胆地创造,把自己聪明才智充分发挥出来;另一方面,又可鼓励其他学生,以此为表率,学用结合,参与创造,争取好成绩。这种主动地激励大学生去竞争、去夺标的做法,有助于在争先恐后的氛围中培养大学生的竞争意识,为他们更好地适应社会需要打下基础。

(四)有助于大学生形成良好的情感和坚定的意志

高校不仅是向大学生传授知识的场所,更是培养大学生健康成长的园地。人的多种多样、斑斓纷繁的情感变化,对大学生的发展有着重要的影响。在大学生思想政治教育中,注意满足大学生合理的、正当的精神需要,能激发他们积极、愉快向上的情感,从而使他们经常保持比较愉快的情绪和比较满意的态度。积极性情感和肯定性情感的日渐养成,将极大地有利于大学生其他方面的发展。同样在大学生坚强意识的培养过程中,激励有着积极的作用,在他们每一次克服困难所取得的哪怕是微小的进步的时候,鼓励总能激发他们的意志和信心。日积月累,他们的坚强意志就能培养起来,勇气会增加,毅力会增强,各方面的成长就会更快些。

（五）有助于提高大学生的素质

素质是人自身存在与发展的生理基础特征，是人在社会实践中，长期发挥作用的基本品质。人的素质如何，特别是大学生的素质如何，关系到国家振兴和民族兴亡，关系到党的全面建设小康社会目标的实现。因此，提高大学生素质不仅是高校教育改革的首要任务，也是培养新世纪人才的迫切需要。胡锦涛同志在2005年1月17—18日召开的全国加强和改进大学生思想政治教育工作会议上指出："培养什么人、如何培养人，是我国社会主义教育事业发展中必须解决好的根本问题。大学生是国家宝贵的人才资源，是民族的希望、祖国的未来。要使大学生成长为中国特色社会主义事业的合格建设者和可靠接班人，不仅要大力提高他们的科学文化素质，更要大力提高他们的思想政治素质。只有真正把这项工作做好了，才能确保党和人民的事业代代相传、长治久安。"提高大学生的素质不是一朝一夕的事情，要靠高校教育工作者在对大学生进行思想政治教育过程中采取多种多样的教育方法，互相协调，共同作用，促进大学生素质的提高。而运用激励方法，对提高大学生的素质是行之有效的一种教育方法。对大学生中涌现出来的德、智、体、美、劳全面发展者，尤其是政治态度鲜明、立场坚定的优秀学生，及时通过表彰奖励等激励方法，对他们的表现进行鼓励，调动其积极性，同时可以引导其他大学生向他们学习，从而使更多的大学生"学有榜样，做有方向"，这有助于提高了大学生的思想政治素质。比如通过组织各种形式的百科知识竞赛、辩论赛、书画赛、文明班级竞赛、文明宿舍大赛、朗诵比赛、文艺汇演等活动，运用激励方法，对在各类竞赛中取得较好成绩的大学生进行奖励，对积极参与活动的其他大学生进行鼓励，以吸引更多的大学生投身于学校开展的各类活动中来，使大学生从中获得课堂外的教育。这有助于进一步提高大学生的科学文化素质。

第四章

嫁接育人机制理论研究

　　本章主要是对"情感、激励、嫁接三结合"育人机制中的嫁接育人机制进行理论上的分析和研究。嫁接育人机制中的嫁接在这里特指专业嫁接，"嫁接"这个名词源自于生物学领域，在农业生产中，嫁接作为一种有着悠久历史的传统技术在国内外有着极为广泛的应用，并创造了极为丰厚的社会效益。将嫁接引入到高校教育中来，作为一种育人机制，就是借鉴生物学嫁接的优点，培养适应社会发展和经济全球化需要的高素质复合型创新人才。

　　下面首先从嫁接和嫁接育人机制的内涵出发，对嫁接育人机制产生的背景进行分析，继而对嫁接育人机制在教育学、心理学、哲学方面的理论依据加以探究，并在此基础上总结一下嫁接育人机制的理论价值和现实意义。

第一节　嫁接育人机制的内涵

所谓嫁接,从生物学的角度来说,是指"人们有目的的将一株植物上的枝条或芽等组织,接到另一株带有根系的植物上,使这个枝条或芽接受它的营养,成长发育成一株独立生长的植物"。嫁接的技术在生物学上应用很广,比方说现在的柿子树,它是用黑枣树作"砧木",用柿子树的枝芽作"码子"嫁接而成的。黑枣树抗旱、耐涝、抗病、抗虫,优点是皮实、结果早、经济效益高,缺点是自己不能繁衍后代。没有嫁接技术的话,我们就吃不上又大又甜的柿子,只能啃又涩又小的黑枣了。

山东经济学院所创新的育人方面的嫁接,是指高校有目的的派送学生去国内外高校学习相关专业知识,汲取外校专业知识的精华,取长补短,融会贯通;或者在本校学习另一个专业,丰富和发展自己的原专业,拓展自己的视野。育人方面的专业嫁接主要有三种模式,即校内不同专业之间的嫁接,与国内有关大学相关专业之间的嫁接,与国际有关大学相关专业之间的嫁接。不管是哪种模式,其目的都是通过满足学生高层次的求知要求,实现校内不同专业之间、国内外有关高校相关专业之间广泛的交流合作,丰富学生多种校园经历,培养学生成为适应社会发展和知识经济全球化要求的高素质复合型人才。我们将生物学上的嫁接引入到高校育人方面,并形成一种教育机制,就在于这两种不同领域的嫁接含义存在着很大的关联性。

那么,嫁接的优势何在? 有没有科学性和实用性? 本节深入介绍了嫁接在生物学上的内涵,并进而解密其根源优势,从根源上分析将嫁接引用到教育学领域的可行性,作为一种育人机制的科学性和实用性之所在。

嫁接技术在国内外的生产领域发挥了巨大的作用,为社会带来了丰厚的经济效益。那么,将生物学上的嫁接,可不可以应用到人才培养模式上,以培养复合型的人才,满足经济社会多元化的需求呢?

在这里,我们就从嫁接的根源优势入手,剖析嫁接应用到人才培养的可行性之所在。

从生物学角度来说,嫁接的一个重要作用就是保持品种的优良特性,并使品种特性保持一致。如苹果、梨、桃、核桃等果树树种用插条和其他无性繁殖方法多不易成活,用种子繁殖,其后代的特性常常发生变异,特性不一。以核桃为例,它的实生树发芽期表现不一致,所结的果实大小、形状变异大,常不能表现原来的优良品质,只有通过嫁接技术,利用优良品种的枝或芽进行繁殖,才能保持原品种的优良品质,且嫁接后不会发生遗传特性上的变异,使特性一致。另外,通过嫁接可以改良品种。在生产上,对于表现不良的品种,多采用高接换头的方法进行品种改良。

嫁接法就是将需种的花卉植物的枝或芽人工嫁接在另一种花卉植物的茎或根上,嫁接的部分称为接穗,被嫁接的花卉植物称为砧木。嫁接后,砧木的强大根系吸收水分和无机盐,接穗的叶子制造有机物;接穗的枝上生长接穗那个品种的果实。接穗受到野生砧木强大生活力的影响,使它发育得更良好。如栽培"红玉",苹果是用"红玉"树上的枝做接穗,而用山荆子或海棠做砧木;栽培柑橘,常以柑橘做接穗,而用枳做砧木。嫁接法既能保持原品种特性,克服用其他方法不易繁殖的困难,又能提高对不良环境条件的抵抗性,促进或抑制花木生育,并能提早开花结果。此法多用于木本花卉,少数草本花卉也可用嫁接法。

细究嫁接的根源,嫁接是利用植物的再生能力的繁殖方法,使接穗和砧木各自削伤面形成层相互密接,因创伤而分化愈伤组织,发育的愈伤组织相互结合,填补接穗和砧木间的空隙,沟通疏导组织,使营养物质能够相互传导,形成一个新的植株。这种营养物质的相互传导,可以使新植株最大限度地汲取营养,发展自身。

嫁接的优点是能保持花卉、果树的优良品质。通过嫁接花卉可提早开花,果树可提前接果;通过嫁接可以增进植物的抗寒性、抗旱性、抗病虫害的能力和改良果实的品质等。例如应用嫁接法培育冬枣苗,通过嫁接,不但可提高树木生活力,而且抵抗病虫害和自然灾害的能力增强,可以保持母株的优良特性不变,这对于某些优良品种或优系的快速繁殖具有现实意义;嫁接苗根系发达,生长快,结果早;嫁接能使植株变矮,有利于管理和果实采摘;利用嫁接技术,可以补救受伤害的枝条,可以使老树返老还童,还可以对劣质品种改劣换优等等。原本长着又酸又涩的枣树嫁接了冬枣植株的枝或芽后便能在新的植株上结出脆甜可口的冬枣来,这充分显示了生物嫁接的根源优势。

将嫁接的原理应用到人才培养上来,就在于在保持大学生自身原有的优良品质的基础上,通过专业与专业之间、学校与学校之间的交流,达到培养出经济社会所需要的高素质复合型人才的目的。进行专业嫁接的首要前提就是,大学生必须先学好自身原有的专业,具备一定的学业基础。通过一段时间的学习,学生对所学专业有了较为全面的理性认识和较为扎实的理论基础,这就好比生物嫁接一样,有了一定的根源优势,否则,专业基础没打好,再去学别的专业,再或者,在本学校对所学专业还没有深入进去,对周遭环境还没有适应过来,还没有吸收到学业精华之所在,又去别的学校进修该专业,接触新环境,就容易陷入不伦不类、"不锄头不镰把"的尴尬境地。自己所学专业学得不怎么样,就很吃力不说,学其他专业更是增加了莫大的压力,让学业负担压得喘不过气来,到头来,学得都不怎么好;如果在自己学校专业没学好,再到别的学校去交流学习,不但自己学校的专业特色没搞明白,别的学校的专业精髓也摸不着边,就会处处受拖,时时受憋,学无所成,适得其反。

鉴于上述对嫁接的认识和分析,山东经济学院在实行嫁接育人时,都要求学生必须具备入校学习一年的学业基础,且是综合素质优异,专业考核突出者,这是首要条件。《山东经济学院本科生修读第二专业

实施办法》要求,在校本科学生选择辅修第二专业时,要修完一年级的课程,这些作为主修专业的各门课程成绩必须全部合格,还要品行优良,身体健康,并学有余力。近几年,学校派往山东大学和天津财经大学访学的学生,基本都是该专业之学习成绩名列前茅者,其品行也经过老师和同学的品评,确能代表学校良好的学风校风和较高教学质量的。

综上所述,将在生产上有着悠久历史、广泛应用的嫁接技术引用到育人上来,主要是因为嫁接有着与生俱来的根源优势。植物与植物嫁接,可以利用根源优势产生新品种,那么物皆有其性,物皆有其理。万物之性,各各不同,万物之理,却是一理。顺物之理,治物有方,推物及人,便是人生的智慧,将嫁接应用到育人上来,使学科与学科嫁接,就可以产生新学科;专业与专业嫁接,也可以产生新专业;让人才通过基于专业学习平台的不同国家、不同地区、不同校园之间的交融和流通,就可以培养适应社会发展所需要的高素质复合型人才,这符合人才培养的规律,是按科学规律育才。

第二节　实施嫁接育人机制的背景

一、经济全球化、大学国际化条件下实施嫁接育人机制的国际背景

（一）经济全球化的客观需要

自进入 21 世纪以来,经济全球化的趋势日渐明显。由于现代交通工具的发达与信息传输技术的革新,经济贸易的交往日益频繁,时空的界限正在被打破,世界也变得越来越"小"。一方面,经济的全球化促使传统的高等教育受到强烈的冲击,大学的教育理念和人才的培养标准、教育发展改革的空间和资源、教育质量的评价与规则均发生了根本的变化,传统的知识结构和培养模式受到挑战。另一方面,经济全球化导致了高等教育资源的全球化流动。经济全球化的最大特点之一就是

各种资源在全球市场范围内自由流动,通过市场机制的作用,最终实现资源的最佳配置。随着经济全球化的到来,高等教育逐步走向市场或是部分的实现市场化已成为不可回避的事实,这也必然要求各种教育资源在世界市场范围内流动,以此实现教育资源的最佳配置。这一趋势已引起世界许多国家的注意,尤其是发达国家纷纷行动起来充分把握这一特点,利用各种可利用的国际教育资源培养自己需要的人才,抢占世界教育市场份额。在这一过程,高校就成为各国教育产业走向世界的平台。正如江泽民同志在北京大学百年校庆讲话中指出的那样:"为了实现现代化,我国要有若干所具有世界先进水平的大学。这样的大学应该是民族优秀文化与世界先进文明成果交流借鉴的桥梁。"因此,全球化背景下的中国高等教育要想加快国际化的步伐,缩小与发达国家之间的距离,实行跨国嫁接,是提高中国高校办学水平的一条捷径。

经济全球化对人才的培养提出了更高的要求,有专家指出,21世纪的中国需要的人才是"通晓'国际游戏'规则,熟悉国际惯例,懂得市场法则,能和外国人打交道、做生意的经贸人才;懂得现代企业制度的管理人才;城市规划人才;环境科学人才;国际金融人才;高科技开发人才"。这样的人才我们称之为国际化人才或是国际性人才。另有专家认为,经济的全球化要求高校要着力培养具有国际视野、国际交往能力、国际竞争能力的高素质的新型人才。这种新型人才必须具备三个显著的特点:"一是具有扎实的理论基础,分析和解决问题的能力强;二是具有良好的文化素养,能够与世界各种不同文化背景的人进行交流;三是具有良好的创新素质和实践能力,能够适应激烈的国际竞争环境。"培养这种新型人才或者说国际化人才无疑是摆在高校面前的一个重要课题,当今社会,谁能培养一大批高素质的复合型人才,谁就能高效率的经营人力资源,谁就能在高等教育炽热化的竞争中掌握主动权。因为高素质人才在实际工作中更能发挥重要作用,在人才市场上更具有显著的竞争优势。

高素质人才的培养需要开放的环境,需要各种文化的交融,而跨国嫁接则可以实现在培养学生科学知识的同时,注重培养学生国际型文化素养;通过各种形式的合作,使我国的学生们有足够的时间深深植根于当地独特的文化和社会环境中去,在获得较为先进的技术和经验的同时,也拓展了自己的文化视野,以此带动我国社会的开放程度,增进社会进步的活力,加速我国社会的现代化进程。

(二)大学国际化的现实要求

大学的国际化是伴随着经济全球化而来的。潘懋元认为:农业经济时代,大学游离于经济社会之外;工业经济时代,大学处于经济社会边缘;而知识经济时代的到来,大学将被推向经济社会的中心,进入经济运行过程,直接参与经济活动,从而实现大学自身的变革。21 世纪是人类的新纪元,是知识经济和信息技术占主导地位、"财富源于人力资源"的崭新时代。知识经济的主要特征之一就是知识不断创新,高新技术不断产业化,高新技术产业化的周期越来越短;二是知识成为经济和社会发展最重要的资源,知识成为人们生活的必需品,也是最昂贵的商品;三是知识经济是伴随着信息化和经济全球化时代来到的,它必然具有全球化竞争和合作的特征;四是伴随着知识时代的到来,人类的生活方式和思想观念将发生很大的转变。知识经济的大背景下,人才成为提升综合国力的最重要的战略资源。作为知识生产(科研)、知识传播(教学)和知识利用(科技产业)综合体的高等教育受到世界各国的强调和重视。知识经济对高校也就提出了更高的要求,大学应加强与经济社会的联系,应以更民主、更自由的姿态接受国际化、科技化的洗礼,教育的开放性就成为我国高等教育改革与发展的必然趋势。教育的开放性是由知识的公共性所决定的,大学教育的开放意味着向社会和向国际的开放,向国内外开放和教育国际化是促使大学发展、参与国际竞争的重要战略规划,也是培养当今中国经济和社会所需要的国际型、复合式、研究型的创新性人才的重要策略。

早在20世纪80年代,美国的高等教育界人士就意识到大学国际化的必然到来。1992年,美国一些著名大学校长汇聚一堂,共同探讨美国高等教育所面临的国际挑战问题。与会专家提出:国际化已经成为美国高等教育所面临的关键性问题,把美国一批大学建成世界知名大学是当务之急。这一教育理念现在已为世界各国教育界所接纳,世界各著名高校纷纷开展各种形式的国际交流与合作。例如,英国的诺丁威大学聘请我国中科院杨家福教授为校长,校方称他们"聘请了一位能强化国际特征的校长"。再如,美国的耶鲁大学、普林斯顿大学和斯坦福大学与英国的牛津大学联手建设了"终生学习大学联盟",旨在为世界范围内的校友提供非学历的文理科方面的网上课程。

自20世纪80年代后期开始,跨国高等教育逐步发展起来,全球范围的跨国高等教育活动主要通过授权办学、海外分校、姊妹计划、学分转移("2+2"等形式)、项目合作等方式开展,对国际社会,尤其是教育界、国际贸易、法律框架等产生了很大影响。美国、英国、澳大利亚、加拿大、日本、德国、新西兰等发达国家成为跨国高等教育的提供国,而马来西亚、以色列等亚洲国家则成为跨国高等教育的主要接受国。跨国高等教育在中国的实践主要表现为我国高校的中外合作办学情况。作为跨国高等教育的一个具体体现,中外合作办学在20世纪90年代初期产生并发展起来。我国高等教育机构开展中外合作办学的动因较多,比如希望通过引进国外优质教育资源,借助国外先进的办学观念、办学模式和办学机制,影响和带动本校的高等教育改革;或者是通过引入国外的教育资金和国内生源可观的学费收入,弥补高等教育投入不足的缺陷等等;其中,很重要的一点就是高校出于对人才培养的需求着想。经济全球化和我国市场经济的发展,急需既熟悉国际经济运作法则和惯例,又了解各国国情、文化,而且能熟练掌握外语和现代化科技手段的复合型、创新型人才。如MBA合作项目的开展,就是为了弥补我国高等教育在这一领域的缺陷,为中国市场经济发展的初期培养了大量的高级管理人才。

为了适应经济全球化对于新型人才的需求,作为山东建校最早的财经类院校,山东经济学院积极承担起时代赋予高校的使命,努力探索人才培养的新模式,面向国际上的著名大学,加强人才的交流与合作,充分发挥高水平大学在人才培养中的重要作用,为社会培养更多具有宽厚基础、国际视野、复合型的创新人才。目前学校与国外的几所著名大学都有着专业的交流,每年互派部分品学兼优的学生到对方院校访学,现已取得了显著的成果,并探索总结出了跨国嫁接这一人才培养模式,力争再尽可能短的时间里借鉴到国外高水平大学较新的教育经验,掌握最新国际教育动态,引进不断更新的优质教育资源,逐步缩短与国外教育水平的差距,以最优化的方式在某些领域实现对国际教育先进水平的追赶与超越。

二、新时期实施嫁接育人机制培养高素质人才的国内背景

(一)国家教育政策的引导

自改革开放以来,为了与国际接轨,培养适应时代发展的人才,我国政府不断调整教育方针和政策,逐步拓宽中外教育交流与合作的渠道。改革开放之初,首先提出了教育要"面向世界、面向未来、面向现代化"的发展战略,大力开展全方位、多元化的国际教育交流与合作。据有关部门的统计,1978—2002 年年底,我国各类出国留学生人数达到 5.8 亿人,已经成为世界上最大的留学生派出国。同时,到 1999 年,我们接受了 4.5 万名来自 164 个国家和地区的外国留学生,中国也成为接纳留学生最多的国家之一。2003 年,《中华人民共和国中外合作办学条例》的出台,标志中国在合作办学的问题上迈出了新的一步。国家教育政策的日益开放,为实施嫁接育人机制提供了政策上的保障。

（二）新世纪人才工程的提出

我国"人才发展十五规划"明确提出：新时期开展"新世纪人才工程建设"。所谓"新世纪人才工程"所指的人才是指具有以下6种主要能力的人：具有全球化国际化的语言、文化、知识、视野；能够更新知识结构，掌握新的学习与科学工作方法，把握科学技术发展前沿和不断更新的社会需求；必须具备学习、创新、创业与服务的精神和能力；善于吸收和融合世界各民族文化的精华；追求人与自然的协调发展注重环保；能够将科学精神、科学方法与人文精神与人文艺术方法结合起来，使科学技术的应用更有利于人类社会的文明进步，达到人与自然的协调进化。而其中最受关注的则是培养具有国际性的知识、视野、文化、知识和语言的人才，这是我们参与全球性竞争的基础，也是我们参与国际性竞争的资本。但是，毫无疑问，这种开放性的、国际性的人才关起门来是培养不出来的，只有放在国际大环境下才能培养出来。新世纪人才工程建设为实施嫁接育人机制提供了现实依据。

（三）首次全国人才工作会议的召开

2003年12月19日至20日，首次全国人才工作会议召开。在该次会议上，党中央、国务院及人才学专家对于什么是人才、如何评价人才等诸方面进行了全新的阐释。在经济全球化及大学国际化的大背景下，这些新的观点对于我们培养什么样的人才、如何培养人才及如何评价人才具有特殊的指导意义。在经济全球化的今天，中国要立足于世界，要在国际竞争中取得有利地位，关键在于要有具有国际竞争力的人才，要有能够为中国在国际竞争中取得有利地位而作出卓越贡献的人才。国际性人才的培养离不开国际化的培养环境，国际性人才的评价也只能放在国际竞争环境中去考验。因此，立足中国国情，加大与国外高校的交流与合作，引进国外优质资源，是加速实现人才强国战略的必然选择。

（四）高等学校本科教学质量与教学改革工程的启动

自进入 21 世纪以来,随着高等教育由精英教育向大众化教育的转化,高校的发展出现了一系列新的矛盾和问题。其中,重知识轻素质的升学选拔机制致使大量高分低能的大学生涌入社会,与社会对复合型人才的需求形成矛盾。我国政府和教育界的专家学者也更加关注高等教育的质量问题。潘懋元认为:高等教育质量的核心是追求人才培养的高质量,其具体质量标准有二:一是一般的基本质量要求;二是具体的人才合格标准。高等教育大众化时期应树立起多样化的教育质量观,同时,还必须形成全面的素质教育质量观。我国高等教育在发展上应该走"规模、结构、质量、效益"协调统一的可持续发展之路,在规模扩展、数量增加的同时,合理调整结构,提高质量和效益,特别是要确保质量的持续提高。

2006 年 11 月,国务院总理温家宝在国务院第四次教育工作座谈会上表示,高等教育要切实把重点放在提高质量上。2007 年 1 月,教育部正式启动了"高等学校本科教学质量与教学改革工程",决定借此工程全面提高我国的高等教育人才培养的质量。同年 2 月,教育部又下发了《关于进一步深化本科教学改革全面提高教学质量的若干意见》,提出了 6 个方面 20 条具体要求,全面落实和推进质量工程建设。高等教育就要从外延式发展向内涵式发展转变,实现高等教育内涵与外延的协调发展,这样既能实现规模的扩张,解决发展中面临的问题,满足人民群众的需求,又能保证提高人才培养的质量。

高校如何贯彻落实教育部文件精神,适应国家和社会的需求,培养大量高素质复合型创新人才,就显得极为迫切,这也正是高等学校人才培养的根本任务之所在。正是基于对高素质复合型人才培养的需要,山东经济学院在学习借鉴其他高校人才培养经验的基础上,将生物学上的嫁接引入到了人才培养上来,不断摸索和完善,实行了多种形式的专业嫁接模式。

综上所述,嫁接育人机制是在经济全球化、大学国际化的国际背景下,为了适应经济社会对高素质复合型人才的需要,解决我国高等教育大众化进程中出现的人才培养与社会需求之间矛盾而构建的,具有较强的时效性、针对性和可操作性。

第三节　实施嫁接育人机制的理论依据

通过上述对嫁接育人机制产生的背景分析可以看出,嫁接育人机制是在知识经济时代为培养高素质复合型人才而探索出的一种新型人才培养模式。将生物学领域的嫁接引用到育人上来,这种育人机制本身就把生物学作为其理论依托,本章第一节在谈到嫁接的根源优势时已对其科学性和可行性进行了较为详尽的剖析,在此不再赘述。下面主要从教育学、心理学、哲学三个方面对这一培养模式的可行性、合理性与理论依据做进一步的探究。

一、实施嫁接育人机制的教育学依据

（一）通识教育理论、专才教育理论与嫁接育人机制

通识教育（General Education）又称通才教育或博雅教育,是一种素质教育或普通教育,即对全体学生进行的基础性语言、文化、历史、科学知识的传授、个性品质的训练、公民意识的陶冶以及一些实际能力的培养。通识教育理论认为,受教育者在接受了一定的通识教育后,就能以一定的知识领域为基础,汲取各种文化领域的营养,用一种适应时代的文化内容来实现自己,扩大知识范围,形成完善的知识体系。这种人应该具备四种能力,即有效思考的能力、清晰沟通的能力、作出适当正确判断的能力、辨别一般性价值的认知能力。因此,通识教育培养的人才具有"博"这一显著特征,在实际工作中能有较大的发展空间。这与高素质复合型人才培养中所提倡的"宽口径、厚基础"是一致的。

通识教育理论为实施嫁接育人机制提供了有力的理论支撑。而结合我国的国情,在可以预见的未来,我国高等教育特别是本科教育不但要"博",即培养基础宽厚的学生,还应该在此基础上培养专业扎实的专才。所以高素质复合型人才培养的理论依据除了上述通识教育理论外,还应包含专才教育理论。

早期大学的教育重点在通识教育,特别重视培养学生一般性的知识能力。随着知识的发展和分类,大学教育逐渐偏向了专才教育(Professional Education)。专才教育培养出来的学生在实际工作中适应性强,但其发展后劲不如通识教育培养出来的人才足。而且,一方面由于过度专业化的教育会导致人性的异化和工具化,另一方面专才教育赖以生存的社会背景已成为过去,所以这一教育理论在当今成为许多学者批判的对象。但是随着科技的发展以及社会的不断进步,专才教育的内涵也已经被赋予了新的时代意义。我们所说的高素质复合型人才的培养在汲取通识教育精华的基础上,同时也包含了专才教育的合理内核。因此,专才教育也是实施嫁接育人机制的理论依据之一。

卢梭曾经说过:"虽然人的智力不能把所有的学问都掌握,而只是选择一门,但如果对其他学科一窍不通,那他对所研究的那门学问也就往往不会有透彻的了解。"

由此可见,高素质复合型人才的"专"与"博"是辩证统一的,它们相互促进、相互联系和相互制约,片面强调某个方面都是错误的。学生"专"而不"博"就难以适应高度综合的大科学时代的要求,而只"博"不"专"则缺乏足够的专业知识和技能,在高度分化的科学面前又很难有所作为。香港中文大学多年来一直坚持通识教育和专才教育相结合,注重人才培养的"专"与"博",这样使学生既对相关专业的内容有广泛的涉猎,又在专业水平上达到一定的层次,最终实现均衡教育的目的,这实际上就是培养了高素质复合型人才。

（二）差异教学理论、教育公平理论与嫁接育人机制

对于差异教学理论与教育公平理论本身，在第一章有着较为较为详尽的阐述，这里仅从两种理论的关系入手，分析其对实施嫁接育人机制的理论支撑。

首先，在教育过程中实施差异教学是提高教育质量、达到教育公平的必然选择。从某种意义上说，教育普及还不是真正的教育公平，只有通过提高教育质量，满足不同学生学习和发展的需要，才是教育公平应该追求的更重要的实质性的目标。提高教育质量是实现教育结果公平的重要途径，没有教育质量做保证，教育公平是没有任何意义的。由于受教育者之间以及同一个受教育者的不同发展方面，都存在很大差异，因此，要提高教育质量，达到教育结果公平，就应在教学过程中实施差异教学，也就是立足于学生的个性差异，满足学生个别学习的需要，促进每个学生在其原有基础上得到充分的发展。

其次，差异教学通过激发学生学习动机，拓展学生成功的领域，促进教育公平。实施差异教学为每个学生提供他们感兴趣、具有挑战性而又不太难的学习目标，可以使学生觉得目标对自己来说有学习的价值，并且通过努力就能达到，可以极大地激发学生的学习动机，而由此带来的成就感又可以进一步调动学生学习的积极性，形成良性循环，促进学生学习成绩的稳步提高，最终实现教育公平。差异教学通过关注学生的全面发展，拓展了学生获得成功的领域和机会。

实施嫁接育人机制就是充分考虑部分成绩优异、学有余力学生的需要，为其提供跨专业、跨地域、跨国文化交融学习的机会，拓展其成功的领域，促进其在原有基础上充分施展个人的潜能和优势，培养其成为高素质的复合型人才。可见，通过差异教学，实现教育所要追求的真正意义上的平等的理论为实施嫁接育人机制提供了坚实的理论基础。

（三）素质教育理论、创新教育理论与嫁接育人机制

关于素质教育理论，在第一章已有所阐述，这里着重谈一下创新教

育理论及两者之间的关系和两种理论对实施嫁接育人机制的理论指导。创新教育是伴随着人类的创造实践活动而产生的,是从创造教育、素质教育不断衍化而来的。如今是知识经济时代,知识经济的核心在于创新,在知识经济条件下,国际间综合国力的竞争越来越表现为创新人才水平和数量的竞争。1995年,在全国科学技术大会上,江泽民同志指出:"创新是民族进步的灵魂,是国家兴旺发达的不竭动力。"1998年11月24日,他在新西伯利亚科学城会见科技界人士时又强调指出:"要迎接科学技术突飞猛进和知识经济迅速兴起的挑战,最重要的是坚持创新。"江泽民同志关于培养人才的要求,使创新教育的研究继20世纪80年代的高潮后再度兴起。

创新教育的内涵和外延都要大大超过创造教育。创新教育是以培养人的创新精神和创造能力为基本价值取向的教育实践。创新教育是素质教育的一个重要组成部分,它以发掘人的创造潜能、弘扬人的主体精神、促进人的个性和谐发展为宗旨,通过对传统教育的扬弃,探索和构建一种新的教育理论与模式,并使之不断完善。

素质教育和创新教育从根本上说是一致的。就培养目标而言,素质教育旨在使学生德智体美劳诸方面全面发展,也就是要培养学生的思想品德素质、科学文化素质、身体心理素质、审美素质、劳动技能素质等全面的素质。创新教育旨在培养学生的创新精神和创新能力,创新能力是一种综合性的素质,它不仅需要宽厚的科学文化知识和支撑,还需要有敏锐的观察力、丰富的想象力、较强的创新思维能力和实践操作能力,而且与一个人的个性心理品质、情感意志等都密切相关。可见就培养目标而言,二者是一致的。从本质属性上看,二者的着眼点和着力点都是面向全体受教育者,旨在促进每一个学生的发展。而且,二者都承认学生之间的差异性,并主张通过因材施教使每个学生在自己的原有基础上得到发展。素质教育从本质上说是挖掘人的潜能,促进人主动发展的主体性教育;而创新精神和创新能力是人主体性的最高表现,创新教育是弘扬主体性的最有力的教育模式。素质教育包含创新教育。创新教育不是一个独立的教育类型,也不是一种另起炉灶的新的教育体制,而是深化教育改革的一项内容,它包含在素质教育的概念之中,是素质教育的基本内涵。从理论上讲,"素质"的内涵是丰富的,外延是宽泛的。人的素质应该包含创新素质,素质教育理应包含创新教育。不仅如此,创新教育应该是素质教育的核心或者灵魂。

素质教育和创新教育相互促进,相辅相成。一方面素质教育是创新教育的前提和基础。创新教育以培养创新人才为目的,创新人才是一种高素质的人才,它的培养是以人的综合素质为前提的,素质教育强调的是人的全面发展,这就为创新人才的形成奠定了基础。另一方面创新教育能促进素质教育的深入发展。素质教育在发展过程中,创立了多种教育模式,意在克服"应试教育"的弊端,但总是治标不治本。创新教育以其先进的教育思想和全新的教育模式可以作为冲出应试教育的突破口,面向全体学生,以学生的发展为着眼点,培养学生的创新精神和创新能力。创新教育更重视个性的培养,使学生的个性得到充分、自由、和谐的发展,使素质教育摆脱传统教育的影响,使素质教育理论上升到一个新的高度,把素质教育引向深入。

素质教育和创新教育从根本上说是一致的,但不等于说二者完全相同,二者之间还存在有一定的差别,创新教育有其特殊性。从教育目的上看,虽然素质教育和创新教育的培养目标在根本上是一致的,但并不对等。素质教育是培养全面发展的人,创新教育是培养具有创新素质的人,创新素质尽管是一种综合性的素质,但只是一种相对意义的综合素质,较素质教育的全面发展还是有一定距离的。从教育价值的取向来看,素质教育和创新教育都着眼于受教育者和社会的发展,是以社会为本和个人为本相结合的价值取向,但各有侧重。素质教育更重视人的社会性,创新教育更重视人的个性。另外,二者就社会发展和个人发展的侧重点上也有一定的区别。就社会发展来说,素质教育倾向于政治效益、道德效益和文化效益,创新教育的直接目的是求取经济效益,是为了迎接知识经济挑战,配合国家创新体系而提的教育理念。

受素质教育理论与创新教育理论的启示和指导,嫁接育人机制培养人才的目标结合了素质教育及创新教育的教育目的,旨在培养全面发展的高素质的创新人才,是实现两种教育目标的理想人才培养模式。

(四)"知识龛"的知识结构理论对实施嫁接育人机制的启示

"知识龛"知识结构理论是当代学者文祯中于1987年在《关于"知识龛"的探讨》中提出的。所谓"知识龛"就是个体(或团体)在由n个知识维构成的n维欧氏空间中所占领的多维知识体系的总和。"知识龛"的大小既能反映个人对科学知识掌握的总量,又能测量个体的能力。n维知识结构中最重要的是专业知识维。专业知识维对于整个"知识龛"的"增容"起着较大的作用。

过去的专才教育在培养学生时过度重视专业知识维,忽视工具知识维,因而学生视野狭窄,导致学生的智慧、才能和特长在未来的工作中得不到充分的发挥,不能适应现代经济及科学技术的迅猛发展。而高素质复合型人才的培养就是要让学生一方面具有较大的"知识龛",另一方面在注重专业知识维的同时,也能不断发展其他维,在学习中不断壮大自己的"知识龛",成为具有立体知识结构、博学多才的高素质复合型亦即"T"型人才。

二、实施嫁接育人机制的心理学依据

(一)从马斯洛的自我实现理论看实施嫁接育人的心理学依据

根据马斯洛需求层次理论,在低层次的需要求满足以后,人才会有进一步的追求高层次的需求,而且低层次的需求满足的程度越高,对高层次需求的追求就越强烈。对于家庭经济基础较好且学有余力的学生来说,他们以上几个方面的较低需求得到满足后,对自我实现的需求将更为强烈,更希望通过充分发挥自己的潜力,体现自己的能力,实现自己的理想和愿望。山东经济学院提出嫁接育人这一育人机制,正是基于马斯洛自我实现理论,本着以人为本的思想,通过多层次的嫁接,为学生拓展更广阔的空间,把他们培养成高层次的复合型人才。

自我实现理论是马斯洛人本主义心理学的核心命题。马斯洛的"自我实现",实质上是指潜在人性的一种自然显露和现实化过程,是理想人格的完善,是一个从量变到质变的渐进过程,是人发展的根本动力、途径和目标,是自我意识和人主观能动性的充分发挥。该理论强调人发展的最终目标是潜能的充分发挥,是自我实现。嫁接育人机制的实施就是力图为学生搭建一个充分发挥潜能的多元文化学习的平台,让学生有机会通过跨专业、跨地域、跨国家等模式,通过各种文化的交融互汇,实现最终成才的人生理想。

(二)卡尔·罗杰斯人本主义心理学理论对实施嫁接育人机制的启示

20世纪中期卡尔·罗杰斯提出"人本主义"观点,他对人、人性及人的发展问题的重视,掀起了心理学界的学术讨论高潮。卡尔·罗杰斯人本主义心理学理论对各国的教育改革产生了重大的影响,对山东经济学院实施嫁接育人机制也具有重要的启示。

卡尔·罗杰斯的人本主义心理学理论,尤为提倡尊重人的客观权利、培养人的个性、创造精神,强调人的自我发展。卡尔·罗杰斯认为,心理学研究的首要任务在于以人为本,立足于人的生存,了解人,揭示人性的本质,用整体分析法对人作出完备的描述。首先,他主张还人本来面目。他认为人性来自于自然,自然的人性即人的本性,这些本性包括生理的、安全的、尊重的、归属的、自我实现等人最主要的需要。其次,他对人性进行了解构,认为人类生活有四种基本倾向:一是个人追求爱情、性、自我认识上的满足;二是为了归属和获得安全感的目的、自我控制必须平衡的趋向;三是自我表达和创造性成长的趋向;四是整合或保持秩序的趋向。在这四种基本结构中,蕴藏着无限的发展潜力。

人在追求自我实现、自我完满的过程中,只要环境适当,就会利用这种潜力,努力实现积极的社会目标。再次,他对人性持积极乐观的态度,强调人的尊严和价值,认为必须把人当做一个理智与情感的整体去研究,必须用整体分析法来研究人,才能产生更有效的结果。

这些观点对提高我国现代高等教育的品质、培养高素质的复合型人才,极具现实的指导意义。就实施嫁接育人机制而言主要启示有二:一是现代高等教育的核心是"人的发展"。人本主义心理学认为教育应当以人为本,主张了解人,强调在教育中应突出使学生理解自我的本来面目,以建立起适当的自我,形成和谐的自我观念与介入者(可以理解为教育者)观念的关系。作为以培养高层次人才为目标的高等教育,应当致力于对学生心理、观念体系的了解,"通情"地掌握关于"人"的特点,在此基础上针对大学生的心理发展规律和个性特点施教。重塑"人"的观念,是罗杰斯人本主义心理学理论对我国现代高等教育的最根本启发。二是教育要为挖掘学生固有的"潜力"创设条件。罗杰斯认为,人类具有各种潜力,个性化、创造性是人的本能。人类有机体先天地趋于保护自身,并且努力地提高自身。这种"实现倾向"是一独立的、基本的人类动因。但每个被赋予合适条件的人,在选择实现模式时,会根据其内在的体验,作出不同的选择。人类本性中原本就蕴藏着无限的潜力,教育要做的就是为开发学生潜力提供平台。

三、实施嫁接育人机制的哲学依据——马克思的自我实现理论

思想解放和改革开放使知识经济时代的中国人摆脱了从前的束缚,开始追求自身的价值,关注自我生存状况和自我需要的满足。人们除了正视自己是"社会的人",是"社会关系的总和"这一本质的展现之外,更多的从活动着的自我出发,进行自我设计,自我抉择,发挥自己的潜能,从而充分地展示自己的意志品质和创造力量,实现自我的价值。自我实现已成为当代中国人在现实生活中积极追求的目标。细读马克

思的许多著作,可以发现他曾多次论及自我实现,自我实现理论是马克思人论的重要部分,也是马克思整个哲学理论的重要组成部分,对嫁接育人机制的实施也有着相当的指导和启示意义。

马克思自我实现理论的基本内涵有二:一是每个人都具有发展自己、实现自我的需要。马克思十分重视人的需要。他认为,需要作为"天然必然性"、"内在必然性"存在于人之中,"他们的需要即他们的本性",人作为历史的主体,有维持自身生存和种族延续的物质需要、肉体需要,也有审美、交往、成就、赞许、创造、自我实现等精神需要。在马克思那里,自我实现就是人的基本需要之一。马克思曾经直截了当地把自我实现归入人的基本需要之列,他认为:任何人的职责、使命、任务就是全面地发展自己的一切能力,其中也包括思维能力。马克思把自我实现确定为人的基本需要,是由其理论的实质决定的。在马克思看来,社会发展的最后目标是人类由必然王国进入自由王国,摆脱社会关系和自然界对人的奴役和束缚,获得全面解放和自由。共产主义就是以每个人的全面而自由的发展为基本原则的社会形式。

二是人的需要、愿望的满足;自己筹划的生活目标、生活理想的达到;各方面的潜能得到充分发挥、发展和运用;人的对象性关系的全面生成和社会关系的高度丰富这样一种生存状况。人的需要是由物质的与精神的、原生的与次生的、低层次与高层次的各个方面构成的网络系统。任何需要都是指一定对象追求特定目标的需要。并且人一旦具有某种需要,就会在观念上提出满足这一需要的特定目的和任务,并在行为中追求这种目标。马克思认为,正因为在现实世界中个人有许多需要,所以他们已经有了某种职责和某种任务,至于他们是否也在观念中把这一点当做自己的职责,这在一开始还是无关紧要的。显然,由于个人都是具有意识的,他们对于自己的经验生活所赋予他们的这种职责也会形成一种观念。人在需要的基础上自己为自己提出生活目标、任务,并通过发挥自己的天赋与才能使目的和任务得以达到和完成,就是自己人生价值和意愿的实现,即自我实现。

自我实现上述两个方面的含义是辩证统一的:人的自我实现的需要诱发出强烈的自我实现动机,并通过努力和行动使之变为现实;而人们的每一次真实的自我实现,又会使人们追求更高层次的自我实现。人在社会实践中正是通过这种不断反复和循环来追求自我完善和自我实现的。值得提及的是,在马克思那里,人的自我实现是与人的自我决断、自我设计紧密联系在一起的。人生目标、生活理想的达到是自我实现,但这些目标和理想必须是人们自己为自己提出和规划的。马克思把自我提出的目的的达到、主体的客体化看做自我实现。这里有两个方面:一是自我提出的目的(以区别于他人和社会加给自己的);二是它通过活动由观念变为现实。从这个意义上讲,自我实现即是自由自觉自主活动。脱离了人的自主选择,无所谓自我实现。

第四节　实施嫁接育人机制的理论意义和现实意义

1998 年 5 月 4 日,江泽民同志在北京大学百年庆典上讲到:为实现现代化,我国要有若干所具有世界先进水平的一流大学。这样的大学,应该是培养和造就高素质的创造性人才的摇篮,应该是认识未知世界、探求客观真理、为人类解决面临的重大课题提供科学依据的前沿,应该是知识创新、推动科学技术成果向现实生产力转化的重要力量,应该是民族优秀文化与世界先进文明成果交流借鉴的桥梁。这四个"应该",不但是一流大学的目标,也是 21 世纪中国大学教育改革与发展应有的要求。他在庆祝北京师范大学建校一百周年大会上的讲话中又提出:我们要坚定不移地实施科教兴国战略,不断培养大批合格的有中国特色社会主义的建设者,不断造就大批具有丰富创新能力的高素质人才,不断提高全民族的思想道德素质和科学文化素质。这是实现中华民族伟大复兴的必然要求,也是我国社会主义教育事业的历史任务。

讲话中所提"不断造就大批具有丰富创新能力的高素质人才"是新世纪新阶段赋予教育系统的三项历史任务之一。

山东经济学院以培养"厚基础、宽口径、高素质"、富有创新精神和实践能力的知识复合型人才为己任,通过实行多层次的嫁接机制,顺应了时代的要求,贯彻了马克思主义关于人的自由而全面发展的理论,体现了以人为本的科学发展观,突出了高等学校培养高素质复合型创新人才的根本任务。同时也符合山东经济学院迈向省内一流、国内知名的高水平大学的需要。

一、实施嫁接育人机制的理论意义

（一）实施嫁接育人机制贯彻了马克思主义关于人的自由而全面发展的理论

人的全面发展是构建和谐社会的重要内容。高等学校作为培养人才的摇篮,肩负着提高大学生素质,培养全面发展的一代新人的重要使命。江泽民同志在"七一"讲话中强调指出,实现人的全面发展是我国建设社会主义新社会的本质要求,丰富和发展了马克思主义关于人的全面发展的学说,为我们进一步研究教育目的指明了方向。

知识经济时代,高等教育作为知识创新和人才培养的重要阵地,是人的全面发展这一战略目标能否实现的关键一环。实现人的全面发展是我国教育尤其是高等教育的应有之义。在这种情况下,山东经济学院通过实施多层次的嫁接育人机制,顺应了历史潮流,通过满足人们不同层次的学习需求,把高素质复合型人才的培养作为自己的使命,为学生提供了更多的发展空间,为学生的全面发展创造了条件。

（二）实施嫁接育人机制体现了以人为本的教育理念,落实了科学发展观

党的十六届三中全会明确指出:"坚持以人为本,树立全面、协调、可持续发展的发展观,促进经济和人的全面发展。"这一新的科学发展观,

本质和核心就是坚持以人为本,根本目的就是促进人的全面发展。从发展观的历史演变看,科学发展观最突出的历史意义,就是赋予了发展"以人为本"的价值观和目标观,从而也决定了发展的科学方法和途径。高等学校坚持科学发展观,就是要牢固确立以人为本的教育理念,以促进人的全面发展为宗旨,紧密围绕人的全面发展深化改革,谋求发展。

"以人为本"的教育理念是教育界长期追求的,希望通过教育使人成为真正的人。新世纪人自身的发展再度成为人类关注的焦点,这种愿望也变得更为迫切。有学者预言21世纪是一个教育的世纪,在此教育世纪中,只靠书斋里专业知识的教育或工具性的教育都难以培养出21世纪所需要的人才,只靠旧的教育观念和旧的教育模式同样也不能实现教育的现代化、全面化和个性化的要求。大学最基本的功能在于推动人的发展;大学的使命也正在于通过改变许许多多个体人的发展历史,以最终改变人类社会的历史。因此建构新型的"以人为本"的学校教育理念,是时代的需求和历史赋予我们的重要使命。

山东经济学院所实施的嫁接育人机制就是在科学发展观的指导下,坚持以人为本的教育理念,所创新出来的一种人才培养模式。该模式把学生作为主体,旨在通过不同层面的嫁接,给学生搭建充分发挥学生潜力,最大限度实现自我理想和价值的学习平台,为社会培养大批具有创新意识和创新能力的高素质人才。

(三)嫁接育人机制通过实施差异化教学,实现了教育公平

山东经济学院所实施的嫁接育人机制中,无论是校内嫁接、跨校嫁接还是跨国嫁接,都是面向全体在校本科学生而言的,他们都有相同的机会参与竞争,去争取双专业双学位学习或者国内外访学的名额。但有个前提,就是要学有余力,这在学生一入校接触和了解三嫁接育人模式时就清楚这个条件。那么,受招生名额的限制,就要根据学习成绩和在校一年的综合表现,公平竞争。也就是说,学校提供了差异教学的机会和平台,如何把握,就需要有这方面志向和要求的学生去努力了。学

校借此实现教育所要追求的真正意义上的平等,贯彻了公平的原则,实现了教育公平。

二、实施嫁接育人机制的现实意义

(一)实施嫁接育人机制可以培养一大批拔尖创新人才,以适应我国现代化建设的需要,跟上时代发展的步伐

面对当今世界新的技术革命的挑战形势,对具有创新精神和创造能力的复合型人才的培养,已引起世界范围的普遍重视。美国、日本等高科技领先的国家,把培养具有创新能力的人才,视为"走向21世纪的道路"和"教育改革的基本决策"。因此,积极创造条件培养复合型人才,是时代发展的紧迫任务。党的十六大报告指出:要造就一大批拔尖创新人才,以适应我国现代化建设的需要,为全面建设小康社会提供人才支持。

近年来,我国充分认识到知识创新、技术创新,培养具有创新能力的复合型人才的重要性和必要性。中国科学院院士周光召曾提出:"面对知识经济时代的到来,我们要发扬创新精神,增强创新能力,不仅在科技上要创新,在文化上、管理上也要创新,不能墨守成规,唯有不断地创新,我们的国家和民族,才能在21世纪走上一条迎头赶上先进的独特道路。"

随着我国社会主义市场经济的建立和科学技术的迅速发展,传统的"专业型"人才培养模式已不适应社会发展的要求。高等教育要为经济社会发展服务,就必须不断探索人才培养新模式。可见,作为培养拔尖创新人才的嫁接育人人才培养模式的实施应该说是恰逢其时。

(二)实施嫁接育人机制可以改变专才教育模式,培养社会需要的高素质人才

社会的发展需要高素质复合型人才,社会发展到今天任何一个行业都不是孤立的,行业之间相互渗透,相互作用,联系越来越紧密了,在

这种情况下社会需要的是那种理工交融、文理渗透、技经结合的高素质人才。

十多年前,美国著名的未来学家托夫勒曾经指出,随着新技术革命的第三次浪潮的到来,全世界将出现七路有明显区别的失业大军,其中最重要的就是结构性失业,结构性失业使许多造诣颇深的专门人才被挤了出来。解放以来,我国的高等教育多沿袭了苏联方式的教育模式,这种专才教育模式与高度计划经济相适应,专业划分越来越细,越来越窄,毕业生"对口"从事自己所学专业。许多20世纪五六十年代毕业的大学生,几十年来始终从事着一种工作,甚至没有换过工作单位,直至退休,如今,这种"从一而终"的职业现象,遇到了越来越多严重的挑战。由于市场经济日益发展,人才市场化已形成,人才交流日益活跃,更由于行业结构性变化加剧,许多大学生毕业以后所从事的职业与他在大学里所学专业相差甚远,据国家有关部门统计,目前就业的大学生中,专业不对口情况甚至可达80%—90%。

当今面对这种专业与职业的"错位"现象,教育部门已经开始采取长谋之策,教育部拟将我国高等院校专业种类减少一半左右,北京大学教授、著名学者季羡林先生提出:"21世纪的大学将不再分文、理科",南京大学校长蒋树声用"基础厚、口径宽、能力强、素质高"来概括新世纪对人才的要求;北京的一所工科院校已将原来"培养合格的工程师"的方针改为"培养工程师的坯子";清华大学正在着力改变多年来科技绝对压抑人文的局面,尝试理工结合、文理渗透。教育界的专家学者的观点是:现代教育培养出的人才应当既专且博、一专多能、有更强的社会适应性,靠一技之长扬长避短已属落后观点,博学多才、全面发展是新世纪人才成功素质的新观念。通过实施嫁接育人机制,使学科与学科相嫁接产生新学科,知识与知识相嫁接产生新知识,让学生在跨专业、跨地域、跨国家的多元文化的学习交融中成长为博学多才、全面发展的复合型人才。

（三）实施嫁接育人机制是在高等教育体制改革大环境下，通过多层次的嫁接模式，实现高校间优势互补、资源共享、互惠双赢

我国的高等教育曾经长期处于条块分割的状态，在教育模式上，深受计划经济体制的影响，培养出来的人才注重的是专业性、单向性，与社会需求脱节，过细的专业教育已经难以适应现代科技和未来社会发展的需要。我国高等教育已经在不断地进行体制改革，通过"调整、共建、合作、合并"组成多科性的综合性大学，这在客观上为高素质复合型人才的培养提供了有利的条件。在此背景下，高校一方面应该抓住机遇，通过自身改革，顺应时代的潮流，结合专才教育与通识教育的理论，积极调整专业设置，实施专业嫁接，拓宽专业口，使育人模式从单一型向一专多能型转变，培养出大批厚基础、宽口径、文理渗透的复合型人才；另一方面，要坚持教育创新，深化教育改革，优化教育结构，通过国内外校际合作交流，最大限度地利用和整合国内外教育资源，实现高校间优势互补、资源共享、互惠双赢。

（四）实施嫁接育人机制可以使学生成长为高素质复合型人才，增强其在就业市场上的竞争力

嫁接育人机制的有效实施，最直接的受益者应该是受教育者本人，"人"才是教育需求和培养的主体。学生能够有机会接触更为宽泛的学科专业，获得更多学位和接受其他高校的教育。更进一步来说，他们能够出外访学，在享受到国内外高校一流的优质教育资源的同时，开阔了自己的视野，增加了开放意识和竞争意识，提高了自身的素质，丰富了自己的阅历。

就个体发展价值中的"个性发展价值"而言，嫁接育人机制的实施，使学生在知识、能力、素质三个方面和谐发展，成为高素质的复合型人才；就个体发展价值中的"个体谋生价值"而言，嫁接育人机制的实施，使学生个体在就业市场上更具竞争力，更为社会认可，也为其将来增加了更多职业升迁的机会。

第五章

三结合育人机制的形成、组织及实施过程

前面四章从理论研究的角度对情感育人机制、激励育人机制、嫁接育人机制进行了探讨，介绍了三种育人机制各自的理论基础和依据，明晰了三者之间的辩证关系。众所周知，高等教育学是一门实践性很强的学科。自本章起本书将要转入情感、激励、嫁接三结合育人机制的实施操作层面，重点说明山东经济学院三结合育人机制的形成、组织及实施过程，力争通过理论与实际相联，在深入剖析实践过程的基础上，把山东经济学院在创新高校育人机制过程中的所做、所感、所惑、所思一一呈现给大家。

第一节　三结合育人机制的形成

作为山东省建校最早的财经类高校，山东经济学院以其久远的财经类人才培养历史和优良的人才培养质量得到了社会的广泛认可，拥

有良好的社会声誉。作为一所本科二批的招生院校,近年来学校招生录取分数线居高不下,每年都有近乎一半考生的录取线在本科一批线以上。在拥有高质量稳定生源的同时,学生和家长作为社会代言人也对学校的人才培养模式、层次和质量提出了更高的要求。情感、激励、嫁接三结合育人机制是学校适应社会需求,结合学校办学发展过程中存在的困难与问题,经过长时间的广泛调研、缜密思考、反复对比和充分论证逐步形成的。

总体来说,三结合育人机制的构建经历了由点到面、由浅入深、由低到高的过程。三结合育人机制最初重点考虑的是保障机制,首要解决的问题是确保学生能够缴得上学费,能够上得起学,能够保证其继续学业或缓解由此而来的痛苦与压力,这是现实工作中经常遇到和迫切需要解决的问题。因此,保障机制主要是面向全体学生当中的经济困难学生群体,以国家助学贷款、勤工助学岗位和临时重点补助等方式满足不同经济困难程度学生群体的需要,解除他们在校期间乃至毕业离校以后一段时间的生存和生活等方面的物质压力及由此形成的心理压力,促进他们愉快生活和健康成长。激励育人机制重点考虑和解决的是,在全体学生消除了生存成长压力的前提下,如何让每一个学生因人而异地展现个性、发挥特长、增长才干、提高素质,不拘一格地成长成才,或者通过个人的努力获得奖励,自我缓解经济方面的压力,得到实现自我价值的真实体验,培养干事创业和不断拼搏的习惯与品质。嫁接育人机制则是在满足学生生活、学习最基本要求的基础上,满足学生更高的成才需求,以专业学习为平台,以合作交流为途径,打造多种形式的复合型人才培养模式。

具体来说,引致山东经济学院构建三结合育人机制的缘由为:

一、经济困难大学生群体现象的产生

从 1999 年到 2003 年,高等教育在经历了四年的快速发展的同时,遇到两个层面的突出问题:一是困难学生总量增多,比例增大,不少学生缴不上学费,吃不上饭。二是学校内涵提升和外延扩张缺少资金,难以彻底解决困难学生的问题。一言以蔽之,就是学生个人成长发展和学校的发展受到资金的制约。究其原因,一是收入差距拉大,二是保障机制不健全。

(一)原因之一——收入差距拉大

社会改革促进了社会的全面发展,同时也产生了新的不平衡,各种利益的调整导致了社会收入差距的拉大。高校的扩招和招生并轨,使得原来隐性的困难学生现象在短时间内集中显现出来,困难学生总量增多,比例增大,缴不上学费吃不上饭的现象日益突出。

(二)原因之二——保障机制不健全

一是政府财政拨款不足,高等教育经费投入滞后于高等教育大众化的快速进程。《中华人民共和国教育法》第五十四条规定:"国家财政性教育经费支出占国民生产总值的比例应当随着国民经济的发展和财政收入的增长逐步提高","全国各级财政支出总额中教育经费所占比例应当随着国民经济的发展逐步提高"。第五十五条规定:"各级人民政府的教育经费支出,按照事权和财权相统一的原则,在财政预算中单独列项。各级人民政府教育财政拨款的增长应当高于财政经常性收入的增长,并使按在校学生人数平均的教育费用逐步增长,保证教师工资和学生人均公用经费逐步增长。"《中华人民共和国高等教育法》第六十条规定:"国家建立以财政拨款为主、其他多种渠道筹措高等教育经费为辅的体制,使高等教育事业的发展同经济、社会发展的水平相适应。国务院和省、自治区、直辖市人民政府依照教育法第五十五条的规定,保证国家兴办的高等教育的经费逐步增长。"一般来说,国家的宏观调控政策和改革措施相对要滞后于经济社会行为,在教育经费投入上也不例外,如 2004 年,我国财政性教育投入占 GDP 的比率为2.82%,没能达到 1993 年《中国教育改革和发展纲要》提出的国家财政投入占 GDP 的比例在 2000 年达到 4% 的目标。高校的招生规模上去了,但是政府的高等教育经费投入却没有跟上,到 2005 年,普通高校学生规模增加 4 倍,而政府拨款只增长了 2 倍。"国家财政性教育经费支出占国民生产总值的比例,是衡量政府投入水平最重要的指标",但我们也必须充分认识到,虽然我国经济社会发生了巨大的变化但还处于社会主义的初级阶段,党和政府还有许多亟待解决的难题,一味只从高等教育的角度来看待财政性教育经费投入不足,必然有失偏颇。从 2007 年开始,国家加大了对高等学校学生的奖助力度,实施国家奖学金、助学金和励志奖学金等,实际上是从另一个角度增加了政府对高等学校支持的力度。

山东省是全国经济大省,2003 年 GDP 为 1.5 万多亿,2006 年超过 2 万亿,全省 GDP 及其增长比率排全国第二,丰裕的财政收入为省财政连续多年对全省高校的建设和发展提供大量的财力支持提供了保证。2007 年 2 月全省十届人大五次会议印发的《山东省 2006 年预算执行情况》和《2007 年预算草案的报告》显示,山东省把"花钱"的重点向文教卫生倾斜,教育方面安排 44.11 亿元,主要用于农村中小学校舍维修改造、省属高校及教育事业发展、国家助学贷款贴息及风险补偿金、高校困难学生助学奖学金、农村中小学仪器设备更新及特教学校设备购置配套等。对于省政协关于高校贷款压力和负债情况的提案,山东省政府表示,将责成有关部门与金融机构研究具体政策办法,帮助高校解决实际困难。

二是社会投资办学力量不足。尽管经济实力经过三十年的发展有了快速的增长,社会各界尤其是企业界通过不同方式和渠道加强了与高等院校的合作,但整体来说对高等教育的重视程度、投资高等教育的方式、途径和力度非常有限,社会在高等学校设立的奖励和资助基金品种少,基金额低,而且不同的高校之间差异很大,社会还没有形成办实业、兴教育、教育强国的良好机制和氛围。

三是高校自身原有资助政策的局限性。自1997年招生并轨学生缴费上学后,学校按照规定从学费中提取总额的23%用于学生的"奖学金、贷学金、勤工助学基金、困难补助、减免学杂费"。各个高校提取的比例基本差不多,使用范围基本相同,实施的方法也大致类同。以山东经济学院为例,其中奖学金8%、贷学金2%、勤工助学基金5%、困难补助3%、减免学杂费由过去的2%增加到5%,学生的经济困难能够得到基本解决。1999年,高校扩招,学生中经济困难情况较以前突出,学校迅即作出政策调整,从2000年开始,勤工助学基金增加到10%,减免学杂费增加到10%。但执行过程中也存在一些问题,比如,贷学金属于学校提供的无息贷款,只有10%的学生可以申请贷学金,而且每人每学期只能贷一次,每次400元,毕业离校前必须一次还清,因无经济能力才申请贷学金,因而申请者即使获得贷学金,至毕业时也无力还贷,制约了学校贷学金的发放,而且贷学金发放的比例和额度很少,发挥的作用有限。勤工助学基金由于校内勤工助学岗位少,劳动强度弱,勤工助学岗位按劳付酬,相对较低,受助学生人数少,故而勤工助学基金使用不足,再加上临时困难补助额度通常高于勤工助学报酬,一等困难补助150元,二等100元,15%的学生可以申请,久而久之容易产生副作用;减免学杂费尽管提高了资助比例,但由于减免的金额相当于一年的学费,减谁免谁,不减谁不免谁,容易在同学间、干部与普通同学间产生矛盾,会人为增加资助落实的难度,让具体操作此事的学生辅导员很是头疼,学生的思想政治教育工作开展起来说服力不强。

另外,公允平和的社会心态有待引导,良好的社会诚信环境有待塑造。高等院校连续7年扩大招生,极大地激发了中国家长们"望子成龙"的心态,成为中国教育发展的强大动力,中国高等教育一举由精英高等教育阶段迈入了大众化教育阶段,但社会公众的普遍心理倾向和惯性思维是,既然家长几乎倾其多年所有与辛劳,好不容易把子女培养成为大学生,那么,高等学校就应该把孩子培养成"龙"和"凤",培养成思想家、科学家、艺术家等等,那种由过去精英教育形成的观念挥之不去。既然孩子上了大学,就等于把一切交给了学校,即便没有钱缴纳学费,学校也不能剥夺孩子受教育的权利,强调高等教育是国家最大的公益事业,人人享有平等的受教育的权利,却很少提及"高等学校的学生应当按照国家规定缴纳学费"的义务,这种社会心态从高等教育外围对高校施加了相当的压力,无形中把学校置于复杂问题的核心位置和突出矛盾的风口浪尖上。不仅如此,在当前尚不尽如人意的社会诚信环境下,恶意欠缴学费的现象屡见不鲜,少数高校恶意欠缴学费现象比较严重,欠缴学费的学生和家长有之且"理直气壮",抱有等等看等侥幸心理的学生和家长大有人在,部分媒体舆论失当的报道评论,也在一定程度上夸大了问题的严重性,使学校经常处于被动地位而备受非议。

二、奖励政策的激励作用不明显

山东经济学院与其他高校基本一样,学生的奖励办法主要是基于德智体能综合测评的奖学金评定。学校设立三个等次的奖学金,一等奖的比例为2%,奖金额度为500元;二等奖的比例为10%,奖金额度为300元;三等奖的比例为18%,奖金额度为100元。受奖学生的总比例为30%,每学期评定一次。如果按照一个自然班45人计算,每学期每班只有1个人获一等奖学金,失去了竞争的积极性,二等奖也只有每班四五个人获得,也不具有吸引力,三等奖虽然比例较高,获得的可能性较大,但100元的奖金额和三等的等次,引不起学生多大的兴趣。所以,这样的奖励制度虽然年年在执行,却不能促使学生产生内驱力,学生得到奖励却得不到应有的刺激和感动,没有积极向上的感觉,也就不会有继续努力的动力,得不到奖励的学生感觉无所谓,奖学金似乎与自己无关,因而原有的奖励制度难以发挥出调动和提高学生学习积极性的作用。加上近些年来受到社会不良风气的影响,学生当中普遍存在着浮躁的心态,投入学习上的精力不足,正常的教育教学和管理工作

以及学习风气受到一定影响。

以奖学金为主的奖励政策,其基础是包括德智体能在内的分别占有相应分值的学生综合测评。德,主要指学生的政治思想和道德品质,具体操作性不强,往往流于形式;智,主要指学习成绩,具体操作起来比较简单直观,是多少就是多少;体,主要指体育课成绩,即按照体测标准要求完成的体育课成绩;能,主要指能力和素质。德智体能的分值分别乘以权重系数相加即为综合测评成绩,按照这个成绩排序,每个班级人数乘以一二三等奖的比例,再对应综合测评成绩排序,即可确定奖学金人选。这种综合测评办法虽然体现了学生以学为主(学习成绩占了80%的分值)的职业特性,实质上限制了学生在课堂以外可能展现出来的天性、爱好和特长,即便是努力啃书本取得好的学习成绩,也有可能因为忽略其他三个方面而无法获得一等奖学金,如果再加上具体操作时难免的人为因素干扰,努力的初衷和过程可能与结果吻合不起来,故而容易挫伤学生的积极性,不利于同学间的团结和学校相关工作的贯彻执行。更为严重的是,按照这一个标准和模式,貌似培养学生的全面的综合的素质,实质上是把人往一个类型上挤压塑造,貌似激励,实则压制人性,这既不符合人的成长规律和青年学生的特点,也不符合教育的目的和学校的人才培养目标。如果年年都要投入大量资金而得不到预期效益的时候,就必须改变投资办法和投资组合,提高它的边际效益。

三、高等教育培养高素质复合型人才的需要

20世纪以来,科学技术以前所未有的速度向前发展,自然科学和社会科学各学科之间相互渗透、相互交叉的趋势日趋明显,对于大学生而言,无论是未来从事科学研究,还是直接参加社会工作,高素质复合型人才都具有相当的优势。

长期以来,赋予高等教育的职能主要是培养高级专门人才,是高层

次的专业化教育。因此,根据社会经济发展中各行各业对专门人才需要的预测决定各专业类别的招生数量,学校按照各专业方向对学生进行专业化教育,毕业后让他们按专业方向"对口就业"就成为高教运作的基本模式。半个多世纪以来,这种办学模式已为国家培养了上千万各种专业人才,对促进社会经济的发展作出了巨大贡献。然而,科学技术的迅猛发展使多学科交叉融合、综合化的趋势日益增强。当今时代,任何高科技成果无一不是多学科交叉、融合的结晶。因此,如何培养出高质量的复合型创新人才以满足形势发展的需要,已是摆在高等教育面前的十分突出的问题,这就引发了高等教育的深层次的变革。许多国家的教育界已摒弃了专业化教育模式,把高等教育转移到提高国民整体素质的轨道上来。

高等教育要转移到提高国民素质的轨道上来,必须要求高等教育的教学来一个革命性的变革,实现由专业教育向通识教育的转变。因此,必须搞好大学生的基础课教育和复合型知识与能力的培养与提高。这一阶段的教育任务不应仅为满足专业教育所必需的基础课业务训练,而更应当是全面提高学生素质,为培养复合型人才打下良好基础的养成教育。为此,高等教育应当积极创造条件,努力为学生拓展更为广阔的发展空间,提高其对变化多端的社会需求的适应能力,进一步激发他们的创新能力。

四、山东经济学院具有构建三结合育人机制的积极态度和实践优势

(一)以科学发展观为指导,发挥高校育人功能,勇担责任

由于扩大规模的招生政策是国家以拉动经济增长的经济政策方式出现,而非高等教育发展的必然,因此,快速而集中产生的经济困难学生的问题,无论是政府、社会,还是学生个人与家长,或是高等院校,都没有做好充分的心理准备,单靠哪一方面都不可能独自有效解决,一时

难以形成合理有效的办法。但缴费上学接受高等教育并在不远的将来谋求一个好工作,由此可能改变学生本人及其家庭命运的心理预期,关乎千家万户,关乎社会稳定,日益成为广泛关注的社会问题。

山东经济学院紧紧抓住人才培养这个根本任务,以科学发展观为指导,坚持"以人为本"、"学校与师生员工共同发展"的信念,把学生培养成为具有远大的理想、坚定的信念、健全的人格、健康的体魄、强烈的事业心、高度的责任感、厚宽的知识基础、执著的创新意识、较强的实践能力和竞争能力的社会主义的建设者和接班人。就学生本身而言,上学也是为了成才,学校发展的最终目的就是培养层次更高和素质更好的人才,在这一点上,学校和学生及其家长是一致的。由于学校特殊的地位和功能,无形当中承担了更多的道义上的责任,全社会的目光不约而同地投向高等学校。建立由学校、政府、社会和个人合理分摊高等教育成本的机制已是迫在眉睫,否则,必定制约着学校的规模扩大和内涵提升。这里没有经验可寻,只有打破常规,进行改革和创新。

(二)以学校自身为依托,发挥学科专业优势,敢做贡献

山东经济学院作为山东省办学历史最长、办学规模最大、办学水平较高的财经院校,理应发挥以经济学科和管理学科为主的应用型学科专业优势,从自身做起,破解难题,为山东省属高校探索出一条有效途径,作出榜样,为山东省社会和谐与经济发展作出贡献。众所周知,经济学研究的核心是资源配置,分工与交易是资源配置的主要途径。通过设计合理的游戏规则,开发制度资源,把行为主体的自利性动机转化为共利的结果,即实现"主观为自己,客观为社会"。所以经济学中行为主体的关系主要体现为市场交易关系。市场交易的直接目的是交易双方都能获得利益,因而交易双方是平等的契约关系。经济学中的人在人格上和地位上是平等的,而且经济学中也不大考虑分工、岗位职责和个人专长等方面差异必然造成的层次差序和隶属关系。而管理学以激励人的积极性、提高组织效率为目标,既关注多数人的一般行为,又

兼顾少数人的特殊行为,因为少数人的特殊行为对提高组织效率非常重要,注重开发人力资源。从根本上说,管理学更加尊重人、重视人的作用,假定人是具有多种需要的复杂人,他们之间的关系是复杂的差序关系,正是由于管理学中的人是有差序性的人,因而在实际管理过程中特别强调人要有敬业精神,"干一岗、爱一岗"。由于实际生活中的不平等体验会挫伤人们的积极性,管理学也很重视从心理上和感觉上给人营造一种平等的氛围,以减少其因地位和角色差异而导致的不平等感,调动人们工作和学习的积极性。

因此,山东经济学院充分发挥了经济学和管理学学科专业优势,把学生的经济困难纳入到学生培养的体系中,而非头疼医头、脚疼医脚。从制度设计上体现人与人之间、管理者与被管理者之间的平等和学校与师生员工共同发展的理念,建立健全相互支撑的配套政策与措施;既要重点解决经济困难学生的问题,满足他们的迫切需要,又要照顾到其他大多数人的利益(或情绪与认识),采取激励措施,调动他们工作和学习的积极性;既要满足他们的物质需要,更要重视他们心理上的感受和精神上的体验,全面考虑整体学生的成长成才,真正践行"以人为本"的理念。

(三)以学校跨越式发展为平台,发扬干事创业精神,抢抓机遇

在我国全面建设小康社会,加快推进社会主义现代化,高等教育从精英教育向大众教育转变的时代背景下,山东经济学院以科学发展观为指导,提出了实现办学指导思想的"五个转变":即从办中等规模的院校向办较大规模大学转变;从办单科型院校向办多科型大学转变;从办一般本科院校向办较高水平大学转变;从单一办学模式向多种模式办学转变;从封闭式办学向开放式办学转变。通过上述"五个转变",转变办学指导思想,推进学校全面发展。

面对高等教育国际化的大趋势,山东经济学院充分利用我国深入改革开放的社会条件,解放思想,开阔视野,更广泛地配置可利用的资

源,进一步拓展学校可发展的空间:通过向国内外名校强校借力,实行校校合作;向名优企业借力,实行校企合作;向科研单位借力,实行校科合作。通过三个方面的合作,实现开放式办学,推进学校借力发展。同时,学院还通过实施强校战略,推进学校突破性发展。即通过培养具有竞争能力的高素质人才,实施教育教学强校;打造强势学科,树立学科品牌,提高学术地位,扩大学术影响,实施学科建设强校;承担较多的高层次的国家级、省部级重大重点科研课题,获得较多的高水平科研成果,获取较多的高等次科研奖励,实施科学研究强校;构筑人才集聚高地,搭建人才集聚平台,建设人才集聚载体,培养和吸引优秀高层次人才,建设高水平创新团队,实施人才建设强校。

学校在总结凝炼办学经验基础上,创新办学理念,提出了学校与师生员工共同发展的山东经济学院的理念。学校确立了人才培养目标,并通过全方位的教育和科学管理,确保培养目标的实现。学校确立了教职工的主导地位,根据教职工不断提升业务能力和增长才干的心理期望,加强了教职工的职业生涯研究,要求专业技术人员"教育教学当名师,科学研究当尖兵,为人处事当表率,学识修养当楷模";对管理人员提出了"管理岗位职业化,管理干部学者化,管理工作规范化"的要求。制定和实施了选派教师、管理干部到国内外高校、教育机构进行专业知识技能和管理业务的培训计划;制定和实施了学历提升计划;制定和实施了"五个一"计划,要求管理干部每年读一百万字的书,写出一篇有分量的调研报告,发表一篇高水平的论文,解决一个热点难点问题,工作中有一项建树,并进行严格的考核。学校注重回报教职员工价值观:一是通过学校办学规模的扩大和事业的迅猛发展,给教职工提供更多更好施展才华和发挥聪明才智的岗位。二是通过深化校内人事分配制度改革和实行岗位津贴制度,既向关键重点岗位倾斜,又体现效率和公平的原则,使广大教职工的收入,特别是高层次专业技术人员的收入有大幅度的增加。三是利用国家房改政策的延续和学校现有条件,经上级主管部门批准立项,实行教职工成本价集资建房和市场优惠价团购住房,使全校教职工的住房条件得到了显著改善。四是通过争取社会各方面的支持,帮助教职工解决子女上学和就业问题。五是通过开辟体育运动场所,完善公费医疗制度,年度体检,增强广大教职工的体质和保健防病意识,提高教职工的健康水平。学校通过对师生员工的全方位关心,坚持以人为本,推进学校与师生员工共同发展。

学校提出了建设"宽松、宽容、宽厚"的环境;坚持"公平、公正、公开"的原则;倡导"树善良之心,成善良之事,做善良之人"的风气;营造"心平气和、家庭祥和、亲爱朋和、政通人和、天感地和、内谐外和"的校园氛围;创建平安校园,建立学校稳定长效机制等主要任务,以此建设和谐校园,推进学校和谐发展。

转变办学指导思想,推进学校全面发展;实行开放式办学,推进学校借力发展;实施强校战略,推进学校突破性发展;坚持以人为本,推进学校与师生员工共同发展;建设和谐校园,推进学校和谐发展,牢固树立和落实科学发展观,推进学校跨越式发展。这就是我们所处的背景,激发了我们抢抓机遇、干事创业的激情,所以,我们满怀着一种历史责任感、现实紧迫感和未来成就感与荣誉感,满怀信心地认真而又慎重地去思考研究这个难题。

第二节 构建三结合育人机制的思路与步骤

一、组织人员主攻课题

学校领导非常重视,责成学生工作领导小组把解决学生经济困难作为课题来研究,组织得力人员抓紧拿出切实有效的办法。在学校分管领导的指导协调下,学生处牵头,会同教务处、团委和财务处等部门成立了临时研究组,按照分工划分为以下职能小组:驻济高校走访考察组、省外考察学习组、网络信息查询组、校内调研组和秘书组。各小组由一名小组长带领,分头行动,落实任务,形成调研考察报告。

二、形成基本认识

研究组经过近两个月对省内外部属与地方院校的大量实地调研和网上查阅,从中搜寻值得借鉴的经验,获得灵感,进而对已经掌握的信息资料进行归纳整理,通过一段时间的宏观思考和系统分析,形成了一个基本认识。少数学生缴不上学费或不缴学费,一方面会导致别人的故意效仿,引起连锁反应,欠缴学费的会越来越多,以至到最后学校不堪重负;另一方面,欠缴学费的多了,按缴纳学费金额提取的学生经费就要减少,实施对学生的资助和奖励金额就少,更不利于解决学生已存在的经济困难问题,反过来又因学生的困难得不到妥善解决而影响学费的缴纳,形成恶性循环,进而影响学校的正常办学和进一步发展。所以,解决学费缴纳问题就成为解决学生经济困难的突破口。一旦学费缴纳问题得到解决,就在学费问题上消除了负面影响和观望等待的心理,避免了不良的连锁反应,学校就可以按照规定提足比例,通过有效手段实施资助和奖励,其他问题将迎刃而解,使学校有限资金的作用发挥到最大化。

三、摸清学生对该问题的认识和态度

研究组在组织座谈和讨论的时候,充分利用学生以经管学科为主的学科专业特点,有意识引导学生不要把学生的经济困难问题单纯作为大学生存在的一个普通问题,而应该作为现实生活中遇到的一个经济学问题,一个需要大学生自己来解决的社会问题来看待,用自己所学的经济学理论和视角进行深入分析和思考研究,把高等教育作为一项服务产品,把缴费上学获得受教育的机会作为投资过程,把自己作为投资方,进行策划,提出解决办法。为此,校院两级学生会、各班委团支部、各学生社团出谋划策,共商大计,在学校掀起了以我所学、服务自我的大讨论。广大学生认为,上学必须缴费,这是法律规定的,作为优秀青年群体代表的大学生,应该自觉遵守法律,履行义务,享受受教育的权利,而且从经济学上讲,获得服务也必须付出相应的成本,这些道理都没有错,在理论上和意识上大家都懂,关键是如何设计出一揽子有效的措施,形成长效机制,系统解决存在的问题。同学们利用已经学到的经济学知识和理论对两种方式进行分析。一是争取社会捐资助学,获得企业或社会各界乃至校友在学校设立各种奖励基金和资助基金,帮助经济困难学生缴上学费吃上饭。但同时也应看到,企业捐助只是一种善举,不是义务,这虽是一种不错的想法,但也是无法变为现实的办法,理论上行得通,实际上行不通。所以,期望社会各界特别是中国的企业界去投入极大的热情关心资助高等教育事业目前是不现实的。二是争取国家助学贷款。当时的国家助学贷款只有中国银行给国家部属院校办理,地方院校由其他省级金融机构代理。由于学生的国家助学贷款是个人信用贷款,没有硬性要求其他单位和个人作担保,学校和教职工也不愿意作担保,各省级银行考虑到捆绑政策的弊端和风险问题,也都没有向省属高校开展国家助学贷款业务。地方院校的国家助学贷款往往只闻其声,不见其影。所以同学们对国家助学贷款不抱太大的希望,更何况许多人感觉以学生身份贷款,过早背上压力,可能会对自己的将来不利,不愿承担任何责任,贷款欲望不高。鉴于此,研究组反复引导学生要自强自力,通过贷款缴纳学费,不仅不欠他人的人情,而且有利于培养自己的主体意识、责任意识,展现作为具有完全民事行为能力的国家公民的良好素质和对预期的自信,能够促进自己全面健康地成长成才。通过教育引导,实际上起到了统一认识的作用,坚定了学生们通过国家助学贷款解决学费问题的信心,也为学校下决心争取银行支持,在学生中推行国家助学贷款奠定了思想基础。

四、吃透国家助学贷款政策

国家助学贷款是党中央、国务院在社会主义市场经济条件下,利用金融手段完善我国普通高校资助政策体系,加大对普通高校贫困家庭学生资助力度所采取的一项重大措施。国家助学贷款是由政府主导、财政贴息,银行、教育行政部门与高校共同操作的专门帮助高校贫困家庭学生的银行贷款。借款学生不需要办理贷款担保或抵押,但需要承诺按期还款,并承担相应法律责任。借款学生通过学校向银行申请贷款,用于弥补在校学习期间学费、住宿费和生活费的不足,毕业后分期偿还。从1999年由中国人民银行、教育部、财政部等联合起草,教育部颁布实施的《国家助学贷款管理操作规程(试行)》开始,国家已出台数十个相关文件,着力推动高等学校学生国家助学贷款工作。山东经济学院认真学习和领会了文件的精神,结合学校自身的情况,制定合理有效的政策,以解决学生的经济困难,推动学生教育管理工作整体进步。

五、摸准银行对国家助学贷款的意向

工、农、建、中四大国有商业银行具有强大的实力,在社会上拥有强大的业务网络体系和久负盛名的信誉度。最初山东经济学院试着分别与四家银行沟通,效果不佳。因为当时的政策倾向是,银行不单单只为普通本科院校代理国家助学贷款,还要把高职院校和民办高校捆绑在一起,这对于本来就在观望中的银行来说,更没有了积极性。在这种情况下,山东经济学院对各银行意向、态度进行认真研究,最终把工作重点集中到与我校有着长期良好的合作关系的农业银行身上。通过谈判协商,两家最终握手合作,由单个普通高校与银行合作开展学生国家助学贷款工作在山东省开了先河,从而以国家助学贷款打破了制约学生经济困难的瓶颈。

六、综合考虑改革学校已有的资助奖励政策

2003 年年底和 2004 年年初,时值编报 2004 年度财政预算,正是把过去的"奖、贷、助、困补、减免和生活补贴"通盘考虑、合理分配的大好时机。山东经济学院本着节约学校资金,减轻学校负担,解除学生压力,有效解决问题的原则,以先前获得的各高校大致一致的经济困难学生的比例为依据,重新划分了困难学生资助比例与额度和奖励比例与额度,形成了相互配套的资助体系和奖励体系分析报告,提交学校学生工作领导小组研究。

七、系统思考研究人才培养模式

由于学生的国家助学贷款、勤工助学和临时重大困难补助(即保障育人机制)以及学生的奖励育人机制归属于学校学生工作处管理,校内辅修第二专业归属于教务处管理,而中外合作归属于学校国际交流合作处管理,在三个育人机制的各自形成和彼此结合上,部门之间缺乏沟通,更多的是从各自分管的角度去单独考虑。当把学生的资助条例和奖励条例提交学校领导研究的时候,学校领导以敏锐的眼光和创新的思维,提出在校内辅修第二专业及中澳合作办学的基础上,开展更广泛的国际合作,进一步拓宽"国外嫁接"的渠道;另一方面,要开阔思路,在国内和省内高校合作方面作进一步拓展,如与省内部属院校和省外同类院校合作。因此,学校进一步提出了选拔一批优秀本科生获得"第二校园经历"——访学。如此,在学生的嫁接方面基本比较全面成熟。学校领导进一步研究指出,依靠保障机制,经济困难学生的衣食住行能够解决,全体学生的温饱不存在任何问题,需求的最低层次解决了,剩下的就是全体学生如何发展和成才的问题,特别是青年学生对发展的渴求更加强烈,激励机制可以有效发挥作用,对于部分有更高成才需求的学生来说,可以通过"校内专业嫁接"和"国内外嫁接"得以实

现。优秀学生访学,既是对出类拔萃学生的激励,更是学校对优秀学生重点培养的体现。在如何界定三者的关系和如何命名上,学校领导又作了认真商讨,针对学校原有教师队伍建设的"231"人才工程,提出了学生的教育教学和管理方面的"313"成才工程,第一个"3"是指保障育人机制的三个方面(贷款、助学、困补),第二个"3"是指嫁接育人机制的三个方面(校内专业、跨校、跨国),"1"表示一整套的激励育人机制,简单地说,即是"三保"、"一奖"、"三嫁接"。保障育人机制充分体现了学校倾注仁爱之心,关心学生疾苦,充满了人文关怀,与情感育人机制的内涵相契合,因此我们将"313"成才工程的保障育人机制称为情感育人机制。情感、激励、嫁接三结合育人机制的产生和形成凝聚了学校领导的集体智慧,是学校落实科学发展观,干事创业,推进学校跨越式发展的具体写照。

第三节 三结合育人机制的实施

一、统筹解决经济困难学生缴学费难、吃饭难和临时出现的困难,建立保障机制

(一)进行全校性的学生经济状况调查,摸清经济困难学生情况,建立经济困难学生档案,为建立和实施保障机制打下基础

设计大学生经济状况调查表,以班级为单位发放填写,根据填写情况初步划定经济比较困难学生的范围,然后通过班级学生评议,再进一步清晰经济困难学生的范围,带班辅导员老师依据班级评议划定的名单结合平时的了解与观察,会同学生主要干部再进行民主评议,最终界定特困生和困难生,报单位分管领导和学生工作领导小组批准备案。考虑到部分学生的心理因素,困难学生名单不予公开公布,而是通过学生干部逐一通知,如有疑问或有遗漏,或感觉不公正,可逐级反映或直接向带班辅导员反映,进行查实。经过一次彻底的经济状况普查以后,

每年只需对新生的经济状况定期进行调查。经济困难学生的比例一般掌握在20%左右,其中10%为特困生,在随后的各学年里,每年依据实际情况调整一次,由个人申请、班级评议、辅导员和各院学生工作领导小组研究同意,报学校批准备案,建立动态的困难学生档案,为有针对性地实施困难学生的国家助学贷款、勤工助学和落实其他各种校外社会资助提供参考。

(二)科学制定和有效实施国家助学贷款政策,切实保证家庭经济困难的学生能够按时足额缴纳学费,即贷款保学费,这是第一"保"

为了切实帮助学生解决学校、家庭、个人、政府及社会都不能单独解决的现实问题,有助于学费的收缴,2003年,山东经济学院经与农业银行协调,在解决困难学生的问题上谋取了更广泛的合作,争取到银行提供国家助学贷款支持。为了做好这项工作,学校成立了"国家助学贷款工作领导小组",经过反复协商与农行达成了协议,学校先期向农行支付贷款总额的10%作为风险保证金,农行向占在校生总数10%的特困学生发放国家助学贷款。学校制定了相关制度,严格了有关程序:开展诚信教育,增强学生信用意识,使其认真履行还款义务;个人申请;经审查合格,由老师和同学各一人担任见证人;按期还贷。双方协议约定,若学生毕业后确有困难无力按期还本付息,可向学校申请,由母校代替毕业生向银行先行垫付还贷付息,然后由毕业生再向母校支付;对拒不按时还贷者,在有关媒体上公布其姓名,再按法律程序处理。由此大大降低了银行承担的风险,从而实现了真正意义上的风险共担,合作双赢。此举得到省财政厅和教育厅的同意,批准山东经济学院作为国家助学贷款试点单位,使得想贷款的学生基本上都能贷上款,当年的学费收缴工作顺利完成。2005年,山东省出台新政策,规定地方院校的国家助学贷款由山东省农村信用社代理,学生应回生源地农村信用社办理相关贷款手续。这一政策似乎能够缓解学校提供风险保证金和代替少数毕业生还本付息的压力,而事实上,因种种原因使得符合国家助学贷款条件而无法在生源地获得贷款的本省生源的学生不在少数,想要贷款的省外生源的学生,也因银行以此政策为借口很难获得银行的贷款。为了彻底解决政策调整带来的新问题,经学校与农行密切磋商,在生源地农村信用社贷不上款的困难学生和外省生源的经济困难学生仍可以通过学校向农行贷款。至此,用农行和农村信用社贷款双保险解决学生缴纳学费的问题不存在任何障碍。这种做法在全省开了先例,是一个创新。到目前为止,只要想申请贷款的经济困难学生都能贷上款,从而保证了学费收缴工作的顺利进行。

(三)千方百计设立更多的勤工助学岗位,确保勉强能缴上学费但生活有困难的学生的吃饭问题,即助学保饭碗,这是第二"保"

助学保饭碗就是使困难学生通过勤工助学得到报酬,保证其基本生活,将"补"改为"助"。"补"由于不劳而得,容易在学生心理上产生不良影响,同时容易在同学间产生攀比。改为助学,使困难学生通过勤工助学得到报酬,有利于培养学生艰苦奋斗、热爱劳动的思想,同时也能满足部分经济困难学生不欲让人知道自己困难的心理需要。学校依据实际情况完善了勤工助学管理办法,拿出学费的5%,设立"勤工助学基金",一是提高岗位报酬,由原来的每人每月60—150元(大部分90元),提高到每人每月100—150元,(绝大多数岗位为120元);二是增加勤工助学岗位:首先能用学生的不用临时工;其次改变过去强调勤工助学岗位劳动量与劳动报酬相吻合的观念,由过去1个人的岗位变为2个人、3个人的岗位,减少劳动量,让尽可能多的学生参与;再次只要离退休干部、教职工同意,每家可安排一名学生帮助干家务,到离退休干部家帮助干家务的同学其勤工助学费用由学校支付,到教职工家庭的由学校和教职工本人各支付一半。如此,校内勤工助学岗位比以往大大增加了,比例达到学生总数的15%左右,困难学生的生活问题得到妥善解决。另外,利用学校的声誉和优势资源,学校有组织地从社会各行各业争取了更多的社会勤工助学岗位,使部分经济困难学生不仅生活能够保障,而且还有所改善。设立足够的勤工助学岗位,不仅可以解决困难学生的生活问题,而且还能锻炼和提高学生的实践能力,有利于人才培养。现在,学校正在校内学生宿舍管理方面准备出台新的政策,设立更多的勤工助学岗位,既可解决学生的生活,又能有力地推动学生在自我管理和自我服务方面的改革,应对今后扩招可能增加的困难学生数量。

（四）建立社会、学校和二级学院多层面的保障体系,以解决学生出现的暂时困难、发生的临时重大困难和意外突发事情,即补助保重点,这是第三"保"

借助社会保险构筑第一层面的保障,从新生入学开始,直到毕业为止,学生保险一保四年。学校在学生保险自愿的基础上,为了鼓励学生参加社会保险,一方面加强宣传教育,强调投资和保险意识是财经类学生应有的特点,学生应该在这方面学会投资理财和规避风险;另一方面,学校补贴保险额的三分之一,以吸引更多的学生参保。由于采取了这些措施,学生参保率接近百分之百,险种主要是与学生实际情况密切相关的生病住院治疗和意外伤害。2005 年,根据理赔过程实际情况,学校与保险公司积极合作协调,加快学生办理理赔的速度,变结果理赔为过程理赔与结果理赔相结合,充分保障了学生的急需和利益。第二、第三个层面是二级学院和学校。学校把二级学院的学生管理活动经费和临时困难补助捆绑在一起,每年按二级学院的实有学生数和每生35 元的标准拨付,归二级学院支配。如此,一则能够促进学生管理工作,丰富学生活动内容和提高活动质量;二则有权自主解决学生临时出现的困难,以及重大疾病住院治疗和意外事故的紧急处理与善后工作。同时,学校按每年每生 35 元提取临时困难经费,用于宏观调控和解决二级学院难以解决的重大问题。学校每年年末还专门拿出经费,给予生病住院花费比较大的学生以医疗补贴,给予特困学生以生活补助,这是第四个层面的保障。通过环环相扣的四个层面的保障,能够解决学

生在校期间出现的临时困难和意外事故。

山东经济学院就是通过贷款保学费、助学保饭碗、补助保重点("三保"),帮助经济困难学生顺利完成学业。

此外,学校通盘考虑国家和社会的帮扶资助政策措施,把这些政策作为解决经济困难学生的补充手段用足用好。学校每年都要在学费缴纳截止日期之后的10—12月份,进行国家和山东省奖助学金和其他社会资助资金的评审发放工作,包括"济南市人民政府优秀特困生奖学金"、山东省"朝阳助学"优秀特困生奖学金、山东经济学院"地纬"特困生奖学金、"嘉禾"优秀特困生奖学金、国家奖助学金及省政府奖助学金等,重点解决那些难以一下子彻底解决的学生的困难。同时,学校还积极争取社会上各种捐助活动。

经济困难学生的生活学费问题解决了,这只是满足了初步的生存需要,他们还有更高的发展成才的需要,其他经济不困难的学生也有成长成才的需要,这是每个人的共性。解决了经济困难学生共存的困难问题之后,进一步解决全体学生共存的成才问题,给予学生更广泛更深层次的激励,成为学校需要考虑的事情。

二、激发学生内在动力,促进学生成长成才,建立健全激励机制

人们往往从外界反馈中评价自己,正反馈使人树立信心,激发潜能,有利于成才;负反馈能使人丧失自信,泯灭潜能,影响成才。建立健全激励机制,就是要充分发挥正反馈的作用,激发学生的潜能,使其克服自卑感,激励学生奋发进取、拼搏成才。为此,学校制定了一系列相配套的激励政策,构成了新的激励机制,即"一奖"。

(一)转变观念

"一奖"的提出,不仅是对学生进行正反馈的有效手段,更是对"人才观"的重新界定。学习成绩不再是唯一获得奖学金的标准,拓展性素质同样非常重要。因此,应树立人人可以得奖的观念。通过政策调

控,使绝大部分学生在校期间能够得到奖励,从而达到"学生得一份激励,成才多一份动力,就业多一份砝码,母校留一份温馨"的效果。

(二)增加奖项

学校设立了优秀学生奖学金、新生入学奖学金、优秀毕业生奖学金、优秀学生奖、优秀干部奖、先进集体奖、单项特长奖、社会助学奖等。既有综合性奖励,又有单项奖励;既有个人奖,又有集体奖;既有学习奖,又有德美体奖。

(三)改变奖学金获奖比例和办法

奖学金属于核心奖励,为了评好奖学金,学校首先是扩大比例,将受奖面由过去的30%扩大到50%。其次是改进办法。由过去的按综合测评成绩授综合奖,改为设学习、思想进步、道德风尚、社会实践、组织管理、科技创新、文艺特长、体育特长、卫生和其他等10个方面的奖项。学习占25%,其他占25%。学习奖按学习成绩颁发,从第二学期起拿出5%奖励学习进步的学生。其他奖项根据综合测评的记录、竞赛、评比得分颁奖。

通过上述办法,实现了学习为主、德智体美"四育"并举的奖励效果,既突出了重点,又注意挖掘和培养特长,使奇才、怪才、偏才都能得到肯定性鼓励。

(四)重视诚信

学生综合素质测评办法中突出了以诚信为主的评价指标。在大学生诚信评价体系实施方案中,把诚信评价分为学习诚信、经济诚信、生活诚信和社会诚信四个方面,每个方面制定了具体评价指标。诚信评价成绩分为A、B、C、D四个等级,诚信成绩达到B级以上的学生,才享有评选一等奖学金和参评校级先进个人的资格。诚信成绩为D级的学生,不能享受各种奖励。诚信评价成绩为D级的学生比例超过10%的班级,不得参加先进集体评选。同时建立大学生诚信评价档案,将诚信成绩记入本人档案,这一措施,激励学生注重加强思想道德修养,培养优秀的道德品质,从而提高了奖励质量。诚信教育成为山东经济学院大学生思想政治教育的一个品牌,教育部和国家教育行政学院主办的《高教参考》2005年第21期以《山东经济学院探索建立大学生诚信教育系统》为题给予了宣传报道。

新激励机制的实施,使学习成绩不再成为奖学金评定的唯一决定性条件,拓展性素质开始变得与学习一样的重要。奖学金的受奖面的扩大和奖项的增多,使不少学生觉得自己与获奖的距离越来越近,获得奖学金已不是与己无关或遥不可及的事情,荣誉的吸引力已经使不少后进的同学有意识地纠正自己的学习和生活态度,争取自己能成为被学校和同学们认可的优秀分子。绝大多数同学认为,奖学金分类评定是创新之举,也是合理之举,为学生的个性发展和全面发展提供了更加广阔的天地。

三、培养高素质复合型人才,建立健全嫁接机制

"嫁接"虽是植物学上的概念,但也符合人才培养的规律,嫁接出优势:植物与植物嫁接,产生新品种;学科与学科嫁接,产生新学科;知识与知识嫁接,产生新知识。嫁接可以培养出复合型人才、高素质人才。山东经济学院推行的"嫁接"指校内不同专业之间的嫁接,与国内有关大学相关专业之间的嫁接,与国外有关大学相关专业之间的嫁接,即"三嫁接"。

(一)校内不同专业之间的嫁接

经过充分论证和上级批准,学校设立了会计学、金融学、英语、计算机科学与技术、法学5个本科专业为第二专业,实行双专业双学位制。对完成原专业培养方案规定的课程和学分,又修满第二专业规定的课程和学分的学生,颁发双专业毕业证书和双学位证书。

(二)与国内有关大学相关专业之间的嫁接

山东经济学院已与山东大学、天津财经大学、山东科技大学签署了

联合培养"访学"学生的协议,严格按照"313"成才工程实施办法选派品学兼优的学生到签约学校进行为期一年的访学学习,在激发他们学习积极性的同时,也促进了与兄弟院校之间的学术交流和情感沟通,为推动学校跨越式发展起到了推动作用。下一步学校将积极采取措施,争取与更多的国内知名高校建立联合培养协作关系,进一步扩大合作范围。

(三)与国外有关大学相关专业之间的嫁接

在中澳合作办学项目基础上,2005 年,经省教育厅批准,山东经济学院与德国帕德博恩应用经济学院开展了"3 + 2"中德合作办学项目,共同培养国际商务人才;同年,与新西兰 UNITEC 理工学院开展了"2 + 2"中新合作办学项目,共同培养国际会计和商务英语人才。目前,学校有中外合作办学在校生近 1300 人。为做好该项工作,学校专门成立了中外合作办学管理服务中心,负责综合协调教务处及各所在院系的教学及管理、与外方学校联络、协助办理学生出国手续;并对中德、中新、中加合作办学项目进行分别管理。通过跨国嫁接,学生接受了国外先进信息,学习了国外先进知识,开阔了眼界,增加了阅历,增强了素质,培养了全球思维和国际视野。

第四节 三结合育人机制的保障措施

为切实落实三结合育人机制,促进学校与学生持续、和谐、共同发展,学校制定了详细规范的配套制度和措施。

一、实施三结合育人机制的经费保障

情感育人机制和激励育人机制实施所需经费主要从学生学费中提取。学校争取银行每年按每生 250 元左右的金额提供国家助学贷款。学校每年按每生 120 元提取勤工助学基金,每年按每生 60 元提取临时

困难补助基金和学生活动管理经费,每年按每生 200 元提取优秀学生奖学金基金,每年按每生 100 元提取学生工作处和团委经费。

嫁接育人机制实施所需经费由学校和学生个人共同承担,视不同情况双方承担比例有所变化。校内专业嫁接完全由学生承担学费;与国内高校间的专业嫁接由学校承担支付对方高校的生均财政拨款 5000 元左右,学生只需支付教材费、住宿费;与国外高校间的专业嫁接基本由学生个人承担培养费用,学校负责组织、协调等事务的费用。

足够的经费确保了三结合育人机制的有效实施,使学校的资金发挥了最大的效益,既彻底解决了困扰学生的各种问题,促进学生成长成才,有利于学校稳定,又为学校节约了经费,有利于学校事业的改革发展。

二、实施三结合育人机制的组织保障

(一)职能部门:以学生工作处为主负责组织落实情感育人机制中的国家助学贷款、临时困难补助保重点和激励育人机制,以团委为主负责落实情感育人机制中的勤工助学,以教务处为主负责落实嫁接育人机制中的校内专业嫁接和国内的跨校嫁接,以国际交流合作处为主负责落实嫁接育人机制中的跨国嫁接。四个部门相互通气,主动协调,问题共商,资源共享,确保三结合育人机制的高效运行。

(二)院部:院部成立工作领导小组,党政主要领导任组长,副书记和副院长任副组长,按照职责和分工为主抓落实,团总支辅导员为成员,由团总支书记具体分配工作。院部工作按照主管部门的业务和职责一一对应。

(三)学生班级:学生班级成立学生主要干部、纪检委员和普通学生参加的"综合素质测评小组",在院部工作领导小组领导下,在辅导员指导下具体开展工作,负责日常记录、汇总、成绩排序、班级评议、初步确定有关人选等。

三、实施三结合育人机制的制度保障

（一）制定《"313"成才工程实施方案》

该《实施方案》包括困难学生档案建立与管理、国家助学贷款程序与管理、勤工助学工作程序与管理、临时困补的管理、学生素质测评程序与管理、结果的记载与管理等方面内容。

1. 困难学生档案建立与管理

各院部认真地做好困难学生的界定工作，每学年10月中旬完成学生经济状况调查和调整。学生本着诚信的原则如实填写家庭经济状况调查表，班委会和团支部严肃、认真、负责地进行民主评议，慎重地给每一位学生写出鉴定意见，院部学生工作领导小组以此为基础，通过困难学生家庭走访制度和学生家长联系制度，结合座谈了解和平时掌握的情况，对困难学生的经济情况作出结论，特困比例一般不超过10%，困难比例不超过20%。调查表按学生学号由低到高排列，按班级装订成册，特困、困难学生名单经院部学生工作领导小组审查无误后，分别汇总报学生工作处审核（报盘），并录入学生信息管理系统，形成档案。困难学生档案是实施"三保"的最重要的依据，是非常严肃的，如有变动，须学生本人书面申请，班委会和团支部讨论、提出建议，学生工作小组提出调整意见，报学生工作处审核后，方可调整。对在困难学生经济状况调查中弄虚作假，欺骗组织的学生，经查实后要追缴其获得的所有资助，纳入该生诚信档案管理，并给予严肃处理。

2. 国家助学贷款程序与管理

国家助学贷款，是一种由政府主导、贴息，银行、教育行政部门和高校共同操作的专门帮助高校特困学生的银行贷款，是社会主义经济体制下，国家利用金融手段加大对高校特困学生资助力度而采取的一项重要措施。国家助学贷款是贷款学生跨入社会的第一笔信用记录，因此各院部应按照"313"成才工程的要求对学生进行诚信教育，加强对

贷款学生的贷前教育和贷后管理,使每一位学生维护个人信用,增强法制意识,充分认识背信违约的危害,做诚实守信的模范。

(1)国家助学贷款,由学生本人向所在院部分管国家助学贷款工作的辅导员提出书面申请,分管辅导员根据诚信评价成绩和困难学生档案,经调查核实后,写出具体意见,交院部学生工作领导小组进行资格审查,报学生工作处审核,并进行为期5天的公示,无误后方可为学生办理。贷款学生的比例掌握在学生人数的5%—10%;贷款只用于解决学生的学费和住宿费。

(2)**学校为审核合格的贷款学生出具学习证明(一式三份)。**贷款学生持国家助学贷款学习证明、国家助学贷款申请书、学生本人和保证人居民身份证原件及复印件、表明学生与保证人关系的户籍复印件或合法证明、学生证原件及复印件和经村委会(居委会)、学生家长工作单位及县级教育行政部门核实盖章的《借款学生家庭经济困难情况说明及证明》。省内生源的学生一律回生源地农村信用社办理,外省籍学生由学校集中到济南市市区历下信用社办理。

(3)本省学生回生源地办理贷款手续,自回去办理之日起10日内,把办理情况反馈给各院系部分管该项工作的辅导员,各单位一周内把情况汇总,报学校学生国家助学贷款管理中心。

3. 勤工助学工作程序与管理

(1)经济困难学生参加勤工助学活动,应首先向所在院部分管勤工助学工作的辅导员提出书面申请,分管辅导员调查核实并写出具体意见,向用工单位推荐,用工单位面试、认可后,报勤工助学管理中心备案。各院部将勤工助学情况录入学生信息管理系统,并根据实际情况及时调整。勤工助学的岗位由学校勤工助学管理中心和各院部负责提供,报酬按"313"成才工程的有关规定执行。除特殊岗位外,用工单位必须录用困难学生。

(2)用工单位有专人负责学生的勤工助学活动,并做好岗前培训工作。学生参加勤工助学不得影响正常的上课。用工单位做好学生的考勤,及时向学生所在院系部及勤工助学管理中心通报学生在勤工助学中的表现情况。对工作不负责任、疏忽职责的学生,应酌情扣发其工资报酬,直至取消其勤工助学资格。

4. 临时困难补助的操作办法

各院部认真组织学生学习《中华人民共和国高等教育法》、教育部《普通高等学校学生行为准则》、《普通高等学校学生管理规定》、《普通高等学校学生安全教育及管理暂行规定》和《学生伤害事故处理办法》(2002年9月1日施行),教育学生自觉履行《山东经济学院学校管理和学生文明自律协议书》,防止意外事故发生。若学生遇到特殊困难,各单位需根据界定的责任和当事人的书面申请以及实际情况作出决定。临时困难补助的发放情况报学生工作处备案。

各单位通盘考虑包括济南市人民政府优秀特困生奖学金、"朝阳助学"山东高校优秀特困生奖、国家奖学金在内的各类资助,使经济困难程度不同的学生受到相应资助。受助信息纳入学生信息管理系统,接受查询和监督。

5. 实施学生诚信评价体系

各院部组织开展形式多样的诚信教育活动,配合"313"成才工程的实施工作。每学期开学初,由学生本人填写《山东经济学院大学生诚信评价量表》中个人基本情况,并签订山东经济学院大学生诚信承诺书。班级综合测评小组对每个学生的日常诚信表现给予记录,下学期初进行总评,填写《山东经济学院大学生诚信评价量表》。

评议小组通过先评后议,给每位同学打出分数,评议成绩要在班级公布。班级综合测评小组按照规定的公式计算出每位同学的诚信评价成绩,确定诚信等级,作为评优、评奖、就业推荐和获得资助的依据。

6. 学生综合素质测评操作程序和管理办法

(1)各班综合测评小组,一般由5人组成,除班长、团支书、纪检委员外,其他人员应由学生投票产生。综合测评小组要做好综合测评日常的写实记录,做到资料公开、汇总及时,保存完好。各院部综合测评要求每月汇总公布、上报一次,上报时间最迟不得晚于下月第二周的周一。

(2)组织好民主评议,每学期初各班进行民主投票,选出 5 人评议小组,负责本班同学上一学期的评议工作,评议结果要及时公布,并报院部学生工作领导小组批准。

(3)每学期开学一个月内完成上一学期的奖学金评定工作。按照评选要求,严格评奖标准,确保评选质量,做好公示。

(4)班级综合测评小组成员、评议小组成员不实事求是、营私舞弊,按诚信评价体系中学生干部不尽职相关规定处理。测评成绩不及时公布的,综合测评小组组长、副组长每人每次减 5 分;以各种手段干扰综合测评正常进行者,每人每次减 10 分。严重者按有关规定严肃处理。

(5)学习成绩计算公式为:学习成绩 = $\sum$(必修课成绩 × 学分) + $\sum 0.8$ ×(选修课成绩 × 学分)/($\sum$ 必修课学分 + $\sum$ 选修课学分 × 0.8)

(6)学生获奖情况纳入学生信息管理系统,接受学生监督,实现资源共享。

7. 三嫁接管理办法

(1)专业嫁接:制定出台了《山东经济学院本科生双专业双学位管理办法》,规定凡在校本科生修完一年级课程,成绩合格者均可申请辅修第二专业。对完成主修专业培养方案规定课程和学分,又修满第二专业规定的课程和学分的学生,发放一证双专业的本科毕业证书和学位证书。

(2)跨校嫁接:制定出台了《山东经济学院本科生国内访学管理办法》,按照山东经济学院和国内相关高校签订的联合培养学生的协议开展工作。从 2004 年开始,学校每年从本科生中选拔部分优秀学生前往访学学校进行为期一年的学习。学生选派采取自愿报名,择优选拔的原则。访学期间,访学学校为学生提供自由选课的条件,学生的选课计划由双方共同商定,由访学学校负责安排实施。学生的成绩和学籍管理原则上按照访学学校的有关规定办理。学生在访学期间的学习成绩由访学学校负责提供证明,山东经济学院承认访学学校出具的学习成绩单及学习证明等。学生回校后按《山东经济学院学分制学生学籍管理实施细则》处理结业、毕业、授予学位等问题。

(3)跨国嫁接:按照山东经济学院和国外相关高校签订协议的内容和标准联合培养学生。符合条件的学生可到国外进行短期学习,其取得学分回国后纳入本校学分体系。教务处、学生所在院部协同国际交流与合作处做好教学计划对接、学分转换、学生选拔、出境学习培训、外事接洽等工作。

8."313"成才工程效果记录与管理

改革各种证书的发放办法,统一制作《山东经济学院大学生成才记录》证书,记录大学生在"313"成才工程指导下成长、成才的所有真实情况。证书由学生处、团委、教务处联合监制,全校统一编号,院部按照实事求是原则认真填写,按部门职能统一到相关部门核签生效,纳入学生诚信评价体系管理。所有记录情况可在学生信息管理系统查询。

(二)运用学生信息管理系统,实行科学管理

建立困难学生档案,把所有困难学生的评优评奖和各种资助信息一律纳入学生信息管理系统,公开接受查询和监督,保证各项措施执行过程透明和结果的公平和公正。

(三)发挥"诚信特色教育"优势,构建"诚信评价体系"

针对学校学生以经济和管理学科为主的特点,通过各种活动和方式重视在学生中广泛开展诚信教育。实施"313"成才工程以来,从困难学生身份的认定到各种奖励和资助获得后的使用情况,从勤工助学岗位的申请到履行岗位情况,从贷款前的政策宣传到毕业离校的后续

还贷管理,从获得的各种奖励与资助的如实记载到就业推荐表的制作,都要进行政策措施的宣传和诚信教育以及监督考核。为此,学校专门建立了大学生诚信评价体系,包括学习诚信、生活诚信、经济诚信和社会诚信四个方面。学生个人必须填写"大学生诚信评价量表"和"大学生诚信承诺书"及"学校管理与学生自律协议书",班级学生诚信小组填写"诚信纪实月报表"和学期"学生诚信评价成绩汇总表"。采取学生班级诚信评议小组"民主评议"和四方面诚信"记实"相结合的办法,分 A、B、C、D 四个等级,只有 A、B 两个等级才有资格获得奖励和资助,加强对学生的诚信教育,并以诚信评价为基础推动"313"成才工程的深入实施。

(四)既要彻底解决困难学生物质层面存在的实际困难,更要从精神层面予以情感上的根本关怀

学校实行《辅导员工作六项制度》,学生辅导员重点坚持与困难学生经常性的谈话制度,既要解决他们当前面临的实际困难,又要解除或缓解学生因经济原因造成的思想压力和精神负担;坚持与困难学生家长联系制度和暑期访问困难学生家庭制度,把学校的"313"成才工程政策措施和对困难学生的关心与帮助、困难学生在校表现情况及时准确地反馈给学生家长,同时从家庭和家长那里了解更多的学生和家庭致贫的背景,有针对性地解决学生的实际困难和思想问题,架起学生、家长和学校老师之间的情感桥梁,实现学校教育与家庭教育相结合,解决思想问题和解决实际问题相结合,使经济或心理困难的学生在暖融融的人文关怀之中生活,使他们在心存感激和自我激励中成长成才。

(五)深入调研,及时反馈,加强监督

每学期以问卷调查、公开接待日和座谈会等方式进行一次全面调研,总结新情况,发现新问题,解决新难题,并在"学工在线"网站上专门设立"处长信箱",解答反馈学生的疑问,掌握新动向,在实践的基础上,实事求是地提出修改意见,促进"313"成才工程更加完善、更具科

学性,形成教育教学管理工作的长效机制。

第五节　三结合育人机制的实施效果

一、自三结合育人机制的实施载体——"313"成才工程全面运行以来,得到了广大同学的衷心拥护与支持

特困生从中受益匪浅,感受最深。有的特困生在座谈会上讲,以往每到缴学费的时候,到处东拼西凑,忧心忡忡,大半个学期都处于一种心绪难宁的状态下,严重影响了正常的学习和生活,贷款之后,有如释重负之感,不用再为学费发愁,可以安心地学习、生活了。获得贷款的同学都非常感谢学校,感谢"313"成才工程,感激学校领导和老师的关爱。各院辅导员也谈到,贷款保学费,不仅解决了特困生的根本性困难,也帮助各单位解决了收缴学费难的棘手问题,由此可以腾出很大一部分精力用于学生正常的教育和管理。参加勤工助学的同学说,"313"成才工程实施后,明显感觉到勤工助学岗位增多,特困生和困难生的基本生活状况也得到较大程度的改善。有的同学谈到,新激励机制的实施,使学习成绩不再成为奖学金评定的唯一决定性条件,拓展性素质开始变得与学习一样的重要,这是同学们的共同感受,也引发了大家的思考和争论:大学生成才的标准是什么? 大学学习的内涵是什么? 大家认为奖学金的受奖面的扩大和奖项的增多,使不少学生觉得自己与获奖的距离越来越近,获得奖学金已不是与己无关或遥不可及的事情,荣誉的吸引力已经使不少后进的同学有意识地纠正自己的学习和生活态度,争取自己能成为被学校和同学们认可的优秀分子。绝大多数同学认为,奖学金分类评定是创新之举,也是合理之举,为学生的个性发展和全面发展提供了更加广阔的天地。通过嫁接,大学生可以接受到多元文化的熏陶,在潜移默化中开阔了眼界,丰富了阅历,提高了综合素质。

2005年3月4日,山东卫视以"山东经济学院'313成才工程'提高学生素质"为题,采访了山东经济学院院长刘向信和该校工商管理学院的学生会主席孙吉利。以下摘录的这段访谈对话说明三结合得到了同学们的支持。

记者:"孙吉利是山东经济学院工商管理学院的学生会主席,由于平时学生会工作较多,他的学习受到了一些影响。按照以往以学习成绩为主要标准的奖励机制,孙吉利很难有机会拿到奖学金。"

孙吉利:"以前可能感觉到拿奖学金是件比较困难的事,现在从学校实施'313'成才工程以后,可能就更注重我们全面素质的发展,也可以拿到奖学金,这样就更加激励我工作的积极性。"

刘向信:"'313'成才工程是一种结合育人机制,也就是情感育人、激励育人和嫁接育人,三结合促进学生提高素质和成才。通过这样一种关心学生、激励学生、科学地培养学生,使学生的素质得到了较大程度的提高,这样就有利于他们将来更好地更快地适应社会需要。"

二、得到了社会各界和兄弟院校的广泛认可与赞誉

情感、激励、嫁接三结合育人机制自2004年实施以来,受到了社会的关注。原山东省省委副书记王修智同志对"313"成才工程这一人才培养机制的理论和实践创新给予了充分肯定,并指示山东省委高校工委在《高校信息》中予以印发,供各高校借鉴;山东省副省长王军民同志批示:"山东经济学院创新学生管理机制,促进学生成才的方法很好",责成教育厅转发省内各高校,并签发了山东省人民政府办公厅明传电报,号召山东省各普通高校学习推广山东经济学院"313"成才工程的先进经验;该成果相关论文在《中国高等教育》、《文史哲》等期刊发表;《人民日报》、《光明日报》、《大众日报》、《齐鲁晚报》、新华网、山东电视台、山东教育电视台等媒体对该成果进行了深度报道;南开大学、山东师范大学、山东科技大学、青岛大学等院校纷纷进行了学习移植。

在 2006 年教育部对山东经济学院进行的教学工作水平评估中，"313"成才工程作为学校的特色办学项目得到了全体专家的一致认可。专家组在反馈评估工作意见时谈到："学校构建了情感、激励、嫁接三位一体的'313'成才工程，形成了'突出诚信教育和开放式教育，促进学生成长成才'的鲜明办学特色。"情感、激励、嫁接相关的课题被列为教育部人文社会科学课题，其相关成果获得了山东省 2005 年度教学成果一等奖、山东省 2006 年度社会科学优秀成果二等奖、山东省 2005 年度软科学优秀成果一等奖。

三、学生得到关怀和激励，学校得到发展和提升

自 2004 年 6 月实施"313"成才工程至 2006 年 9 月，共有 3897 人次贷款，总额达 1558.25 万元。凡是困难的学生都可以安排勤工助学岗位，共安排 1800 个校内勤工助学岗位，争取校外岗位 7000 多个。学生的临时重大困难都能得到及时有效的解决，2005 年和 2006 年两年，共有 53 人得到学校的重点资助，补助金额达 10.16 万元。每年暑假，学校、院部领导带队走访困难学生家庭，了解家庭困难情况和致贫原因，送去温暖，受到学生家长和当地政府的称赞，反响良好。

两年来，共有 6514 人次获得一等奖学金，23540 人次获得二等奖学金；83 人获得省级优秀学生，42 人获得省级优秀学生干部，788 人获得校级优秀学生，785 人获得校级优秀学生干部；487 人获得省级优秀毕业生，469 人获得校级优秀毕业生。

目前共有 1776 人正在攻读双专业双学位，其中首批 434 人已于 2006 年顺利获得双专业双学位证书。有 4 批次 254 人到山东大学、天津财经大学完成了访学，目前有 70 人正在访学。2007 年与山东科技大学和哈尔滨商业大学的对等交流以及接受德州学院学生访学的工作取得实质性进展，与厦门大学和中南财经政法大学的访学合作正在洽谈中。

自 2004 年以来,学校与国外高校和教育机构的合作取得重大突破,共派出出国考察团组 14 个,接待来访团组 54 个,签订友好合作协议 32 项,现在已与 12 个国家 34 个国外高校或机构建立了友好关系。主要合作项目有:

1. 与新西兰 UNITEC 理工学院合作,设立中新英语专业本科班("3+1.5"模式)和中新会计专业专科班("2+2"模式)。中新英语专业本科班的学生前 3 年在山东经济学院学习,后一年半赴新西兰继续本科阶段学习,成绩合格者将获得新西兰院校的本科学历证书以及学士学位证书;中新合作会计专科班的学生在山东经济学院学习 2 年,修满所规定的基础课、专业课和选修课,成绩合格的学生可以选择国内专升本或国外专升本两种深造途径。不升本的学生,达到并符合学业标准要求的,除了获得山东经济学院的专科证书外,经 UNITEC 理工学院对学生所学课程与考试情况鉴定合格,还将获得 UNITEC 理工学院的大专文凭。

2. 与德国帕德博恩应用经济学院合作,设立国际商务专业专科班("3+2"模式)。在国内学习三年,成绩合格,可获得山东经济学院的大专毕业证书以及德方的写实性证书,若顺利通过德语考试 DSH 或 TestDaF,可赴帕德博恩应用经济学院继续在德国的 2 年本科阶段学习,成绩合格者将获得德方院校的本科学历证书以及学士学位证书。之后,学生也可继续申请在德国硕士阶段的学习。学生也可采用"2+2"模式,亦即国内学习阶段 2 年后参加国内专升本考试,成绩合格者,可继续在国内两年的本科阶段学习。

3. 继续与澳大利亚爱恩教育集团合作中澳工商企业管理专业专科班("2+2"模式),运作模式与中新会计专业专科班相同。

另外,从 2007 年开始,学校与瑞典皇家理工学院互派 6 名学生进行为期一学期的交流学习。此外,与美国阿拉巴马大学、新西兰 Unitec 理工学院等多所高校的本科生、研究生访学和师资培训等已进入实质性操作阶段,各方工作正在有条不紊地进行。

附表:

山东经济学院与国外大学或教育机构
签订协议或开展实质性合作情况一览表

国家(12)	学校(34)
澳大利亚(6)	北墨尔本高等技术学院
	Flinders 大学
	昆士兰大学
	迪肯大学
	国立南澳大学
	拉筹伯大学
德国(3)	德国卡尔杜伊斯堡培训中心
	帕德博恩应用经济学院
	多特蒙德应用技术大学
法国(5)	巴黎第七大学
	雷恩高等商务管理学院
	巴黎高等管理学院
	第戎高等商学院
	布尔格尼商学院
韩国(2)	韩国国立全南大学
	韩国大庆大学
加拿大(3)	蒙特利尔魁北克大学
	河谷大学
	皇家路大学
马来西亚(1)	汝来学院
瑞典(1)	瑞典皇家理工学院
瑞士(1)	日内瓦大学
美国(4)	圣荷西州立大学
	阿拉巴马大学
	乔治城大学
	剑桥学院

国家(12)	学校(34)
希腊(1)	地中海大学
新西兰(4)	怀卡托大学
	Waiariki 技术学院
	惠灵顿维多利亚大学
	新西兰 UNITEC 理工学院
英国(3)	格洛斯特大学
	德比大学
	Middlesex University

山东经济学院与国外友好学校合作协议

序号	名　　称	签署日期
1	与法国第戎合作意向书	2004. 3. 23
2	与法国雷恩高等商务管理学院意向书	2004. 4. 12
3	教师派遣协议书(日本山口县)	2004. 5. 25
4	与法国雷恩高等商务管理合作办学协议	2004. 5. 12
5	与 middlesex 大学备忘录	2004. 6. 2
6	与布尔格尼商学院协作合同	2004. 6. 10
7	与希腊地中海大学意向书	2004. 9. 13
8	与国立全南大学合作意向书	2005. 4. 16
9	与新西兰国立理工大学信息技术学院备忘录	2005. 4. 19
10	与新西兰国立理工大学语言学院备忘录	2005. 4. 19
11	与皇家路大学交流意向书	2005. 5. 9
12	与皇家路大学合作交流项目备忘录	2005. 5. 13
13	与弗林德斯大学备忘录	2005. 6. 15
14	与韩国大庆大学合作交流意向书	2005. 6. 15
15	与昆士兰大学教师培训协议	2005. 6. 21
16	与新西兰国立理工大学友好协议	2005. 6. 23
17	与新西兰国立理工大学信息、会计、金融合作协议	2005. 9. 28
18	与瑞典皇家理工学院工业经济管理学院合作意向书	2005. 11. 15
19	与美国剑桥学院合作备忘录	2005. 12. 20

序号	名　　称	签署日期
20	与美国盈富林国际集团山东省高等教育管理培训协议	2006.3.31
21	与美国盈富林国际集团及美国加州圣荷西州立大学山东省高等教育管理协议	2006.4.26
22	与瑞典皇家理工学院就 Erasmus Mundus 项目合作	2006.4.5
23	与德国卡尔杜伊斯堡公益中心协议	2006.4.25
24	与捷克布拉格经济大学合作协议书	2006.6.5
25	与瑞典皇家理工学院合作协议	2006.6.22
26	与新西兰 UNITEC 英语合作协议	2006.8.10
27	与新西兰 UNITEC 会计合作协议	2006.8.10
28	与德国帕德博恩应用经济学院本科协议	2005.9.9
29	与北墨尔本高等技术学院合作项目协议4份	2006.9
30	与蒙特利尔魁北克大学合作意向书	2006.10.25
31	与瑞典皇家理工学院 Erasmus Mundus 合作协议	2006.10.31
32	与瑞典皇家理工学院学生交流协议	2006.10.31

第六章

情感育人机制的实施

情感教育是一种以情感为核心的情、理、行整合结构。对于教育者而言,情感因素表现:一是教育者本人的价值观和态度,二是教育者对受教育者情绪反应的意识,以及他对这种情绪的移情作用。对于受教育者而言,学习过程当中的情感因素表现为各种"欲望",即勒夫特所指的求知欲望、社会归属欲望、情感欲望等。教育者所具备的情感条件以满足受教育者的"欲望"为目的,并引导其情感走向。在教育过程中,正是这些情感因素在协调着双方的实践活动,情感是教育实践活动双方的纽带。教育者的情感、信念、态度、价值观等在一定程度上为受教育者的思想、信仰、价值提供了准则,对学生的认知学习与行为学习等直接产生影响。受教育者在特定情境中体验教育者的真诚、信任,接受并表达各种情感,把各种理性知识内化为情感力量,从而实现知、情、行的统一。随着我国教育理论的不断发展,情感育人在人才培养中的重要作用,越来越引起教育工作者的高度重视。人们逐渐把情感教育看做是教育过程的一部分,而不是一种独立的教育形式——教育者在教育过程中不仅关注受教育者的态度、情绪、情感及信念,而且注重诱发、激励受教育者的情感,把情感培养视为教育的目标之一。

第一节　高校实施情感育人机制的一般做法

一、重视课程的合理设计,努力体现教学艺术

课程教学是情感教育的主阵地,把情感教育融入教学艺术中,有利于学生的道德感、理智感、审美感等社会情感的培养。首先,教师要善于创设生动新颖的情境,运用多种教学方法,恰到好处地掌握主题的分寸,通过捕捉事物本身所隐含的情感色彩来对学生的情绪加以控制。该含而不露时引而不发,静观学生情感调动的程度;该因势利导时要因势利导,意在调节情感交流的火候;该"抖包袱"时要"抖包袱",在教学双方的内心情感上达到共鸣,推向高潮。其次,教师在教学过程中,要善于把握情感教育的机会,采取适当的情感表达方式,将教学内容与学生行为有机结合,密切关注学生的情绪变化,注意避免学生出现"意义障碍";充分运用教学机智,大胆、策略地引导和帮助学生消除偏见和克服消极情绪,主动有创意地培养激发学生积极向上的热情,设法保护和维持学生积极热情的持久性和饱满度,对教育往往有意想不到的效果。再次,教师要重视情感语言和诗意想象语言的运用。因为知识只有通过生动的情感语言触及受教育者的灵魂,激动他们的心灵,才能成为精神的力量。

二、重视教育工作者情商能力的提高,努力体现教育艺术

教育工作者的情商能力涵盖自我情绪的调控能力、对人的亲和力、社会适应能力、人际关系的处理能力以及对他人的理解能力等。情感教育实施的关键在于教育者,因而,教育者应在注重个人的学习与修养

的基础上提高各方面的情商能力,以便在实践工作中不断地提升情感教育的艺术性。首先,要保持健康积极的心态,用理智驾驭自己的情绪,给学生以亲和感。要想给人以精神上的前进动力,不仅取决于说理的理性力量,而且与教育者个人情绪状态有关。情感教育重在师生之间的情感交流和凝聚力,重在以教师的正面形象吸引和感染学生。苏霍姆林斯基指出:"为了培养学生的高尚的情感素养,教师首先就必须应有高尚的情感素养。"教师对学科、学术的执著和痴爱,种种无声的、无需功利回报的关爱,对学生无疑具有亲和作用与凝聚作用。其次,要及时了解学生的情绪,理解学生的感受,察觉学生的真正需要。教育者要善于把握学生的情感脉搏,承认和重视他们的知识才华,理解和尊重学生的人格和尊严。要用深厚真挚的感情来感染、关心和帮助学生清除各种不良情绪,解决学习、生活中的实际困难,做到严爱结合、润物无声。再次,每个学生都具有希望得到老师赏识的心理,教师要善于将具有不同个性的学生用某种观点加以客观中肯的分析,充分发挥情感所具有的与人交流、共享、相互生发、相互感染的特性,对学生成才提出不同的正面期望,并尽快让学生洞悉,使其产生积极的情感体验,并自觉地朝着老师所期望的方向发展。

三、重视育人环境的优化,努力拓宽情感教育培养途径

人的情感是在一定的情境中产生并随情境变化而变化的。涉及心灵深处的情感教育需要营造一个良好的氛围。首先,要加强校园环境建设。注重教室、宿舍、图书馆、绿化等硬环境建设中的精神内涵,坚持全方位、高品位;注重校纪校规的建设,运用实用高效的校园文化传播载体和传播渠道创造校园团结祥和、奋发进取的氛围。其次,抓住学生行为逐渐群体化、社会化这一特点,有计划、有目的地组织班集体和多种学生社团开展丰富多彩的集体活动和社会实践。这既可满足大学生的团体归属动机和好群行为需求,又可让学生在活动过程中对集体的

成功与失败产生反响和共鸣,使学生的努力方向与集体发展的前景相一致,并为集体的成就而自豪,这本身也是一种情绪上的认同和情感上的归属。再次,把握好大学生荣誉感强、不愿意落后于人的心理,充分发挥奖惩激励作用。一方面,广泛开展争先创优活动,并在奖学金、助学金及三好学生、优秀干部等各项评比过程中,调动学生的积极性,营造一种使多数大学生都能获胜的积极的心理氛围,使学生体验到正义感、荣誉感的真正价值,保护和激发他们对学习的更大热情;另一方面,对违纪学生要敢抓敢管,轻者批评教育,重者纪律处分,使他们体会到纪律、制度的尊严和威慑力,产生自责、自谴、自重、自爱的健康心理和情感。最后,通过信函、家访等方式,加强与学生家庭的联系,共同防止消极因素的影响。

第二节　山东经济学院实施情感育人机制的具体内容

教育是一种感化人心的工作,而"感人心者莫先乎情"。只有用积极、健康的情感去感染学生,深入学生的内心世界,对学生倾注真诚的爱,才能换来学生真诚的信任、理解、支持和友谊,才能收到理想的教育效果。情感育人是思想政治教育中的柔软教育方式,它需要教育者对情感有充分的把握,更需要整个学校全方位的感情投入。山东经济学院情感育人机制的具体内容就是由学校、教育者和教育对象三者组成情感育人整体,使学校、教育者和教育对象三者依据其内在的规律性承担各自的责任和义务,开展相应的教育活动,实现共同的教育目标。山东经济学院情感育人机制的实施,主要包括以下三个方面的内容。

一、全面推进"和谐校园"建设,为情感育人的实施创造有利环境

和谐,是人类孜孜以求的一个理想社会状态,建设和谐校园首先是社会发展的客观要求。学校是社会主义和谐社会的重要组成部分,在构建民主法制、公平正义、诚信友爱、充满活力、安定有序、人与自然和谐相处的和谐社会过程中,应该率先垂范。其次,建设和谐校园是落实以人为本的科学发展观的需要。以人为本,就是要关心人、尊重人,就是要促进人的全面健康发展,就是建立师生员工身心愉悦的物质和精神环境,和谐校园正好体现了这种要求。再次,建设和谐校园是实现学校发展目标的需要。一个国家、一个民族、一个单位的发展,既需要硬实力,也需要软实力。软实力建设是文化建设、精神建设和凝聚力建设。学校师生员工如果人际关系和谐,把全部精力都用在教学科研和管理上,目标就会较快地实现。最后,建设和谐校园是培养合格接班人的需要。和谐的环境培养美德,给人以前进的动力,促进人的全面发展和健康成长,而这正是培养合格的人才的必要环境。

(一)"和谐校园"的主要特征

1. 适当的校园环境。包括和谐、合理的校园空间,宽敞、明亮的教室,环保的建筑材料。

2. 优质的学习环境。校园规划设计要"以人为本",为学生提供安全、舒适、安静的学习环境和完备的配套教学设施,满足学生学习的需求。学生要爱护学习环境,真正做到"校园是我家"。

3. 浓郁的文化氛围和良好的校园风气。和谐校园以其丰富的校园文化和良好的学习气氛吸引学生学习,陶冶学生性情。师生对校园事务广泛参与,共建和谐家园。

4. 完善的学校管理制度。包括明确的规章制度、文明公约等,通过制度的形式规范师生的行为,打造和谐校园。

5. 畅通的沟通渠道和资源共享的信息平台。包括学生与教师、教师与学校、学校与家长、学校与社会之间的沟通,以及与其他学校之间的交流。

6. 具有可持续发展性。校园文化建设、教育、教学等一切活动都是为了学生,为了学生的健康成长,必须是持续发展且不断更新和完善的。

（二）构建和谐校园主要抓好以下四个方面

1. 全方位加强管理

管理有序、秩序良好是和谐社会的重要标志。而在学校行政、学术、教育、教学等多层面全方位加强管理又是创建和谐校园的重要措施和教书育人的重要条件。学校首先要加强班子建设，建立健全的、专业化的管理机构，以和谐的理念和方法激励教师主动发展。校长任人唯贤，身先士卒，容人容事，淡化权力意识，实施集中领导，分层管理，权责到人。坚持刚性制度约束与人性化的人文管理和谐统一，改变单靠"硬性"的行政指令要求教师完成教育教学任务的做法，在合理合法、坚持原则的基础上，把各种任务、要求和教师的感情、利益、发展需要结合起来，以公平的原则创造各尽所能、各得其所的激励和分配机制，如合理的教育教学效果评价方案、教改方案、奖教奖学方案等。围绕教师关注的热点问题，如评优、职称晋升、财务收支等，建立公正、公开、透明的管理机制，健全和落实教代会、校务公开制度，给予教师知情权、参与权和监督权，坚持民主决策、民主管理、民主监督，全力营造融洽、和谐的人际关系和民主平等、团结尊重的校园环境，从而调动广大教职工的积极性，在校内形成强大的凝聚力、蓬勃的奋发力和旺盛的生命力。

2. 开创校园文化、校园环境、校园安全"一体化"活动

在构建和谐校园的过程中，要高度重视校园文化建设，要治理好校园环境，维护好校园安全，既要优化校园内部环境，又要治理校园外部环境；既要做好师生员工的安全教育，又要搞好社会治安综合治理；既要制定和完善应急处理机制，又要提高处置突发事件的能力；既要正面教育引导学生，又要防止社会不法分子对青年学生的拉拢。

完善的教育设施，丰富的教育资源，和谐的校园文化，使学校成为学生成长和发展的乐园。学校的每一个橱窗、每一面墙壁、每一棵树、每一盆花都成为激励学生成长的好教材，如校徽、国旗、校训、名人画

像、名言警句时时刻刻鞭策学生热爱祖国，牢记国法校规，为中华之富强而努力读书；有专业特色的图书阅览室、实验室、科技活动室、电脑室、多媒体教室等每每提醒学生该学什么，该练什么，并为学生提供刻苦钻研的场所；艺术节、校园网、英语角、校报、作品展等活动及各类比赛给予学生展现风采的舞台。

为了维护稳定的校园环境、良好的治安环境、规范的法治环境、安全的学习环境，学校积极开展安全和心理健康教育，消除各种安全隐患，杜绝校园暴力，确保学生的人身安全。如加强学校的保卫工作，开展安全急救演练，完善"安全管理规定"，制定"突发事件应急措施"，开设心理辅导室和咨询信箱，进行学生青春期教育等等。同时，教师要提高自己的修养，以耐心和爱心感染、教育、激励学生，减少、避免学生之间、师生之间的矛盾，与学生平等、友好地相处，创建安全、稳定、宽松、宽容、和谐的学习环境。在这样的环境中，学生是快乐的，教师是幸福的，每个人都工作得顺心、学习得用心、相处得开心、生活得安心，这无疑是和谐校园追求的境界。

3. 开展和谐的"教"与"学"活动

教学是学校教育的主要工作，"教"与"学"是统一于教育实践中的双边活动。"教"与"学"和谐的实质就是使教育的节奏与学生发展的规律相符。首先，学校各种教学安排、教学活动既要从学生的实际出发，与学生的身心成长一致，激活学生内潜的学习兴趣和愿望，调动起学生的主观能动性和创造力；又要为学生"学"的过程创设良好的外在环境，如必备的学习设施与材料、良好的条件与氛围等。其次，在教育教学过程中，教师一方面对学生的发展起导向作用，另一方面要为学生的发展创造条件，做好服务工作。教师必须因材施教，对教育教学目标的确定、教育教学内容的选择、教育教学措施的设计、教育教学时空的安排、教育教学情境的设置等进行合理调控，使之积极地适应学生各方面的发展。再次，以"爱"建立和谐的师生互动。爱，是教育的前提。

因为有爱,教师能够在各种教育教学活动中理解学生,尊重学生的自主意识和人格,以无私的奉献帮助学生,以高尚的道德情操、优良的个性品质影响和感染学生,以渊博的知识、完美的教育教学艺术引导学生。教师的情感,教师的举手投足成为一种巨大的教育力量,潜移默化地影响着学生的心灵。教师的每一份评语、每一句话都将成为学生成长的及时雨和催化剂,促进学生和谐、健康地发展。学生对教师充满感激,心悦诚服,在宽松的学习环境中,在老师的关爱和宽容中自觉学习,自主管理,以《大学生日常行为规范》为行为指导,以《大学生守则》为活动准则,积极开展"文明班"、"红旗团支部"、"优秀学生"等评比活动,把自己的行为置于学校和班级同学的监督下,逐渐在活动中认识自我,在管理中调节自我,在学习生活中完善自我,养成"严于律己,宽以待人"的人格素养,形成友爱诚信、和谐奋进的班集体,共同打造和谐校园。

4. 建立学校、家庭和社会三方教育的和谐关系

协调好学校、家庭和社会教育三者间的关系,使三方教育"目标一致、功能互补、配合密切",是构建和谐校园不可或缺的基础条件。从广义的教育来说,每个被教育者最先接触到的是家庭教育。家庭教育是学校整体工作中不可忽视的重要部分之一。一方面,学校应充分发挥家庭教育所独具的优势,进行亲情教育、感恩教育、日常行为规范教育、劳动教育等等。培养学生心中有他人、关心他人的意识,自理、自立的生活能力。另一方面,指导家庭、帮助家庭建立起有利于学生健康发展的教育环境,是学校义不容辞的责任。召开家长会,建立家长学校,提高家长综合素质和教育水平,使家长积极有效地配合学校教育,将有利于提高教育效率。除了家庭、学校,影响学生的第三方是社会。社会是一个大染缸,会对学生产生各种影响。学校有责任与社会各界密切联系,鼓励开展有利于青少年成长的活动,严厉打击危害青少年身心健康的违法团体;充分利用各种有意义的资源对学生进行正面教育,减少

和避免思想腐蚀性东西对学生产生负面作用。如邀请民警、交警进学校进行安全讲解,组织学生参观禁毒展览,带领学生义务献血等活动都是学校与社会共同教育学生,一起构建和谐校园,合力打造和谐社会的有效途径。

几年来,通过大力开展和谐校园建设,学校坚持用道德面貌、道德思想和道德素质不断优化学校育人环境,努力使学校、教育者和教育对象成为思想统一、行为互动的情感育人整体,使山东经济学院校园真正成为师生们生活的家园、精神的乐园和人才的摇篮,从而为情感育人的实施创造了宽松、有利的道德实践条件。

二、着力构建"大学生思想政治教育体系",形成育人的合力

(一)构建和完善大学生思想政治教育内容体系

思想政治教育的内容,就是根据一定的社会要求和针对受教育者的思想实际,经教育者选择设计后有目的、有步骤地输送给受教育者的一切信息。作为思想政治教育"血液"的教育内容,界定了思想政治教育涉及的范围和性质,体现着思想政治教育的目的和要求,是思想政治教育目标的具体化,是教育主体与教育客体互动的中介,是开展思想政治教育活动的依据,必须具有鲜明的导向性。因此,学校提出要着力构建以马克思列宁主义、毛泽东思想、邓小平理论和"三个代表"重要思想为指导,吸取中国优秀传统思想文化精华,吸收世界思想文化精粹,吸纳在建设中国特色社会主义伟大实践中所创造出的先进思想文化成果的内容体系。

1. 以思想政治理论课为主,结合财经类高校学科特点,通过认真抓好思想政治理论学科建设、课程设置和教材建设,着力构建以《思想道德修养与法律基础》、《马克思主义哲学原理》、《毛泽东思想、邓小平理论和"三个代表"重要思想概论》、《中国近现代史纲要》、《政治经济学》等为主要内容的思想政治教育理论课程体系。一是开展马克思主义理论体系、马克思主义中国化研究,科学设置马克思主义理论教学课程,加强该课程的教材建设,形成较为完善的马克思主义学科体系和课程体系;二是强化马克思主义对哲学社会科学学科、课程和教材的统领作用,在哲学、政治学、社会学、法学、史学、文学等学科中,充分体现马克思主义中国化的最新理论成果,形成以当代中国马克思主义为指导的哲学社会科学学科体系和教材体系。

2. 紧密结合形势和学生思想实际,大力开展丰富多彩的主题教育活动,努力加强对大学生的爱国主义、社会主义和集体主义教育。多年以来,学校坚持在"五四"、"九·一八"、"一二·九"等重大纪念日组织开展"升国旗仪式"和"火炬拉力赛"等活动,教育引导学生牢记历史责任、勇担历史使命,激发他们刻苦学习、奋发成才、报效祖国的激情;2006年,学校以学习贯彻胡锦涛总书记"八荣八耻"重要讲话为契机,组织开展了"忠心献给祖国、爱心献给社会、关心献给他人、孝心献给父母、信心留给自己"为主题的大学生"五心"系列教育和道德实践活动,有力推动了和谐校园建设的进程。在组织开展"纪念长征胜利70周年"系列活动中,把长征精神作为对大学生进行理想信念、思想道德教育的主要内容,突出了思想政治教育内涵,广大学生在纪念活动中受教育,知荣辱,长才干,成才意识、奉献精神、大局观念得到进一步增强,"传承长征精神,坚定理想信念,树立报国之志,争做栋梁之才"成为青年大学生的广泛共识。

(二)构建和完善大学生思想政治教育实施体系

随着高等教育改革的深入,大学生思想政治教育从单一的课堂教学为主逐渐朝多样化的方向发展,其载体和方法也应日益多样化。大学生思想政治教育务必要增强灵活性、趣味性、渗透性和感染性,从而对大学生产生强大的亲和力、凝聚力。为此,学校提出要构建以系统教育为主,主题教育与日常教育结合,行之有效的传统教育方式与适应形势发展需要的思想政治教育新方法、新途径、新手段结合的教育实施

体系。

1. 以系统教育为主,充分发挥思想政治理论课主渠道作用,强化理论系统教育。校党委积极转变观念,先后制定出台了《关于进一步加强和改进大学生思想政治教育的实施意见》《关于加强大学生社会实践工作的实施意见》等一系列文件,全面加强思想政治理论课学科建设、课程建设、教材建设和教师队伍建设等,改革教学内容、改进教学方法、改善教学手段,不断增强政治理论课的吸引力和感染力。

2. 坚持主题教育与日常教育相结合,行之有效的传统教育方式与适应形势发展需要的思想政治教育新方法、新途径、新手段相结合,使第二课堂的理论教育活动成为第一课堂主渠道的有益补充。主要包括以下六个方面的教育。

一是精心组织入学教育与国防教育。每年新生入学报到时,学校都会向新生家长印发《致新生家长的一封信》,使学生家长能了解学校历史沿革、发展趋势和学校的培养模式与目标,同时也都会与新生签订一份《山东经济学院文明自律协议书》,督促学生自省、自律个人行为。为促使新生同学养成良好的道德规范,争做文明守纪的大学生。学校将《高等学校行为准则》、《山东经济学院学生违纪处分规定》等相关规定汇编成册,通过采取院系集中宣讲与新生自学相结合的方式,使广大新生明确一名合格大学生日常行为的基本要求,为广大新生顺利迈好大学第一步指明了方向。为增强广大新生的国防观念、磨炼意志品质,提升组织性纪律性,学校要求每一名新入学的学生都要参加为期两至三周的军训。为使广大同学在训练中深刻领悟军训的目的与意义,学校还通过组织观看革命题材电影、举行纪念"九·一八事变"特别升旗仪式等,对学生进行革命传统教育和爱国主义教育。军训结束时,学校都要举行盛大的阅兵仪式,既确保了军训效果,又为新生今后的成长奠定了坚实的基础。

二是积极开展校园文化活动。学校高度重视校园文化活动在拓展大学生素质、陶冶大学生情操、加强大学生思想政治教育中的作用,多年来,学校致力于建设"以人为本、崇尚学术"的山经文化这一目标,推出了一批特色鲜明的品牌项目,如大学生科技文化艺术节、社团活动月、宿舍文化节、法学文化节、"诚信义卖"活动月、英语节、电脑节、外国文化节等。《山经青年》、《质点》、《风云》等十几种以学生为主创办的校内刊物也成为教育、引导、培养学生的文化阵地。通过组织开展丰富多彩的校园文化活动,形成了健康高雅、积极向上的校园文化氛围,很好地发挥了校园文化的育人作用。

三是积极开展网上思想政治教育。学校高度重视网络思想阵地建设,主动用科学理论、先进文化占领校园网络阵地。学生工作处"学工在线"网站和团委"山经青年"网站,经过三年多的建设,已经发展成为性能稳定、栏目丰富、内容充实,深受同学们喜爱的校园主流网站。"学工在线"网站通过中国教育和科研计算机网的严格考核,已作为推荐网站被收录于"十毫秒级高速资源指南"校园网站栏目。

四是积极开展心理健康教育。学校于2003年成立了"大学生心理健康教育中心",构建了学生处、院部和班级三级大学生心理健康教育网络,建立了从心理健康教育宣传员,到院部心理健康教育辅导老师,到"中心"老师直至学校学生工作领导小组的全面快速反应机制,建立了学校与校外治疗和恢复机构密切合作的心理危机干预机制,形成了全校性心理健康监控网络和预警网络。心理健康辅导网络、学生自我教育服务网络、监控网络和预警网络的建立和作用的发挥,有力地促进了大学生思想政治教育的深入开展。

五是积极开展创新教育和实践教育。多年来,学校始终坚持以"挑战杯"系列竞赛为龙头,积极组织学生开展科技创新活动,努力培养他们的创新意识、创新精神和创新能力。每年都拨出专项经费,用于支持学生开展科技创新活动。在最近三年中,学校先后有3件学生作品在全国"挑战杯"竞赛中分获二、三等奖,4件作品在全省获特等奖。

学校还高度重视组织开展大学生社会实践活动,专门下发了《关于进一步改进和加强大学生社会实践工作实施意见》,将大学生社会实践纳入学校教育计划,设立了专门学分。规定学生在校期间必须认真参加每次社会实践活动,本科学生前 3 年每年社会实践时间不少于 10 天,三年累计不少于 30 天(研究生、专科生前两年每年社会实践时间不少于 10 天,两年累计不少于 20 天)。在长期的工作中,学校大学生社会实践工作形成了三个鲜明的特点:一是与学科专业紧密结合。学校社会实践活动充分与学生所学专业相结合,每支学生社会实践活动校级服务队均配有专业教师作指导老师,指导学生用所学专业知识来关注社会热点、难点问题,提高了实践成果的理论水平并加深了成果的实际指导意义。许多学生的社会实践成果或公开发表或成为教师科研项目的子课题。二是采用项目管理运作模式。即面向全校公开招标,由评审委员会进行综合评定,最终确立社会实践校级资助项目。规范、专业的项目管理保证了学校社会实践活动健康、有序地开展。三是注重经济与社会效益。学校社会实践活动始终把服务经济社会发展大局摆在首要位置,学校财政金融学院组织开展的"城市最低生活保障"调查引起当地有关部门的高度重视,其调查报告为该地区制定《"十一五"发展规划》提供了第一手材料;学校齐鲁情大学生农村促进会在济宁农村帮助建立起文化大院和农村新型合作组织,在当地引起强烈反响。

六是积极开展诚信教育。学校针对本校学生毕业后大多从事经济、财会工作的特点,注重学生人格和思想道德品质的培养,把开展诚信教育放在突出位置,不断探索总结,形成了系统完善的诚信教育机制。诚信教育就是以系统化的方式,对学生进行以诚实守信为核心的思想道德教育,为学生成才提供思想道德保证。学校完善了诚信教育内容,包括职业道德教育,开展诚实守信、忠于职守、爱岗敬业教育,使学生明了诚信是做好本职工作的最基本道德,是个人发展进步的基石,从生存发展的角度培养学生的诚信意识;人际关系教育,使学生们懂得,人与人之间必须互相信任、正直守信、坦诚相待,从而建立和谐的人际关系,这是事业成功、生活幸福、精神愉快的基本条件;遵纪守法教育,使学生们懂得道德权利、义务与法律权利、义务的关系,道德评价、约束与法律惩戒、约束的关系,遵守道德规范与遵守法律规范的关系,自律与他律的关系,增强法制观念,以诚信的素养自觉遵纪守法,以法律手段促进诚信品质的养成;传统文化教育,通过讲授中国传统文化中关于诚信的思想观念和诚信楷模的典型事例,使学生从中华民族传统道德精华中汲取丰富营养;时代精神教育,用不断发展着的马克思主义理论创新成果,回答市场经济条件下的现实问题,使诚信教育凸显时代特征,随时代发展而进步;思想品德教育,用社会主义、共产主义道德教育学生,从根本上提高大学生思想道德素质,树立正确的世界观、人生观、价值观,由他律转为自律。在完善诚信教育内容的基础上,学校实施了以课堂教育为主渠道的主体教育,以多种活动为载体的校园文化教育,以日常生活为内容的常规教育,结合教育过程的专题教育,以与社会互动为形式的开放教育等五种方式的诚信教育。学校还努力构建诚信教育的监督评价体系。包括学习诚信、经济诚信、生活诚信、社会诚信四个部分,由各院部具体组织实施。各院部成立学生工作领导小组,对学生日常学习、生活中的关键行为进行记录,掌握本单位学生诚信状况。每学期期末各班通过民主投票,选出由学生组成的评议小组,给班内每位同学的诚信表现打分,并报院部学生工作领导小组。院部学生工作领导小组将自己掌握的记录与评议小组的打分结合起来,确定出每个学生的诚信成绩。评价成绩等级为 A、B 级的享有评选奖学金和参评校级先进个人的资格;享有竞聘学生干部的资格,在竞聘中优先录用诚信评价等级高的同学。评价成绩等级为 D 级的学生不得享受各类资助。D 级学生比例超过 10% 的班级,不得参评当年度校级先进班集体、先进团支部。诚信教育提高了学生的综合素质,毕业生受到用人单位的普遍欢迎,学校的诚信教育受到社会的广泛赞誉。

（三）构建和完善大学生思想政治教育工作者体系

大学生思想政治教育工作涉及面广、影响面大,为全社会所关注,是一项复杂的社会系统工程,需要一支社会化的队伍体系。为此,学校提出要构建以专职学生工作队伍为主,专职队伍与兼职队伍结合,校内学生工作者与社会力量结合,实际工作者与理论工作者结合的思想政治教育工作者系统体系。实现学校内部全员育人与全社会力量育人的有机结合,形成所有具备相应能力、有机会的人和单位都来做大学生思想政治工作的局面。

一是专职队伍与兼职队伍结合。学校明确:党政干部、共青团干部、"两课"教师、辅导员和班主任,是大学生思想政治教育工作的主体,是思想政治教育各项任务的具体落实者,而其中又以辅导员和班主任为骨干。2004 年以来,学校先后通过公开招聘选拔了 30 多名优秀硕士毕业生担任学生辅导员,初步建立起了年龄结构合理、学历结构优化、知识结构科学的专职学生工作干部队伍。与此同时,学校还从校内党政机关工作人员和离退休同志中,精心挑选一批适合做思想政治工作的人员,经学校党组织正式聘请,兼职从事思想政治教育工作。这样,既发挥了这部分同志的思想政治工作特长,又减缓了学校专职思想政治工作人员数量不足的矛盾。

二是校内学生工作者与社会力量的结合。思想政治教育是一个开放的教育系统,这不仅是由我国目前全面开放的社会条件所决定的,而且也是实现教育过程中个体思想政治品德社会化的需要。学校高度重视发挥爱国主义教育基地、社会知名人士及先进模范人物事迹等公共资源和社会资源,在加强大学生思想政治教育的作用。几年来,学校曾先后邀请全国模范检察官白云同志、中铁十四局"青藏项目部"先进集体等来校为大学生举行报告会,他们朴实无华的语言、感人至深的经历和无私奉献的精神,引发了大学生们深深的思考,极大地激发了学生们刻苦钻研、勇于拼搏、报效祖国的学习热情,极大地促进了优良学风的形成。

三是实际工作者与理论工作者结合。在工作中我们发现,直接从事大学生教育管理的工作人员(实际工作者)和从事思想政治教育理论研究的人员(理论工作者),虽然其工作对象和工作目标相同,但是由于工作性质的不同,使两支队伍在理论和实践层面产生许多脱节的地方,影响了思想政治教育工作理论层次的提高和实际效果的发挥。一方面,实际工作者实践经验丰富,了解大学生思想生活实际,建立了与大学生相互了解、相互信任的感情基础,具有抓落实的素质和能力,但是由于事务性工作多,进行系统研究和思考少,他们往往对思想政治教育工作规律性的理性探讨不够;另一方面,理论工作者理性思维能力强,善于从宏观上把握思想政治教育的趋势和规律,能够提出具有战略高度的决策思想,然而却又存在着实践经验的不足。针对这一情况,2004 年以来,学校在专职学生工作干部中大力实施了"五个一"工程,即要求每一位专职学生工作干部每年读一百万字的书,写一篇调研报告,发表一篇高质量论文,解决一个工作难点热点问题,敦促专职学生工作干部主动将实际工作与理论研究相结合,引导他们走专家化、学者化的路子,不断提高理论水平,培养战略思维能力。学校还拨出专项经费对学生工作干部进行理论和业务培训,每年举办学生工作干部暑期研讨班,2006 年有 12 名学生工作干部送到美国进行了两个月的培训。学校还专门设立了"德育实践学分",引导理论工作者积极参与大学生德育实践的指导工作,主动贴近实际、贴近师生员工、贴近生活,发挥其在大学生思想政治教育科学研究、决策咨询、工作指导方面的作用。

(四)构建和完善大学生思想政治教育考核评价体系

考核评价是思想政治工作的一个基本环节,是整个学校思想政治教育过程的有机组成部分。通过评价活动,展示成果,总结经验,推广典型,反馈信息,吸取教训,对加强和改进思想政治工作,优化思想政治教育过程,提高思想政治教育效果,具有重要意义。学校提出以学生评价为基础,系统考核为重点,过程考核与结果考核相结合的思想政治工作考核体系。

注重基础就是考核必须吸收学生的评价意见,并以此作为考核成就评定的主要依据。思想政治工作的目的在于启迪被教育者的思想觉悟,调动其自我提高、自我完善的内在动力,从而达到自律的境界。以学生评价为基础,体现了"以人为本"的理念和党的群众路线,实现了教育主体与客体的统一,有利于增强学生的主体意识,调动其参与思想政治教育的积极性。在诚信教育考核评价体系中,各班级选出由学生代表组成的评议小组,给班内学生的诚信表现打分,各院系部学生工作领导小组以此为评定学生诚信成绩的重要依据,以求最大限度地公平公正公开。

强化重点就是加强考核的系统化建设,提高其规范性。系统考核主要包括,一是考核标准,主要是思想政治教育的制度是否完善,思想政治教育的机制是否健全,学生的思想政治素质是否不断提高,学校育人的综合目标是否实现,毕业生被社会认可的程度是否比较高等。二是考核程序,主要是明确考核步骤,确定考核的组织领导,注意考核中的协调,掌握考核的时间(学期、年度或随机),落实考核结果的奖惩。三是考核目的,主要是了解思想政治教育的实施情况,思想政治教育系统自身的建设情况,对其成效和问题作出科学评价,促进整改措施的落实,达到不断提高的目的。四是考核内容,主要根据考核具体目的确定,一般应当包括过程考核与结果考核两部分,重点是考核实绩。

在考核过程中,学校特别强调要把过程考核与结果考核结合起来。过程考核重在考核党委和各级党组织关于学生思想政治教育的分析决策、制定实施意见、检查监督、推动工作运行的过程,看是否求真务实、狠抓落实,使各工作阶段衔接合理、运行有序。结果考核重在按照考核标准体系,考核学生思想政治教育的实际效果,以检验思想政治工作是否有效、效果大小。把两者结合起来，通过对过程的考核，可以分析造成结果不佳的原因，找出主观和客观因素的影响比例，有针对性地加以改进，有利于提高思想政治教育体系自身的科学化建设，促进思想政治工作人员自身素质的提高，从而提高学校思想政治工作的整体水平。

（五）构建和完善大学生思想政治教育运行保障体系

《中共中央、国务院关于加强和改进大学生思想政治教育的意见》指出："……要建立健全党委统一领导、党政群齐抓共管、有关部门各负其责、全社会大力支持的领导体制和工作机制，形成全党全社会共同关心支持大学生思想政治教育的强大合力。"学校党委在此基础上进一步明确提出了构建党委统一领导，党政齐抓共管，职责划分清晰明确，制度建设系统规范，规划部署周密科学，协调配合有力到位，工作运行灵活高效，经费投入充足稳定的运行保障体系。具体包含三个层次。一是领导机制抓职责。明晰校党委、校长、各部门、基层党团组织的具体职责、工作范围和任务分工，并以规章制度的形式确定下来。党委、行政每年对职责落实情况进行检查和考评，严格奖罚措施，促使各级领导按职责分工做好大学生思想政治教育工作。二是运行机制抓协调。学校每学期都要专门召开2—3次书记办公会或党政联席会，专门听取学生工作处、团委、党委宣传部等部门的工作汇报，研究分析学生思想政治状况，制定思想政治教育工作要点，按年度计划、学期计划、月计划和周计划方式层层落实，把关注的重心放在抓好协调、确保系统的高效能运行上，为开展思想政治教育工作创造良好环境。三是保障机制抓投入。学校逐年加大对大学生思想政治教育工作的经费投入。学校明文规定，按每年每生100元划拨学生工作职能部门经费，按每年每生35元划拨二级教学单位学生管理经费，每年还为国防教育、学生工作干部培训、大学生实践创新活动和大学生就业等拨专款支持，建立了稳定的投入机制。学校还主动加强与社会的联系，争取社会资金的支持，进一步优化大学生思想政治教育工作经费来源结构。学校还不断改善大学生思想政治教育的工作条件。学生处的就业指导中心、心理健康教育中心、学生工作信息管理中心和团委的大学生活动中心的使用面积近 1000 平方米,功能齐全,布局合理,体现了学校的重视和支持。

苏霍姆林斯基说,"情感是强大无比的教育者"。思想政治教育者要用真诚的爱去沟通自己与教育对象的心灵,以严父慈母般的力量架起畅通的情感桥梁。只有当教育者真心实意地爱着教育对象的时候,才能把他们吸引到教育过程中来,充分发挥各种教育手段的作用,取得理想的教育效果。通过两年的实践与探索,学校初步构建起了包括"内容体系"、"实施体系"、"工作者体系"、"考核体系"和"保障体系"在内的"五位一体"的思想政治教育体系。这一体系的建立和完善,进一步奠定了实施情感育人的坚实基础,大大提高了思想政治工作的针对性、实效性。

三、完善保障机制,实施"三保"工程,为情感育人的实施搭建有力平台

依据教育学的有关原理,思想政治教育是提高高校学生思想政治素质的基本途径,其过程由教育主体(直接或间接从事思想政治教育者)、教育客体(在校大学生)、教育环境三个基本要素构成。随着高等教育改革的深入发展,高校思想政治教育的客体——大学生在校生活的轨迹正发生着变化,形成一种新的格局,呈现出许多新的特点。突出表现在:随着我国高等教育的收费制度改革,高校经济困难学生问题日渐突出。经济困难学生问题并非单纯的经济解困问题,经济困难学生因经济窘迫而产生的思想上、心理上的问题,更需要我们加以高度重视。为此,自 2004 年以来,山东经济学院完善保障机制,启动了"三保"工程,即贷款保学费、助学保饭碗、补助保重点,目的是为经济困难学生成才提供经济保障。

贷款保学费就是学校向银行提供助学保证金,争取银行向学生提供助学贷款,保证困难学生缴得起学费。对困难学生来说,缴学费是一大难题。通过助学贷款解决困难学生的学费,有利于培养学生的主体意识、责任意识。

助学保饭碗就是使困难学生通过勤工助学得到报酬,保证其基本生活将"补"改为"助"。"补"由于不劳而得,容易在学生心理上产生不良影响,同时容易在同学间产生攀比。改为助学,使困难学生通过勤工助学得到报酬,有利于培养学生艰苦奋斗、热爱劳动的思想。学校拿出学费的5%,设立"勤工助学基金",千方百计增加勤工助学岗位。助学工作中,学校注重做到"四个结合",即与优化校内环境相结合、与维护学校秩序相结合、与学校教学科研相结合、与学校管理工作相结合,目前有1800多个校内岗位,占在校生人数比例10.59%,自2004年起至今共有9560人次参加了勤工助学,累计发放勤工助学款约46.33万元(2004年1468167元、2005年1993450元、2006年2250000元)。在充分挖掘校内勤工助学岗位资源的同时,我们还主动把视野投向社会,提出了"拓展勤工助学新领域、搭建社会实践新平台"的工作思路,从而不断把大学生勤工助学工作引向深入。在全面贯彻落实"313"成才工程的同时,把"勤工助学岗位",变成了学生们参与社会实践、增强社会适应能力和实践能力的课堂。自2004年以来,学校团委先后邀请驻济企事业单位来校举办了3场大型勤工助学招聘会和30多场小型专场招聘会,有136家单位参加,共提供岗位7105个(2004年600人、2005年2627人、2006年3878人),校团委勤工助学中心与诺基亚公司、海信集团有限公司等多家知名企事业单位建立了长期合作关系。

补助保重点是指对于特殊困难的学生,学校提取学费的2%,给予重点帮助。为了提高这项工作的准确性,学校建立了特困生档案,通过实际调查,力争把情况摸准,使有限的经费,重点保障确实有困难的学生。

实施"三保",体现了学校对学生的关心和爱护,使学生从中感受

到学校大家庭的温暖;同时,通过创新工作思路和方法,减少了学校的压力,推动了学校的发展。

第三节　山东经济学院情感育人机制实施的效果与反响

"人非草木,孰能无情"。人们在认识客观事物的过程中,不会无动于衷、冷若冰霜,常常情动于中,形乎于外。学生的学习、生活离不开情感;教师的情感对学生有直接感染作用。山东经济学院情感育人机制的实施,在师生之间架起了情感交流、思想沟通的桥梁,真正起到了塑造学生美好的心灵、高尚的品德的作用。

一、实施情感育人,以情动情,以情晓理,让学生深切感受情感的魅力

"晓之以理、动之以情"是思想政治教育工作的基本原则,思想政治教育工作要充分发挥情感的先导作用,用情感去教育、感化学生,使师生之间产生心灵的共鸣和心理的相容,才会取得良好的效果。实践证明,受教师喜欢的学生,与老师相处融洽,进步很快;反之,与老师有抵触情绪的,学生走向下坡路的可能性就大。总之,教师动情,学生才能动心。

2004 年 11 月,校团委组织开展了"谁言寸草心,报得三春晖——《辛酸父亲给儿子的一封信》"座谈会。校党委宣传部、团委、学生处的领导老师和来自各院部的学生代表进行了座谈,山东电视台、山东广播电台等多家媒体纷纷以"辛酸父亲来信,震撼山经校园"为题对座谈会进行报道,活动在校内外引起了强烈反响。

2005 年 12 月,校学生会组织开展了"大学生日常消费情况"调查,并将调查结果——"我的一笔账"制成宣传板在校园展览。宣传板上详细列明了大学生在校期间各项费用的调查平均支出水平,除了学费、

伙食费、住宿费等正常开支,还列明了诸如恋爱消费、旅行费、零食费用等额外开支。活动吸引了同学驻足观看,用无声的语言、客观准确的数据,引发大学生对自身行为进行认真审视和深刻检讨,从而把同学们引导到珍惜青春年华、刻苦学习、奋发成才上来。

二、实施情感育人,培养了学生的诚信和爱心,营造了健康向上的校园环境

学校实施的思想道德教育提高了大学生的思想道德素质。拾巨款不动心归还原主的事例不断出现,热心助人蔚然成风。学生中不道德的行为明显减少,考风、学风、校风大为改观。大学生于 2004 年自发成立的 200 多人参加的"齐鲁情大学生支农促进会",先后深入济宁、鱼台、泰安、东平等 6 个县区开展支农活动,被团中央评为"全国大学百支优秀社会实践服务队"。2004 年 11 月,学校在校园内公共场所摆设一个"无人售货点",摆有小商品和投币箱,买东西、付款无人监督,全靠自觉。售货点摆了七天,每天都有上万人次经过,在无人监督的情况下,学生们自行拿取商品,将货款放入投币箱内。活动开展七天,钱货基本持平,表明学生诚信度是令人满意的。学生反映:"这种活动能引发大家对诚信的思考,非常必要。"《中国教育报》等媒体对此作了报道。2004 年以来,学校 4000 多名学生自愿报名捐献血小板,建立起"山东经济学院爱心血库";有近万名学生无偿献血,2005 年学校被山东省卫生厅授予"无偿献血先进单位"。学校刑事案件、治安案件下降 50% 。小的治安事故、火灾苗头发案率下降 20% 左右,无严重事故发生,无学生犯罪,无非正常死亡,营造了安全稳定品牌的校园环境。

三、实施情感情感育人,树立了师生民主平等的观念,从而使教师的意愿和想法得到真正的理解和认可

为了配合学校《建设和谐校园实施意见》颁布实施,学校团委、学

生会在全校团员青年中发起了"日行一善、月积一美、携手并进、共建和谐"活动。活动得到了全校学生的积极响应和踊跃参与,有力地推动了和谐校园的建设。为了配合学校贯彻落实教育部《关于进一步加强高等学校本科教学工作的若干意见》,深化学校教学改革,提高教学质量,由教务处、校团委、学生处联合主办了"山东经济学院第一届教学名师、教学能手评选活动"。通过这些活动的开展,最大限度地吸纳了学生的参与,在师生之间架起了相互沟通的桥梁,使双方建立起了更加融洽的感情,从而帮助教师全面、正确地认识学生的学习生活动态,了解学生心声,发现问题,并且在开展各项活动时赢得学生的积极配合与支持,从而提高了教师的工作效率。

第四节　山东经济学院实施情感育人机制中发现的问题

自 2004 年以来,山东经济学院情感育人机制的实施已收到了明显的成效。但是,在实施情感育人、发挥情感育人机制作用方面还有很多环节被忽视或者有些环节工作开展不够充分。存在的主要问题有:

一、对大学生的情感心理需求认识有待进一步提高

学校的思想政治教育工作主要是围绕着大学生这类主体人群而进行的。处于青春期的大学生,其心理和生理都发生了重大变化,他们观察敏锐但又不全面,容易接受新事物又缺乏一定的辨别能力。特别在市场经济条件下,随着社会结构、利益格局的变动,大学生的人生价值观念、生活方式、行为规范都已经发生深刻变化,他们对情感的需求更为强烈。按照马斯洛需求层次理论,每一层次的需要都包含了情感的需要,而情感需要的满足正是行为的动机和保证。以往高校思想政治教育往往忽视学生的情感心理需求,对大学生强烈的主体性独立意向

认识不充分,从而忽视了他们在情感上的不同需要;而大学生的情感需要一旦得不到满足,就很容易产生消极的态度,引起消极、失望的情感体验,阻碍自身对教育内容的接受和理解,难以将所学知识最终转化为自己的信仰。

二、对大学生情感培育的力度有待加强

当代大学生具有强烈的竞争意识、个性意识、改革意识和民主意识,这就要求学校思想政治工作采取有针对性的、行之有效的措施对学生进行正确的引导,而不是仅仅停留在给学生讲清道理的层面上。那种统一教材、统一口径、统一布置的集中教育方式,说教式、灌输式、填鸭式等教育方法难以调动学生的积极性,难以起到良好的效果。然而,传统的思想政治教育在教学内容上主要是对学生进行道德理念的灌输,缺乏对情感的刺激和培育;在教学方法上,以单向传授为主,填鸭式的灌输仍占主导地位,缺乏宽松、民主、平等、热烈的教学气氛,缺乏激发学生情绪体验的有效手段和方法。由于在思想政治教育过程中情感投入不足,使学生对思想政治教育产生了距离感,在实际行动中缺乏情感动力。

三、应对社会环境负面影响的措施有待进一步完善

在经济全球化和市场经济条件下,社会环境的变化给学生的情感培育和思想政治教育工作带来了一系列深远的影响。这既有促进大学生情感健康发展的正面影响,更有使大学生处于道德困惑、两难选择中的负面影响。比如,经济全球化势必引发东西方不同民族、不同文化背景的价值理念的碰撞,这既给大学生思想政治工作带来了严峻的挑战,同时也给我们对学生进行理想和信念教育、爱国主义教育提供了好机会。再如,社会上各种享乐主义、拜金主义、个人主义观念等正影响着当代大学生,金钱至上、权钱交易等腐败现象使大学生对课堂所学的知

识和理论产生怀疑。与此同时,就业的压力也导致了学生学习和实践的功利化,出现淡漠政治的现象。社会上的不正之风严重挫伤了青年学生对未来美好憧憬和求实进取的热情。传统思想政治教育往往忽视了其中的负面影响,使工作缺乏针对性。

第五节　实施情感育人机制的改进措施

情感育人是一项长期而艰巨的任务。完善情感育人机制、充分发挥情感育人作用应从以下几个方面加以改进:

一、了解情感培育的差异性

情感是人们的心理体验,具有差异性,情感功能具有多种表现形式,光凭某种表象难以全面地判断人的情感。况且,在市场经济条件下,由于受市场经济负面效应及腐败现象的影响,不少大学生在价值观上有一些偏激的意识。因此,只有了解和掌握教育对象的情感效能差异,才能对其情感状态进行科学的评价,才能使思想政治教育收到良好的效果。只有合理运用情感理论,才能有效地培育和陶冶健康积极的情感。在情感的培育中,运用情感理论,遵循情感规律,能够提高思想政治教育的效果。思想政治教育必须适时地将大学生的情感状态朝着健康积极方向引导,使他们尽可能地保持良好的情绪状态,最大限度地发挥情感在思想政治教育中的正效应。思想政治教育者对不同层次的学生要有不同程度的导向,必须善于从错综复杂的情感中分析、把握教育对象主要的、基本的情感,有的放矢地进行情感培育,不能一刀切;对学生中产生的非集体主义、非社会主义的价值观,不能简单地否定了事,而要通过耐心的说服教育来纠正他们的不正确的思想,善于采取不同的形式、不同的方法逐步让他们树立正确的世界观、人生观、价值观以及社会主义理想、信念。

二、积极发挥学生自我教育作用

当代大学生个性突出,表现欲强,又有爱面子、虚荣心强、好冲动等不足之处。要引导大学生把个人情感升华为高尚情操,培育他们的社会主义道德感和追求科学捍卫真理的理智感、美感,既需要情感的催化,也需要理性的支撑,将严格的教育、管理和要求与关注情感、强调情感作用协调起来。因此,高校思想政治教育工作者要在普遍教育的基础上,结合当前学生的个性特点,特别注重引导和发挥学生自我教育、自我管理的积极性,使学生深刻认识到,在整个教育、教学管理和道德修养的过程中,自己既是受教育者、被管理者,同时也是教育者、管理者;既是思想政治教育工作的对象,也是思想政治教育工作的主人,变被动接受为主动教育培养。比如,当上课时发现某同学不认真听讲,若当面提出批评,极易使学生自尊心受损而产生抵触情绪;若课后跟学生谈心等方式启发他认识到错误,反而会使学生大受感动,起到事半功倍之效。

三、增强情感培育与社会环境的适应度

情感具有鲜明的社会历史性,任何一种情感的培育都离不开社会环境的影响,都反映着人们的社会关系和生活状况,渗透在人类社会生活的各个领域。当前,随着市场经济的发展,社会竞争日益激烈,社会环境较以前发生较大改变,学生的心理特点也随之发生变化。例如,有的学生因为家长下岗,面临经济困难的压力,还有普遍存在的学习负担重、就业难的压力,大学生的心理负荷日益加重,患心理障碍的学生人数逐渐增加。因此,高校情感的培育应该密切联系实际,根据社会变化不断调整内容和方式,以满足社会和人自身的需要。如《中共中央、国务院关于进一步加强和改进大学生思想政治教育的意见》(以下简称《意见》)指出的:"对经济困难大学生的资助工作,要采取以政府投入

为主,多方筹措资金,不断完善资助政策和措施,形成以国家助学贷款为主,包括助学奖学金、勤工助学基金、特殊困难补助和学费减免在内的助学体系,帮助经济困难的大学生完成学业。"这就是适应社会环境变化,增强情感培育的一项很好的具体措施。在培育情感的过程中,大学生可能通过各种途径了解更多的社会现实,如果对社会中存在的问题不能作出合理、公正的解释,会使大学生感觉到现实和书本反差太大,并因为对现实不满和失望而产生消极或偏激的情绪。所以教育者应注意引导学生正确估价社会现实,包括各种社会弊病,激发他们解决问题的兴趣,强化大学生的责任感、使命感,把情绪转化为一种责任,上升为理智。如针对人类面临的生态环境问题,培育大学生的生态伦理道德感;顺应国际一体化趋势,培育大学生的国际主义情感;适应知识经济发展的要求,培育大学生勇于创新、崇尚科学的理智感等。高校的思想政治教育不能再局限于传统的封闭式教育方式,思想政治教育的开放性已成为潮流。

四、充分认识到情感培育的持久性

人类的情感是追寻真理的强大动力,没有人的情感,就没有也不可能有人对真理的追求。高校思想政治教育的本质内容和根本功能就是要解决人们的深层次的理想信念、信仰问题。培育知行统一的"四有"人才,必须努力培育学生的情感,造就情感高尚的人。但是,情感的培育不是一朝一夕之事,任何一种情感的转变和信仰的形成都不可能是与生俱来的,必须通过长期的学习和实践才能确立。认知只有上升到理性的高度,才可能转化为人们内心的信念、情感;同样,情感只有在长期的实践中才能得以强化和升华。学生高尚情操的养成需要学校与家庭、社会长期的密切配合,贯穿于整个教育活动的始终。教育对象由于自己思想原因及外部种种因素影响,可能出现情绪的多次反复,阻碍情感的培育,所以情感的形成是一个由量变到质变、长期复杂、逐步提高的过程。高校教育工作要常抓不懈,做细做实,要做到既有长远计划,又有近期安排,而不是时断时续,零敲碎打,缺乏系统性和持续性。

五、注重情感投入

大学生思想政治教育工作能否取得成效,与增强思想教育工作的亲和力有直接的关系。思想政治工作应注重情感投入,以真情实感使受教育者感到温暖、受到感化、受到教育。这一系列成果的取得离不开教育者的情感投入。情感的最大特点就是感染性,它要求教育者尊重并满足学生的情感,使受教育者在情感上接受和认同教育内容,进而实现教育主体和客体在情感上的沟通,促使学生将对教师的情感转移到教师所传授的教育内容上来,接受并转化为自我教育的内在动力。反之,如果教育者仍采取传统方式,居高临下,学生可能会紧闭心灵大门,加大师生间的心理距离。例如,一个学生产生心理矛盾和心理障碍,总是愿意找老师和同学交流,如果师生之间、同学之间有隔阂,就是好心好意往往也可能会被误解为虚情假意,致使正确的意见也听不进去,甚至有时还会从相反的方面去看待对方意见。所以接近学生、尊重学生是思想政治教育工作的情感基础,教育者要深入了解和把握学生的内心世界,清楚学生想什么、需要什么,做到心中有数,才能增强工作的针对性和实效性,才能更贴近社会、贴近生活、贴近学生的思想实际。

六、讲究理论讲授的技巧

情感是人对有关事物所持态度的体验,个人对周围事物所具有的认识是情感产生的关键环节。没有认知,就没有情感。情感培育,不仅要强调以情感人,更要重视知识、理论的讲授。然而,语言是思想的外壳,是情感的表露,教育重在感化,在感化中才能得到更大的提高。当前高校普遍重视抓紧课堂正面教育,积极推进"三个代表"重要思想进学生德育教育教材,进课堂,进学生头脑的工作,使学生掌握马克思主义的世界观、方法论,能正确运用马克思主义的立场、观点和方法认识世界,树立正确的人生观、价值观和成长观,但取得的效果并不明显。在组织政治学习时,往往会发生教育者苦口婆心地讲解理论,学生却对此毫无兴趣。思想政治教育照本宣科、教条式的讲解是造成这种状况的重要原因。因此,大学生思想政治理论课要联系改革开放和社会主义现代化建设的实际,联系大学生的思想实际,把传授知识与思想教育结合起来,把系统教学与专题教育结合起来,把理论武装与实践育人结合起来,切实改革教学内容,改进教学方法,改善教学手段。所以在思想政治教育中要艺术地把握语言表达的方式方法以及语言表达的分寸,才能真正增强思想教育的吸引力。

七、强化实践教育功能

实践是人所独有的活动,是人们认识的源泉;认识是实践基础上主体对客体的能动反映,认识过程的每一个环节都离不开社会实践,认识只有在实践中才能转化为坚定的情感——信念。思想政治教育特别要重视学生个性的健康发展,注重帮助学生寻求自己的目标,挖掘自己的潜力,重视学生的健康成长,有意识地在性格上、心理上对学生进行训练,培养学生的个人能力、自信心和健康的生活方式。而通常情况下,课堂教育重在知识和思想的理论传授,要真正将理论转化为学生的信念,少不了学生的内心体验、情感积累和行为实践。比如,教育者喋喋不休地要求学生关心热爱集体,非但效果不佳,反而易引起学生的厌烦。与其这样,不如换个方式,组织学生参加体育赛事或公益活动,有可能更有利于学生在亲身体验中认识集体,增进集体荣誉感。《意见》指出,"要积极探索和建立社会实践与专业学习相结合与服务社会相结合、与勤工助学相结合、与择业就业相结合、与创新创业相结合,要认真组织大学生参加军政训练、社会调查、生产劳动、志愿服务、公益活动、科技发明和勤工助学等实践活动,使大学生在社会实践活动中受教育、长才干、作贡献,增强社会责任感"。因此,高校应多组织学生参观、访问、社会调查,接触社会,参加劳动。一方面,可以拓宽学生的知识面,让学生走出学校,走进社会,参加实践活动,把理论运用到学习、生活、工作的实践中去,将社会实践活动落到实处,使认知在实践中内化为情感,弥补课堂教育的不足。另一方面,也能使学生真正认识到自己所学知识是否正确,才能真正使学生从理解到认同与接受,然后升华为信念信仰,最后内化为学生的行动指南和精神动力。

八、营造良好的校园文化环境

任何人的情感总是在一定的环境中产生的,情感的产生和升华不仅需要正面的理论教育和实践引导,也需要各种能起到潜移默化作用的环境的熏陶。对当前大学生而言,良好的学习、生活和校园文化环境对大学生优良思想品德的形成有至关重要的影响。改革开放给校园生活带来蓬勃生机,各种校园文化在大学生中悄然兴起。校园文化并不简单等同于文体活动一类的文化生活,是包括思想教育、人际关系、学风校风、校园环境建设等多项内容的一种文化。校园文化具有极强的感染力、渗透力和凝聚力,也具有其他思想教育形式所无法替代的功能。它集管理、育人和服务为一体,通过日常生活里的不同观念行为的撞击以及自然选择与淘汰,使学生在潜移默化中得到熏陶,使学校教育的目标转化为学生的共识和自觉为之奋斗的动力,以形成良好的学风校风。《意见》指出,"要建设体现社会主义特点、时代特征和学校特色的校园文化,形成优良的校风、教风和学风,开展丰富多彩、积极向上的学术、科技、体育、艺术和娱乐活动,把德育、智育、体育和美育有机结合起来,寓教育于文化活动之中"。高校可以利用科技优势,重点开发和建设校园科技文化,把学生课余的兴趣点和积极性吸引到科技发明和科学研究上来;可以通过开展大学生科技竞赛活动,举办大学生科技文化艺术节等活动来丰富校园文化生活,激发大学生的科技创造潜力,提

高他们的科学文化素质,促进他们早日成才。学校还可以通过举办知识竞赛、演讲比赛、专题讲座、开展丰富多彩的文体活动和其他有益身心健康的活动,寓教于乐,丰富学生的精神生活,从而达到培育德、智、体、美、劳全面发展的合格人才的教育目的。

第七章
激励育人机制的实施

　　激励育人机制是施教者通过激励因素与学生之间发生相互作用的方式,是有关学生激励的一套制度、措施,是通过对大学生日常的一些好行为和取得的成绩给予认可和表扬,采用适当奖励方式,激发学生的内在动力,促使学生奋发进取,取得更大的成绩。激励育人机制在鼓励部分学生向全面发展的同时,注重部分学生个性和特长的发展,适应了社会对不同人才的需求。目前,我国高校对激励育人机制在人才培养中的作用日益重视,并进行了有益的探索,取得了一些成果,但尚未形成一套科学、合理的运行机制。山东经济学院在充分调研、论证的基础上,围绕社会主义大学的发展方针和培养目标,认真落实以人为本、和谐发展的科学发展观,在学校"313"成才工程中充分体现和运用了激励育人机制的原则和方法,取得了良好的育人效果和社会反响。

第一节 高校实施激励育人机制的现状与问题

当前我国高校在大学生教育管理工作中,激励理论的运用取得了一定的成效,大多都建立了相关激励育人制度,如行为幅度制度、行为约束制度、奖学金制度,激发了一部分人的学习积极性;制定了先进班集体、先进团支部的评比条例,使学生产生了集体荣誉感,增强了集体的凝聚力;老师在平日工作中一些勉励的话语,无形当中也使一些学生受到了启发,找到了奋斗的目标;针对学生的表扬与批评,更使他们从中明辨是非,扬长避短,向更好的方向发展;通过组织一些有意义的活动,如"文明修身"、"一封家书"等活动,促进了学生的"文明、诚信、感恩"等良好品质的形成;通过向一些先进人物的学习,如学习洪占辉同学的感人事迹等活动,增强了大学生的责任感,等等。这些都是运用激励理论所取得的成效,但目前高校实施大学生成才教育的激励育人机制还存在许多问题。

一、激励制度不完善,表现为奖励面过窄、奖励力度太小、奖励额度差距过大、奖励教育在考核体系上缺乏全面性

奖励立足于多数学生,有助于调动更多的学生的积极性,但目前多数院校的奖学金享受面、各种称号的受奖率仅为 25% 左右,仅为学生的四分之一。根据心理学家的测试研究,认为奖励面不足 50% 就会削弱奖励的效应。当然人人有份也就失去奖励的作用。奖励面过小,受奖的学生过少,则学生们会认为这只是那部分好学生、最出色学生的"专利",与自己无关,奖励没有影响到更多的学生。在一个班级找几个典型并不困难,最困难的莫过于是通过奖励这几个典型,激发起所有学生奋发有为的信心。激励的艺术就在于通过各种形式的奖励,使处于可上可下的多数学生,大部分流向优秀的边缘。

物质奖励量和学生实际付出的努力背离太远。任何物质奖励应充分体现一定的物质利益,但在物质激励机制运行中仍存在着过去那种只有"象征意义而无实在利益的虚奖"。如一个学年(学期)的一等奖学金还不足以支付一个学生半年的学习消费,大大削弱了奖励的作用。根据心理学家的研究,如果受奖者的期待量和奖励量成正比,那么奖励的效应就倍增;如果奖励量达不到受奖者的期待量,使学生们得不到足够的刺激,奖励的效应就会大大削弱。

奖励额度差距过大,影响激励的效果。如今有些高校普遍采用的激励方法是减少助学金,增加奖学金。其中不少的奖学金是由社会资助的,这类的奖学金很多,有的奖励金额高达上万元,而与此相比学校奖励的奖学金仅为几百元。两者相距十几倍,过分拉大了差距,在一定程度上破坏了公平原则,忽视了我国现在仍处于社会主义初级阶段,学生的心理承受能力仍然有限这样一个事实。按人力资源管理的激励原则,适当地拉开差距,有利于提高工作效率与业绩水平,有利于提高学生素质和吸引人才,从而有助于实现组织目标;但奖励的差距过大,则会引起学生不公平感的产生。对这部分受奖者来说,他们所承受心理压力也是不小的。

奖励缺少正确的价值导向。如奖学金是对大学生以学为主、德智体等全面发展的综合考核和奖励,因而奖学金的评定不能偏离德智体等全面发展的价值导向。但有些思想教育工作者往往偏智育,给学生造成"一俊遮百丑"的错误价值导向。

重物质激励,轻精神激励。长期以来,人们对在大学生教育管理工作中运用激励的认识,只停留在可有可无的水平上,对激励的要领存有偏见,认为它仅是物质刺激的一种手段,将多发些奖金、多给点纪念品、多组织几次旅游等作为激励,把物质刺激与激励划了等号,忽略了大学生还有更高层的精神需求,从而也就忽略了激励能够满足这种需求的作用,更没有将认识提高到激励的运用是为培养跨世纪人才服务的战略高度上来。

奖励教育在考核体系上缺乏全面性。比如在"优秀学生"的评定上,一般是"德智体"等三个方面都表现较好的学生,即可评为"优秀学生"。其实这种考核体系有残缺的一面,也就是只具备这"三好"的学生,并不完全是优秀的学生,现实生活中缺乏劳动观念,缺乏审美观,缺乏生活能力的"优秀学生"也大有人在。因此,优秀的学生应该是德智体美劳五个方面都优秀的学生。

二、奖励教育在评定条件上不切合实际,激励教育运用方法不当

奖励教育在评定条件上不切合实际,有过分趋高化倾向。例如,一些学校评定优秀学生一等奖学金在学习成绩方面的要求是:学年每科成绩应在 85 分以上,且学年平均成绩在 90 分以上。这样的高标准,一般而言,不符合当前高校教育管理的实际,致使学生形成可望而不可即的认知心理,进而弱化了学生的学习积极性和追求奖学金的动机和行为。

在实际的激励过程中存在不公平激励现象。不公平激励的形式主要有两种。一是不公正激励,例如,在评"优秀学生"、树标兵时,有的辅导员(班主任)仅凭个人的观察、好恶及学生学习成绩,自主圈定入选;或仅凭学生民主选举,忽视非公正因素的存在,从而使评选结果不公正。不该评上的评上了的学生可能因自己的付出小于所得而产生压抑和不安,该评上的没有评上的学生可能因自己的付出大于所得而产生不满,二者都在无意中受到挫伤。二是不平等激励。例如,大学生的综合素质的测评中,有不少的加分条件,如学生参加运动会为院、校争光,就可得加分。因学生的素质和能力有差异,该激励目标只能是固定的少部分学生能够实现,大部分学生无缘加分,该方法带有明显的不平等性。不平等必将挫伤部分学生参与的积极性,甚至使学生出现旁观和退却的行为。激励的出发点是好的,而结果却是带有意想不到的挫

伤性。

实事求是要求我们在为人处事的过程中要一切从实际出发,避免犯主观主义的错误。激励育人机制也要讲究实事求是。而当前,一些学校在奖励教育(如推荐各种优秀学生,优先推荐就业、入党、深造等)对象的选择上有失偏颇,主要是某些教育工作者要么有较强的世俗心理,在推荐优秀学生,尤其是高级别的优秀学生,如省级优秀学生等方面,不是考虑其推荐对象是否优秀,而是较多的考虑推荐者的社会背景以及推荐后对自己现在和将来能否带来好处;要么受某些非正当权力的压迫,心存恐惧感、忧虑感。此时,人的趋利避害的天性或本能就会表现在行为上,也就是违心、违理的推荐非常一般、甚至思想品德不佳的学生当优秀学生;要么考虑平衡问题,推荐综合表现一般的学生为优秀学生等。凡此种种情形,显失客观、公正、公平性,危害很大。一方面,打击了的确优秀的学生,致使他们很可能因受挫而产生厌世的消极心理,甚至出现反教育、反社会的不良行为,如抵触教育、违法犯罪等;另一方面,又放纵了通过非正常渠道获取"优秀学生"称号的一般学生。上述缺陷,只会产生多方面的负面影响,不会产生积极作用,有损激励教育的纯洁性。

激励中存在"超强化激励"现象,对学生产生挫伤。适当表扬是对学生行为的促进,过分表扬却会引起受表扬者的骄傲情绪,甚至伤及第三者,使第三者认为老师偏心,影响师生关系。任何事物都有一个度,不管是强化激励(激励个体行为更加积极主动地进行),还是负强化激励(使人本行为得以削弱和改正),超过了一定限度,就成了超强化激励,激励便会向相反方向发展,不但起不了积极作用,甚至对学生造成挫伤。

三、运用激励育人机制的方式单一,激励教育时机掌握不好

在激励教育的方式上,不注重研究学生的心理需求及性别差异。

当前,学校激励教育的方式,基本上是采用一刀切的方式,基本上没有研究贫富学生在取得优异成绩时渴望被奖励的心理需求的差异性,也基本没考虑男女生取得优异成绩时渴望被奖励的心理需求的差异性。事实上,贫困生渴望得到的,富裕生不一定需要;男生需要的,女生不一定需要。这种一刀切、机械的奖励方式,很难取得最大的激励效果。

在奖励的时空上,激励教育缺乏时代感及时效性。这个问题主要体现在两点上,一是某些学校对优秀学生的奖品缺乏时代特色,还在沿用过去的陈旧办法,如一个口缸,一本练习本,等等。二是某些学校对优秀学生的奖励缺乏时间观念。比如,"五四"就应该颁发的奖励却非要拖到次年元旦才落实,或者无法落实,给学生"打白条"等。以上两种情形,都难以起到正强化作用。我们做每一件事,都必须注意掌握好时机,"机不可失,时不再来"。如果我们能够巧妙地运用时机进行激励,往往激励的效果会成倍增长;否则就起不到激发人的积极性的作用,而且很可能把事情办糟。

人们一般认为奖励表扬是激励,而处罚批评不是激励,因为处罚批评没有将消极因素化为积极因素。这其实是认识上的误区。其实,激励含有两层意思:激发和鼓励。奖励表扬能激发人的精神和意志,处罚批评也能激发人的精神和意志。前者使人更加先进,后者使人变为先进。从激励的功能和效果来看,管理是需要这两种激励形式的。但是,学校在学生管理的实际工作中过多地使用奖励的手段,而忽视了鞭策的作用,以至于某些不求上进的学生能在学校里混下去,他们没有危机感,他们在不当先进分子与不触犯校纪校规的空当中过得非常自在。惰性在这空当中滋生繁衍,消极落后有了避难所。而当一个违纪的学生受到处分时,就会产生不愉快的情绪,这将引起他们心理上的紧张和内心矛盾的斗争。这种内心矛盾的激发,可以促其产生周密的思考。如果这种激励方式的时机掌握得当,会使违纪人诚恳地接受处分,使其吸取教训、改正错误,向好的方向转化。

四、不能正确地运用科学的心理激励

心理激励是心理学、行为科学所提出并为高校学生教育工作实践所证明的一种有效方法。所谓心理激励,就是运用激励原理,将人的心理调整到高度激活的状态,从而调动人的积极性。高校学生自我意识比较强,感情丰富而深刻,具有独立性、创造性、复杂性、主动性等特点,因此,高校学生教育工作不能简单地采取冷冰冰、硬邦邦的机械模式,而应当采取具有"知心通情"特点的心理激励模式。心理学研究表明,人的行为基本上遵循这样的规律:需要→动机→行为→目标→新的需要,如此循环往复,不断提高。一般来说,不同的人对需要有不同的组合顺序,而某人某时期最强烈的主导需要,产生其主导动机,决定其思想和行为。因此,要通过具体分析,掌握个人的主导需要及其产生时主、客观原因,分清需要的性质和可能满足的条件,采取不同的激励手段,对不合理的需要,绝不迁就照顾,要抑制并做好思想工作。需要的满足是相对的,而不满足是绝对的。人的需要是行为的源泉,需要得到满足,心情就舒畅,工作的积极性就高。因此,以调动积极性为本质特点的激励,必须以需要为起点。在心理激励过程中,不仅要体现尊重人,还要能够理解人。比如,遇到困难时,渴望得到支持;受到委屈时,渴望得到安慰;做错事时,渴望得到谅解;等等。因此,在高校学生教育工作中要做到理解学生,就需要教育者经常进行角色换位,设身处地地体验、感受被教育者的所思、所感、所为,从而改变原有的心理定式,修正原有不正确的认识,使自己的认识更符合被教育者的实际,使自己所说的道理更容易得到被教育者的重视和接受。

可在我们的学生教育工作中,很难完全做到这样深入细致。我国现行的学校教育奖励机制基本上是一年一度的诸如"优秀学生干部"、"优秀学生"、"优秀团干部"、"优秀共青团员"等评比和奖励。这种重视学生在一年中行为结果的举措,对于强化某些学生更加积极的动机

和行为,无疑有其重要的作用;但是这种只重视学生行为的结果而忽视学生在发展中的行为过程的奖励机制,有其缺陷或局限性。它不符合心理学、遗传学关于人的差异性规律的要求。每个人的先天条件及遗传基因并不完全相同,也就是每个学生行为的基础有差异,而这种差异又会影响甚至决定着行为的结果有所不同,可能差别还较大。由此可见,评价一个学生优秀与否,不能只看行为的结果,还应看其行为的过程,也就是说看学生在原有的基础上是否有进步,进步得是快还是慢,然后再决定是否奖励。如针对不同的班级,要根据实际制定不同的目标、不同的努力方向。千篇一律,一刀切,就会使一些班级灰心并放弃,这样就起不到激励作用。还如针对一个班30多名学生,也应根据每个人的特点,给他们确定各自的努力方向,这样大家才能有信心,一味地要求学生都达到学习成绩85分,这即不现实,也不科学。对于某一个人在现需要得以满足,产生更高层次需要时,如何制定新的目标,需要教育工作者把握准,帮助学生,共同提高,这是我们激励的目的所在,可在实际工作中,这些方面都做得非常被动,致使工作效果不佳。

第二节　山东经济学院实施激励育人机制的具体内容

一、社会主义信念的激励

社会主义信念的激励是高校大学生激励的重要内容,是培养大学生树立起把我国建设成为社会主义现代化强国信念的重要途径。

当前,知识经济是一个热门话题,大学生对于知识经济的关注非常热切。知识经济对未来社会的影响将是全方位的、深刻的,社会主义会随着知识经济的到来有一个全新的发展。因此,应在传统社会主义信念教育的基础上,从知识经济发展的趋势对大学生进行社会主义信念的激励。

山东经济学院在加强大学生社会主义信念的教育过程中,加入知识经济的成分,丰富了社会主义信念激励的内涵。发展与未来是大学生最向往也是最广阔的领域。在人的一生中,青年是同未来发生关系的最长时期,他们开始考虑个人、国家和世界的前途,对未来充满着美好的憧憬。青年这种向往未来的特性,是他们接受新鲜事物快、保守僵化思想少、勇于进取、敢于开拓等优秀品质产生的本源。传统的社会主义教育是从理论、历史、现实的角度来教育人,在此基础上增加知识经济的成分,社会主义教育就又有了未来的因素。所以,学校从知识经济发展的趋势对大学生进行社会主义信念的激励,使传统的社会主义教育更科学、更具体、更具有说服力,使学生更信服,效果也更好。这样就能促使社会主义信念科学而深入地影响当代大学生,激励他们坚定社会主义信心,从而使我们伟大的社会主义事业不断发展。

二、爱国主义的激励

爱国主义是一个国家的人民对自己祖国的忠诚和热爱,它由三个层次的内容组成:情感、认识与行动。爱国主义首先是一种情感,一种对自己祖国的深厚感情;爱国主义是一种思想认识,当人们意识到为什么要爱自己的祖国,应当怎样爱自己的祖国,并且用什么方式爱自己祖国的时候,他们的爱国主义情感也就上升到了爱国主义思想认识的层次了;爱国主义同时也是一种行动,作为一种客观存在,爱国主义不能仅仅停留在情感和思想的层面上,更应落实在行动上。与此相适应,爱国主义的激励也就分为三个层次,即爱国主义情感的激励、爱国主义认识的激励及爱国主义行动的激励,简单地说,就是动之以情、晓之以理、导之以行。

(一)动之以情的目的是以情感人,以情育人,即通过营造出一定的爱国主义情感氛围来感染学生,从而使其受到爱国主义情感的熏陶

山东经济学院在对大学生进行爱国主义情感激励过程中,既用传

统的爱国主义情感来感染熏陶大学生,激发他们的爱国热情,又善于抓住当代爱国人士的典型事迹,激发大学生的爱国主义热情。在向同时代的英雄人物的学习中,大学生更能体会到爱国主义的时代性,更能在心灵深处激起共鸣,从而唤起爱国主义的自觉性。

(二)晓之以理是指运用说理的方式来阐明爱国的道理

通过有理有据的说理过程,使大学生认识到为什么要爱国、怎样爱国,从而培养起爱国主义思想认识。加入 WTO 后,由于人们经济意识的增强,爱国主义思想有所弱化。针对这种情况,学校通过对中国特色社会主义建设理论与实践的讲解,使学生明白只有社会主义才能发展中国的历史真理,认识到"发展才是硬道理",认识到改革开放、发展社会主义市场经济政策的正确,感受到社会主义制度巨大的优越性与强大的生命力,从而树立起民族自信心和自豪感。同时,加强对大学生的历史教育,使其认识到爱国主义是一个历史范畴,在不同的历史阶段爱国的具体内涵是不同的,当代的爱国主义与社会主义在本质上是一致的。

(三)导之以行是指运用科学、正确的思想或行为来引导大学生将爱国主义情感落实到实际行动中

山东经济学院主要开展了以下几个方面的引导工作:

1. 加强危机意识教育,增强大学生的紧迫感和使命感。加入 WTO 后,我国的经济、金融、国防、信息等安全甚至国家主权都面临挑战,发达国家对我国的意识形态和文化价值观的渗透,也不容忽视。无论是解决国内人多资源少、科技及生产力整体水平较低等问题,还是应对外来的挑战,都需要发展经济,增强我国的综合国力。因此,学校通过开展国防教育、形势政策教育和学术前沿研究报告等活动,激励大学生的爱国主义情感,鼓励他们以爱国之志、报国之心,肩负起历史赋予的社会重任。

2. 爱国主义的激励与大学生的个人发展相结合。大学生只有把

个人的发展目标、价值实现与国家的命运前途紧密地联系起来,才能最大限度地实现人生的价值。经济的全球化和我国加入 WTO,都为大学生的发展提供了更大的空间和更多的机会。作为财经类大学生更应该学好自己的专业知识,将来为我国经济发展作出应有的贡献。所以,学校将爱国主义激励渗透于专业教育之中,在潜移默化中激发大学生对国家、对民族、对事业的责任感,为实现其人生价值打下了坚实的基础。

3. 爱国主义的激励与创新意识、创新能力的培养相结合。创新是一个民族进步的灵魂,是国家兴旺发达的不竭动力。经济全球化中的竞争实质是高科技的竞争,而科技的竞争就是科技的不断创新、应用和发展,只有通过不断地创新,拥有更多的自主知识产权和独立的产业体系,才能在竞争中立于不败之地。因此,学校充分发挥大学生创新的天性,举办了"科技创新大赛"、"校园文化原创"等活动,开发大学生的创新思维,培养大学生的创新意识和创新能力。

三、集体主义的激励

马克思主义的集体主义观包含三层含义:集体主义是以生产资料公有制和人民当家做主、利益一致为基础的;集体主义强调国家、集体的利益高于个人利益,当个人利益与国家、集体利益发生冲突时,先国家、集体利益,后个人利益;集体主义并不排斥个人利益,相反,由于个人利益与集体利益的一致性,集体主义是保护个人利益的。因此,学校在进行集体主义的激励过程中,引导大学生处理好个性与共性、个人利益与集体利益、权利与义务等三种关系:

（一）个性与共性的关系

这里的个性指每个大学生独立的人格特性和聪明才智;共性指学校这个大集体的规定、制度、要求以及共同行动。在一个集体中,个性与共性是个矛盾的统一体,处理好这两者的关系,需要从两方面努力。首先,个人要认识到,共性的要求、集体对于每个成员的要求,是符合个

人的根本利益的,个性应该而且能够服从共性。其次,集体应该在不影响共性的前提下,照顾个性的发展。因此,学校在学生教育管理中,一方面强调纪律,完善规章制度,防止学生片面地强调个性,削弱共性;另一方面在规定允许的范围内,鼓励学生个人的发展、个性的张扬,使每个大学生的聪明才智得到充分发挥,整个校园就充满生机。

(二)个人利益与集体利益的关系

在大学里,个人利益与集体利益从根本上来说是一致的。但是,个人利益与集体利益也会产生矛盾,有些事对于集体是有利的,而对于少数人则可能是不利的;有些事物在个人看来是可行的,但从集体看来是不可行的。学校在进行这方面激励教育的过程中,一方面引导大学生认识到这种矛盾的解决,需要牺牲某些暂时的个人利益,服从长远的集体利益;另一方面,阐明只有服从长远的集体利益,学校的全局利益才会有保证,每个大学生的长远利益才能得以维护。

(三)权利与义务的关系

在社会主义国度里,当我们享有自由的权利时,必须履行必要的义务,即尊重他人的自由和权利,遵守必要的纪律。在大学这个集体中,我们可以享受到温暖和荣誉,得到同学们的关心和帮助;同时,我们也必须对集体负责,为集体尽义务、作贡献、争荣誉,应该关心和帮助其他同学。这就是权利和义务的辩证统一关系。主观片面强调奉献精神、牺牲精神而无视学生全面发展的需要,尤其是个性发展的需要,这是传统集体主义教育的弊端;强调客观影响的强大,任由学生对各种思想观念"兼收并蓄",放弃集体主义价值观的教育培养,而无视学生对集体归属感的需要,无视学生获取社会认同的需要,这是当前集体主义教育的盲点。

学校在进行集体主义的激励时正视学生的需求,即站在尊重人本身、尊重人的内在需要这一立场上,在日常的学生管理与集体主义教育中,遵从学生身心发展的客观规律,一切从学生的内在需要出发,研究分析学生的真正需要,找准切入点,诱发其动机,促成行为,达到目标。

四、道德的激励

道德需要是指个体自觉遵守一定的道德原则和规范、践履一定的道德要求的心理倾向。道德需要作为人的高级精神需要具有两个特点:其一,它是自觉的而非强加的。这种自觉性源于人的自我意识,即它是人意识到并心甘情愿、积极主动地去实现的一种要求。其二,它是内在的而非外部的。这种内在性虽然经过一个由外向内的转化,然而一旦成为个人的内在要求,就具有了主体意识。正因为道德需要具有以上特点,所以,它是激发个体道德的积极性与创造性的一种动力。

高校大学生道德的激励是激发大学生形成一定的道德意识和道德行为规范,任务是提高道德认识、陶冶道德情感、锻炼道德意志及培养道德行为习惯等。其中信念是深刻的道德认识、强烈的道德情感和顽强的道德意志的有机统一,是道德激励的中心环节。然而,信念是以需要为基础的,信念的强度不仅取决于某种思想、理论的正确程度,更主要取决于人的需要。道德信念培养的关键是道德需要的培养。因此,大学生道德的激励过程,实质上是一个从大学生实际需要出发,提高大学生道德认识,并进一步将这种认识内化为大学生内在的道德需要,升华为实际行动的过程,而大学生道德需要的形成则是这个过程的核心。

大学生道德需要的形成之所以是道德激励的核心,是因为大学生品德结构的任何一种特征(道德认识、道德感情、道德意志和道德行为)都来自于需要这种内部动力,都依赖于他们的道德需要。我们认为,首先,大学生道德认识的形成是建立在他们已有的道德需要的基础上的。因为在大学生道德认识形成过程中,只有当有关的道德要求成为其道德需要对象的情况下,他们才可能对"要求"进行认知。在这里,需要成为认知活动的动力,使大学生积极地认识德育要求并理解其意义。其次,大学生道德情感的发展,有赖其已有的道德需要。因为道德情感就是人的道德需要是否得到满足所引起的内心体验。大学生对外界教育要求的认识,是道德情感产生的条件,而已有的道德需要是其道德情感产生的内在心理基础或依据。再次,大学生道德意志的发展也与其道德需要密切相关。当人们自觉地克服困难去完成预定的道德目的时,这种道德意志就成为实现一定道德动机(包括道德需要)的活动。最后,大学生道德需要对其道德行为具有制约作用。要使大学生实现外化的道德行为,就必须激活其道德需要的机制,虽然大学生的道德需要只有在其反映某种道德情境时,才能诱发出满足道德需要的行为动机,即道德动机,但道德动机毕竟是基于道德需要而产生的。

道德活动的过程实质上是道德需要产生并逐步得到满足的过程。道德需要在人的道德品质的发展中起着激发、选择、强化、调节和控制的作用。因此,山东经济学院大学生道德的激励工作紧紧围绕大学生的道德需要来进行,牢牢抓住大学生道德需要这个核心,把道德的激励建立在道德需要的基础上,以道德需要作为激励的出发点和推动力,从而真正增强了激励的实效,达到了激发学生主体能动性的目的。

学校在实施大学生道德的激励工作中,从学生的实际需要出发,深入了解和掌握学生需要的特点,建立以需要为核心的激励系统。一方面,学校要求施教者头脑中必须牢固地树立学生的需要这一观念,深入了解大学生的需要,潜心研究大学生的需要,按大学生的需要规律办事。另一方面,学校要求施教者要通过学生的外部行为来判断和认识大学生内部动机和需要,不断创造条件满足大学生的合理需要,转变其不合理需要,将大学生低级的需要引向高级的道德需要。

五、学习的激励

学习激励是高校激励育人机制的主要组成部分,是大学生成才的关键,山东经济学院在实施过程中主要注意了以下三个方面。

（一）学习动机的激励

人的活动是从一定的动机出发，并指向一定的目的的，动机是激发人行动的内部力量。动机一旦产生，个体的行动就表现出主动积极的态度，一定程度的兴趣，良好的注意和持久顽强的意志努力。学生学习也总是为一定的动机所支配的，学习动机是直接推动学生进行学习的一种内部动力。

学习动机的激励大致分为两种：一是学习的目的性动机的激励。这是由明确的学习目的而激发起来的学习动机。学习目的是指为谁学习、为什么学习的问题，这和学校的培养目标直接相关。高校的教育目标是培养适应社会发展所需要的德智体美劳全面发展的合格人才，学生的学习目的自然应当和教育方针的要求相一致。问题是如何将这个大目标与个人的目标统一起来，使个人的需要与社会群体的需要相融合，激励学生达到自己的学习目的。这就要求教师在教学活动中积极开展理想教育，引导学生树立既符合自身发展条件，又符合社会发展要求的目标，从而激发学习的积极性、主动性。二是学习的成就性动机的激励。这是个体以高标准要求自己，力图在学习、工作上取得成功的动机。成就动机往往与一个人的抱负水平有着密切的关系，抱负水平是指个人对未来可能达到的成功标准的心理需求。学生在抱负水平上存在高低之分，对学习成功的标准的要求也存在着个别差异。一般情况下，过去在学习上有过成功经验的学生，其抱负水平就高；过去有过失败经验的学生，对学习易丧失信心，其抱负水平就低。因而教师要注意帮助学生分析各自的实际学习状况，确立适当的学习成功的标准，使之能脚踏实地稳步前进。

（二）学习兴趣的激励

学习兴趣是影响学习效果诸因素中最现实、最活跃的因素之一，它对学习具有定向作用和动力作用。心理学告诉我们，人的学习兴趣具有内在趋向性和内在选择性的特征。

兴趣是人们认识事物或参与活动的一种特殊意识倾向。它的特殊之处就在于它总是伴随着一定的积极情感。兴趣＝意识倾向＋积极情感。情感是人的需要是否得到满足而产生的内心体验,需要得到满足就会产生积极情感,否则产生消极情感。人的任何有目的的活动无不希望着成功的获得,学习也是如此,渴望学习上的成功是每个学生的共同愿望。每当学习获得成功,学生就会获得积极的情感,这种情感又促使学生再产生得到这种满足的愿望,产生进一步学习的意识倾向。这时学生的积极情感与进一步学习的意识倾向已经融为一体而变成学习兴趣了。反之,学习的失败往往使学生产生消极情感,这种情感不仅不能使学生的学习兴趣增强,而且还会使学生原有兴趣减弱甚至消失。

学习目的也是形成学习兴趣的一个不可缺少的条件。学习目的是学习所要达到的结果和目标。当人们确立了某种目标,比较清晰地认识到它的社会意义和个人意义,并为实现它而努力学习时,这种带有动力色彩的意识倾向就是学习的目的性。没有一定的学习目的,学习活动就难以进行,当然也就不可能有成功满足的获得和学习兴趣的产生。但是,学习目的只是学习兴趣产生的间接条件,它并不能直接引起学生对学习的兴趣,只有在学生获得成功满足的情况下,学习目的性对学习兴趣形成的影响才能变为现实。

（三）创新能力的激励

创新概念源于经济发展理论。熊彼特 1921 年在《经济发展理论》一书中首次提出了"创新"的概念,他认为,创新是生产手段的新组合,"生产意味着把我们所能支配的原材料和力量组合起来"。江泽民同志曾说过:创新是一个民族的灵魂,是国家兴旺发达的不竭动力,教育并不是我们通常理解的灌输和管理,它的更深层次的含义是发现、发觉和强化学生的创新能力,启迪学生的创新思维,培养学生的创造精神,造就大批的创新人才。因此,培养大学生的创新能力,是当今素质教育的主要责任之一。为了了解当前我国大学生创新能力的状况,华中科技大学曾对本校所有大三、大四的高年级学生进行了一次抽样调查。调查者将"创新能力"分解为"对创新能力的看法"和"对创新能力的培养"主客观两个指标，调查结果如下（表7—1、表7—2）：

表7—1　对创新能力的看法

问题	非常同意	比较同意	中立	不同意	极不同意
发明创造是研究生、博士生的事	2.4%	13.4%	25.9%	40.8%	17.5%
创新能力是大学生最重要的能力	33.5%	41.7%	16.9%	6.3%	1.6%
在大学从事发明创造是有意义的	28.0%	42.1%	24.6%	4.2%	1.1%

表7—1 显示，只有15.8%的调查对象认为发明创造主要是研究生、博士生的事，而且75.2%的调查对象认为创新能力是大学生最重要的能力，70%的调查对象认为大学期间进行创造或进行理论研究是非常有意义的事。这说明，当代大学生都普遍意识到，在知识经济高速发展的今天，创新能力培养已是势在必行的事。

表7—2　对创新能力的培养（374人）

问题	是	否
是否经常思索人们尚未解决的理论问题	38.6%	61.4%
是否经常阅读本专业的理论期刊	34.7%	65.3%
是否进行过某种发明创造	37.3%	62.7%
是否尝试写过学术论文	14.1%	85.9%

表7—2 显示，大学生在实际培养创新能力方面并不积极主动。从创新能力的培养现状来看，我国大学生表现出认知与实际行动的不一致，虽然大学生都能意识到创新能力的重要性，但缺少实际行动。

创新能力的主体结构包括生理结构、心理结构和思维方式结构等。

生理结构是先天形成的,它构成创新能力的物质基础;心理结构是主体在创新思维过程中的欲望、动机、情感、直觉、灵感、意志等非逻辑、非智力的非理性因素,但却是创新能力的不可或缺的因素,它构成主体创新能力的动力机制;思维方式结构特别是创新思维,是完成创造性活动适用的思维方式,它是以创新为唯一的目的并能产生创见的独特的科学思维,是创新能力的核心,起主导作用。

创新动机的激励大量实践证明,个人的活动能否取得成功,取得怎样的成功、多大的成功,主观上取决于动机和能力两大因素,二者缺一不可,其中动机强度在某种意义上说更加重要。创新思维的产生和增强应当取决于创造性动机的存在和强弱。在大学教育中,我们应联系社会对人才需求的实际状况,从经济发展和个人前途的角度出发,激励学生养成强烈的创新动机。

创新思维的激励。创新思维是个人品质不可缺少的重要组成部分,也是创新能力得以实现的前提条件。一般来说,创新思维包含两方面的内容:一是根据社会需求及自己已经占有的知识和经验等特殊的个人品质对某一事物或现象进行分解;二是在对事物分解的基础上根据相应的逻辑顺序、结构原理、事物的客观规律以及内在的耦合特点等对其进行整合。在分解和整合的过程中,培养学生多维式的观察和认识事物,并及时反思、总结和透析,这些对客观事物不同的理解途径将直接影响到学生的创新能力。所以,高校在整个教学过程及管理过程中培养学生对社会事物多维式的分解和整合的创新思维,是实现个人创新能力的基本条件。

创新意志的激励。心理学认为,意志是在完成一种有目的的活动时,所进行的选择、决定和执行行动的心理过程。实现这一心理过程分三步,即下定决心→树立信心→保持恒心。创新意志是创新者自觉地以创新为明确目的,并根据这一目的来支配、调节自己的行动,克服困难,从而最终实现预定目的的心理过程。良好意志的外在表现是自觉、果断、自制和坚毅,这是创新思维形成和创造性活动成功的必要保证。同一个班的学生,在同样的教师培养教育下,毕业若干年后,有的比较出色,有的比较一般。这中间的差别,除了种种客观原因,主要还是与个人的意志力有很大的关系。因此,激励和培养学生形成良好的创新意志是造就创新人才的重要条件。

创新情感和兴趣的激励。兴趣能够引导和推动学生的学习和创新活动取得成功,并保持比较高的效率。当个体对某种事物发生浓厚兴趣时,就会注意力高度集中,积极主动地去探究、思考,表现出对这种事物的优先关注。所以,兴趣是一种能引导人发掘自然与自身潜力的认识倾向,能使人超越自身能力的认识倾向。而积极的情感,如快乐、幸福、愉悦、赞美等,会使人精神饱满,有助于产生创新思维;消极的情感,如哀怨、厌恶、悲观、恐惧等,则会阻隔和影响创新思维的产生。因此,在高校中,采取多种方式为学生构筑全方位的良好氛围,采取多种形式激励和培养学生良好的学习兴趣、创新兴趣和积极情感,将有利于学生的身心健康发展和创新能力的形成。

六、成才的激励

山东经济学院实施成才激励主要是通过"313"成才工程中的"一奖"来激励学生学习的。"一奖"就是强化激励机制,激发学生内在动力,促进学生成才。人们往往从外界反馈中评价自己,正反馈能使人树立信心,激发潜能,有利于成才;负反馈能使人丧失自信,泯灭潜能,影响成才。健全激励机制,就是要充分发挥正反馈的作用,激发学生的潜能,使其克服自卑感,激励学生奋发进取、拼搏成才。

一是转变观念。随着我国高等教育改革的深入,高等教育已由精英教育向大众教育发展,毛入学率达到近23%,但与发达国家的普及教育还有很大的差距,比较而言,可以说,我国高校的学生基本上集中了青年中的精英,具有获奖的条件和优势。因此,应树立人人可以得奖的观念。在学校《优秀学生奖学金评选办法》中规定:除学习奖之外的其他奖项,本科生在校期间获奖次数不超过3次,专科生在校期间获奖次数不超过2次,同一奖项获奖次数不超过2次。通过政策调控,使绝大部分学生在校期间能够得到奖励。这样绝大多数学生在校期间的努力都会得到学校的认可和肯定,从而激发他们的潜能,形成他们成才的动力。

二是增加奖项。学校设立了优秀学生奖学金、新生入学奖学金、优秀毕业生奖学金、优秀学生奖、优秀学生干部奖、先进集体奖、单项特长奖、社会助学奖等。既有综合性奖励,又有单项奖励;既有个人奖,又有集体奖;既有学习奖,又有德美体奖。优秀学生奖学金设一等、二等两个等级。一等奖按学生人数10%的比例评定,二等奖按学生人数40%的比例评定。新生入学奖学金根据高考成绩,从第一志愿报考学校的优秀学生中确定,设一等、二等、三等三个等级。优秀毕业生奖学金按照毕业生人数10%的比例评定,其中5%为省级优秀毕业生,5%为校级优秀毕业生。优秀学生奖、优秀学生干部奖每个奖项原则上每班各一名(各院部可调控),按大学生综合素质测评总成绩每年评选一次,颁发荣誉证书。优秀团员奖占全校团员总数的3%,优秀团干部奖占全校团支委以上学生干部的10%,每年评选一次,颁发荣誉证书。先进班集体、先进团支部奖均按全校学生班级总数10%的比例确定,每年评选一次,各奖励500元。单项特长奖包括学习成绩、学习进步、思想进步、道德风尚、社会实践、组织管理、科技创新、文艺特长、体育特长、卫生先进等10个方面奖,各种奖项均按大学生综合素质测评中各项的成绩确定。社会助学奖均由学校在充分尊重设奖方意愿的基础上,与设奖方协商确定。奖学金的受奖面的扩大和奖项的增多,使不少学生觉得自己与获奖的距离越来越近,获得奖学金已不是与己无关或遥不可即的事情,荣誉的吸引力已经使不少后进的同学有意识地纠正自己的学习和生活态度,争取自己能成为被学校和同学们认可的优秀分子。奖项的增加,激励每一位学生都能根据自己的实际情况找到奋斗的目标,也为学生的个性发展和全面发展提供了更加广阔的天地,激发了他们成才的动力。

三是改变奖学金获奖比例和办法。奖学金属于核心奖励,为了评好奖学金,学校首先是扩大比例,受奖面由过去的 30% 扩大到 50%。一等奖学金由过去的 2% 提高到 10%,取消三等奖学金,增加二等奖学金。过去一个班只有综合素质第一名的同学才能获得一等奖学金,目标过高,削弱了其激励的作用。现在提高了比例,且学习成绩优秀的、综合素质好的、获得省级以上奖励多的均可以获得一等奖学金,激发了学生奋发进取的动力,取得了良好的激励效果。其次是改进办法。由过去的按综合测评成绩授综合奖,改为设学习、思想进步、道德风尚、社会实践、组织管理、科技创新、文艺特长、体育特长、卫生先进等 10 个方面奖。其中学习占 25%,其他占 75%。学习奖按学习成绩颁发,从大学一年级第二学期开始拿出 5% 奖励学习进步的学生。其他奖项根据综合测评的记录、竞赛、评比得分产生。符合上述两种获奖条件者,不重复授奖,就高不就低,空出名额顺延递补。这种办法,使更多的学生获得优秀学生奖学金,得到激励。同时实现了学习为主、德智体美"四育"并举的激励效果。

四是挖掘潜能。现阶段我国高校的学生都具备成才的条件和优势,具有良好的知识基础。学校只要给予正确的引导,培养其学习兴趣,帮助其确定正确的学习目标,就能挖掘学生的潜能,激发其学习动力,使其成人成才。传统的奖学金机制往往注重学习成绩,要求过高,比例较小,致使部分学习成绩一般但在某些方面具有一定特长的学生很难拿到奖学金,奖学金的激励作用就会削弱。久而久之,这部分学生学习积极性、主动性就可能减弱,在其他方面的特长由于长期得不到学校、老师和同学的认可也会随时间的推移而变得平庸。通过扩大获奖比例、增加奖项,降低获奖的要求,针对不同层次的学生确定不同的奖励,使这部分学生感到只要自己使把劲就可能获得奖学金,或者在自己擅长的方面好好努力也可以得到学校、老师或同学的认可,从而激发他们内在的学习动力,挖掘学生潜能,促其成才。

五是重视诚信。诚信教育是高校学生日常教育管理工作的重要组成部分,越来越受到社会的关注,为了做好这项工作,学校将诚信教育纳入大学生综合素质测评办法,通过记实和评议相结合的办法对学生的诚信情况进行考评。所谓纪实,就是通过对学生日常的学习诚信、经济诚信、生活诚信和社会诚信表现的关键行为进行记录,并进行量化。评议即由各班民主选举产生的评议小组对全班同学进行先议后评,打出分数,评议小组的平均分即为该同学的评议分,并在班内要张榜公布,接受同学监督。纪实分数和评议分数按一定的权重比例相加就是诚信评价总成绩。诚信评价分为 A、B、C、D 四个等级,只有获得 A、B 级的学生才享有评选奖学金、竞选学生干部和先进个人的资格,D 级学生比例超过 10% 的班级不得参评当年的先进集体。这种奖励和惩罚很好地规范了学生的日常行为,使学生时时讲诚信、事事讲诚信,树立起了良好的诚信意识。

第三节　山东经济学院实施激励
育人机制的效果与反响

自 2004 年实施"313"成才工程以来,山东经济学院根据不同学生的需求不同,从不同的侧面、不同的层次对学生采取不同的激励教育。如对经济困难学生从生活层面帮助其解决学费问题或生活问题,激发其爱校、爱国、爱党的情感,奋发学习,努力成才;对所有学生取得的成绩和进步,都从精神层面通过评优评奖等方式及时给予正反馈,挖掘其潜能,激发其成才;对学习成绩优异,表现突出,发展目标较高的学生通过参加双专业双学位的学习或到国内外大学访学等方式进行激励,开阔其视野,拓宽其思路,增加其阅历,使其发展为适应社会需要的高素质、高能力的复合型拔尖人才。激励育人机制在山东经济学院发挥了较大的作用,可以说惠及每一名学生,也得到了大部分学生的认同,为学校良好校风、学风的形成起到了较好的引导作用。

自实施"313"成才工程以来,学校通过国家助学贷款解决了特困生缴学费难的问题;通过增加校内勤工助学岗位,提高勤工助学报酬解决了经济困难学生基本生活问题;通过走访经济困难学生家庭,了解了家庭困难情况,表达了学校的关心。以上措施的实施,不仅帮助经济困难学生解决了实际问题,使学生走出经济和精神双重贫困的阴影,安心学习,而且使他们感受到了学校、社会、国家的关怀,激发了他们爱校、爱国、爱社会主义的情感,更加发奋学习,报效祖国。这一做法同时也受到老百姓和政府的称赞,在社会上产生了很好的反响。两年来,学校学生共有 30054 人次获得奖学金,奖学金总额达 732 万元,每学期平均有 6010 名同学获得奖学金,奖学金达 146.4 万元,比实施"313"成才工程以前每学期增加 1796 人,增加奖学金额度 61.25 万元;评选出各级优秀学生、优秀学生干部、优秀团员、优秀团干部等 9120 人次;评选出省、校两级优秀毕业生 956 人。获奖面的扩大和获奖种类的增加,使许多同学看到获奖不再是遥不可即的事情了,只要根据自己的实际情况制定合理、科学的奋斗目标,通过自己的努力就一定能够获得学校、老师和同学们的认可;从而激发了学生的学习动力,鼓励了学生个性和特长的发展。两年来,学校有多名学生在国家、省级各项比赛中获奖,如经济与城市管理学院的陈扬同学就因其美丽、睿智、自信、开朗等杰出素质获得 2005 年度中国旅游皇后的荣誉称号。在就业竞争日趋激烈的今天,有一张获奖证书,就会增加学生就业的砝码。而学生也感觉到了学校为他们的成长成才所做的工作和良苦用心,从而收到"学生得一份激励,成才多一份动力,就业多一份砝码,母校留一份温馨"的效果。

作为财经类院校大学生,诚信意识尤为重要。因此,学校建立了诚信评价体系,并将诚信评价纳入到大学生综合素质测评体系中,紧密地与学生的评优评奖和资助挂钩,很好地运用了奖惩激励的方法,极大地促进了学生诚信意识的提高。两年多来,各学期诚信评价成绩为 A 级的学生由最初的 72.1% 上升为 85.4%;C 级的学生由 9.2% 下降为 5.5%;D 级的学生由 2.0% 下降为 0.7%。极大地提升了学校诚信教育的效果,使诚信教育成为学校大学生思想政治教育的一个品牌,教育部和国家教育行政学院主办的《高教参考》2005 年第 21 期以《山东经济学院探索建立大学生诚信教育系统》为题给予了宣传报道。

嫁接育人机制的实施,为在德智体美各方面素质突出的学生的发展成才提供了更加广阔的舞台,其中也不乏激励育人机制的功效。由于能够参加嫁接育人机制培养的学生比例较小,所以在学生中的竞争比较激烈。许多学生不仅把参加嫁接育人机制的培养看成是发展的舞台,更把它看成是一种荣誉、一种精神激励。嫁接育人机制更加激发了学生学习的内在动力,培养了学生学习的兴趣,提高了学生学习的主动性、积极性,帮助他们成长为更加优秀的人才。

第四节　　山东经济学院实施激励育人机制中发现的问题

从对"313"成才工程调研(调研报告详见第九章)的情况看,激励育人机制在激发学生内在学习动力、奋发成才等方面发挥了巨大的作用,不仅促进了学生特长、优势的发挥,更起到了激励后进的作用,充分体现了教育学上"大拇指"教育(赏识教育)原则。

在看到成绩的同时,也应清楚地认识到,激励育人机制正处在一个探索、改进、完善阶段,在其运作过程中还存在若干问题有待思考、研究、解决。主要表现在以下几方面。

（一）大学生综合素质测评体系和诚信评价体系还不够完善，操作性不强

大学生综合素质测评体系和诚信评价体系既是高校实施激励育人机制的基础，又是高校评优评奖的依据。这两个评估体系制定的是否合理、是否科学、是否紧跟时代的脉搏、是否符合学生的实际需求，是决定激励育人机制能否发挥作用的关键。尽管调研结果显示，94.4%的学生对山东经济学院这两个评估体系的设置认为有效合理，能够增强学生的诚信意识和促进学生个人素质的拓展与综合素质的提高，但仍有27.9%的学生对其可操作性提出了异议。

（二）激励育人机制的手段还不够丰富，人才培养体系尚需完善

目前，山东经济学院激励育人机制的实施手段主要以奖学金和评选优秀学生等评优评奖的方式为主，以物质激励和精神激励并重，但在教育激励和情感激励方面欠缺，还不能根据学生心理需求的差异性来开展情感激励，部分学生的合理心理需求还不能满足。构建和谐的人才培养体系是适应社会发展的需要，但现在的人才培养体系尚不完善，学科结构还需优化，培养学生的社会实践能力、创新意识和创新能力落实还不到位，"以学生为本"的教育管理理念还不够深入。

（三）服务激励、和谐激励亟须加强

服务激励是一种氛围，是陶冶人、感染人和影响人的一种行为。它需要全校各部门、各层面的所有人员参与，从不同的环境和行为中潜移默化地感化学生、影响学生、教育学生。和谐激励就是通过学生之间、师生之间、个人与集体之间、学校各部门之间关系和矛盾的处理，达到各方面的和谐统一，提高个人的和谐素质，实现个人利益和集体利益，促进学生和学校的共同发展。在这两方面学校做得还很不够，亟须进一步改进、加强。

第五节　实施激励育人机制的改进措施

一、面向全体学生,完善激励评估体系,实事求是,实施丰富多彩的激励教育

激励教育的理念要面向全体学生。学校教育的目标是让所有学生不断进步和成为"有理想、有道德、有文化、有纪律"的社会主义建设者和接班人。因此,过去那种固化的且只集中在少数学生身上的奖励教育已不适应新的素质教育环境的要求。我们要把奖励教育的"温暖阳光"撒在每位学生的身上,使奖励教育的"春雨"滋润到每一位学生的心田,因为每个人都需要阳光。换言之,一贯优秀的学生要大奖,经常奖;不优秀的,但只要有进步,哪怕是有点滴进步的学生也要随时有小奖。这种"步步为营"且面向全体学生的赏识或奖赏教育,让每位学生的积极行为得到不同程度的正强化,实现学校教育的目标。

激励教育的考评体系既要有全面性,又要有灵活性。考核一个学生的综合表现是否优秀,肯定要用全面的考评体系。与此同时,考核某学生在某一方面是否有长处,应遵循马克思主义"具体问题具体分析"这一活的灵魂。比如,考核某学生是否具备"优秀学生"的条件,就应使用全面考核标准,考核某学生是否具备"创新能力",就应该使用特长方面的考核标准。

要实事求是地加强激励教育。一方面,学校在奖励学生的条款设定上,注重调查研究,把握绝大多数学生实际,包括学生的起点、智力、努力程度、心理需求、校风、学风等方面的实际,然后进行系统分析,制定学生能够享受各类奖励的条件。在制定享受奖励条件的过程中,一定要避免条件要求的过高和过低倾向。制定学生享受奖励的条件,一定要与学生实际相结合,让学生经过一定的努力,就能获奖励。另一方面,奖励教育的对象要具有客观真实性。行为主义激励理论指出:奖励的对象要确实优秀或存在超人的成绩,才具有典范的作用,才会起到弘扬先进、鞭策落后的正强化作用。因此,在学校的奖励教育中,如果推荐奖励的对象不具有客观的优秀性,那么就说明我们的认识或思想不具有真理性,是错误的思想和行为。可见,奖励教育的对象要具有客观真实性,才能起到榜样作用,才能真正地鼓励人。

奖励教育要与挫折教育相结合。唯物辩证法认为,事物的发展是前进性与曲折性的统一。在学生的激励教育实施过程中,一方面,要注重奖励教育的积极作用;另一方面,还要注重挫折教育的预防作用。把两个方面有机地统一起来,形成一个强大的合力,促进学生健康有序的发展。

奖励教育要注重时效性。教育心理学的有关原理表明,当学生尤其是"问题生"通过努力取得成绩时,最容易出现渴望被及时认可和表扬的心理。因此,学校教育工作者要善于把握住时间是永远向前,一去不复返的唯一特征,以及抓住学生的需求心理,及时进行奖励教育,使学生的积极行为得到正强化,从而防治学生的退化心理。例如,某学院一学生因打架斗殴被记过处分,经多次及多方面教育仍收效甚微。有一次,该生在校园中捡到一个装有现金和银行卡的钱包并主动及时地交给失主。学校有关部门捕捉到这一真实信息后,就抓住有利时机,及时地通报表扬了该生拾金不昧的精神,并号召师生向其学习。结果是:该生备受鼓舞,精神大振,表现越来越好——其积极行为得到正强化。这也给我们一个启示:要善于观察、捕捉、努力发现学生身上的闪光点并及时给予奖励和表扬。正如美国心理学家詹姆斯说:"人最本质的需要是渴望被肯定。"

二、秉承科学育人理念,不断加强教育激励

教育激励就是教育机制必须具有开发学习者自主学习和自我教育的内在动力机制,具有优化与整合各类教育要素的功能。为此必须遵

循人才成长规律和高等教育的规律,树立科学育人理念,构建和谐的人才培养机制,从而激发学生的学习动机,调动学生的学习积极性,使之成为适合社会需要的高素质的人才。

教育激励是一项系统工程,需要学校、社会、家庭等多渠道、多层次、多方面的协同配合;在学校,学校将育人体现在教师教学、干部管理、后勤人员服务、学生管理等各个环节中,并渗透于学生的学习、生活、课外活动乃至虚拟网络环境中。教育激励机制应该体现出:激励不同素质的学生都能获得有效学习,使他们能各有所求、各有所得、各取所需,从而获得健康发展,能成人成才。

首先,建立完善教育育人体系,其基本特点是:有一支树立现代教育理念、师德高尚、学术水平高、敬业奉献的师资队伍为基石;能主动适应科技、社会、经济发展与建设和谐社会的需要;充分体现育人为本、德育为先、全面发展的精神实现科学素质与人文素质的有机统一;实现知识培养与能力培养有机结合。

其次,构建学校教学质量监控体系。经过多年的探索和积累,学校在体制、内容、制度和工作程序方面形成了比较科学、完善的教学质量保障体系和监控体系,建立了学校、院部、学生个体参与的教学质量监控系统。校级教学质量监控主要以目标管理和监控为主,院部教学质量监控主要以过程管理和监控为主。学生通过评教制度和信息员制度全程参与教学质量监控,及时的信息反馈机制也是教学质量监控体系的重要组成部分。

最后,完善人才培养方案。主要包括三个方面:一是优化课程结构体系。通过科学合理地安排教学内容、整合思想政治理论课,将诚信教育纳入教学内容,强化英语、数学、计算机"三基"教学;改革选修课程体系,以一级学科分类为框架,打通基础课教学,加大通识课和人文科比例,构建起跨学科的选修课体系,加大选修课开设比例,增大学生学习的自主性和自由度。二是完善实践教学体系。紧紧围绕应用型人才培养这一主线,加强完善实践教学体系建设,加大实验教学课时,增加综合性、设计性、鼓励应用性、操作性强的课程单独设置实验课;积极开辟校外实践教学基地,鼓励学生积极参与专业实践、社会实践,培养学生创新意识和创新能力。三是注重综合素质培养。学校强化素质教育,贯彻"以学生为本"的教育理念,把素质教育的思想和理念贯穿到教育教学的各个环节,加强综合素质课程建设和跨学科课程建设,积极进行开发式教学探索,鼓励学有余力的学生辅修第二专业,选拔优秀的拔尖学生到国内或国外知名高校的相同或相关专业进行为期一年的访学,满足不同层次学生不同的学习需求。因材施教,把共性与个性、统一性与灵活性有机结合起来,体现学生个性发展的要求。

三、运用科学的心理学原理,进行物质激励和情感激励

奖励教育的物质激励方法也要考虑奖励对象心理需求的差异性。按照行为主义刺激→中间变量→反应的理论,奖励物只有满足了奖励客体的主观愿望或需求,才会产生积极的反应。因此,在奖励教育中,学校充分考虑不同对象心理需求的差异性。一般而言,对于优秀的贫困生,以货币或实物奖励为主;对于家庭条件好的优秀生,以授予荣誉称号为主。

情感激励是指通过一定的形式和途径,对激励客体的情感发生影响,从而使其焕发内在精神力量的过程。在与有形的物质相比,无形的情感所产生的激励作用更为持久。随着经济的发展,人民的生活水平迅速提高,学生的物质需要已基本得到满足。此时,安全、交往、尊重、成就等心理需要便上升到主要地位,学生渴望得到更多的尊重和信任,渴望获得爱和归属感。师生之间很重要的沟通乃是情感上的沟通,教师积极的情感对学生会产生良好的感染作用,从而对学生的学业产生巨大的激励作用。因此,学校建立了辅导员与学生谈话制度、辅导员进学生公寓工作制度、辅导员与学生家长联系制度、辅导员与任课教师联

系制度等。

尽量满足学生合理的情感需要。大学生在身心发展方面有各种各样的需要,某些需要可能与学校的培养目标相抵触,这种不合理的需要应予以制止和消除;而更多的需要,如尊重的需要、求知的需要、交往的需要、信任的需要、理解的需要等则是合理的,学校应该在条件许可、学生能胜任的前提下使之得到充分满足,一旦合理的需要得到满足,学生积极的情感也随之产生。

期望要切合学生实际。教师始终对学生充满期望,以激励学生树立正确的人生目标和理想,明确奋斗的方向,使学生满腔热情、积极主动地投入到自我完善、自我发展的社会化过程中,促其顺利成才。但是教师对学生的期望应该符合学生的实际情况,期望过高,会导致学生身心负担过重,甚至会使学生产生焦虑和挫折感;期望过低,学生会感到受歧视,会损害学生的自尊心。教师必须深入了解学生,准确把握学生的情况,提出切合学生实际的期望,并经常注视学生的发展,及时调整原有的期望。

另外,情感激励与大学生心理教育和心理咨询相结合。情感激励本身就是心理教育的一个组成部分,可以将情感激励贯穿于心理教育的全过程。而心理咨询是解决学生心理问题、培养学生健全人格的有效途径和方法。咨询中解答来询者情绪情感问题,提供适应性指导的过程实际上也是情感激励的过程。在实际工作中,学校通过心理测试和调查、个别谈话等方式收集大学生在情感方面的信息,利用校报、校园网站等宣传普及心理学知识,利用讲座、报告会、讨论会等活动解答他们在生活、情感方面所面临的问题。

引导大学生升华情感。引导大学生将情感从个人的喜怒哀乐升华为对集体荣誉、国家强盛、民族振兴的关心,形成一种责任感和使命感,将同学之间朴素的手足情升华为富于理性的友谊。引导他们建立更高尚的情感世界,形成更加宽广的胸怀、更加坚定的意志、更加健全的情感。

总之,在实践中,学校始终把健康有益、格调高尚作为激励的主旋律,注意以精神为主导;重视大学生较高层次的心理需求,实现精神境界的优化;注意理性思维,将对大学生的尊重、信任、理解同他们的人生观、价值观的培养结合起来,启发他们对情感的理性化思考,以产生深层的激励效果。

四、增强责任意识,不断推进服务激励

服务激励就是高校在培养创新人才的过程中,要从服务保障中、氛围中和感染中,潜移默化地感化学生、影响学生和教育学生。服务既不是传授、解难答疑、探寻真理,也不是规劝、修正不良、引领向上,而是大学生学习与生活的基本保障。就育人而言,良好的服务是一道靓丽的风景线,良好的服务能陶冶人、感染人和影响人。良好的服务也是学生仿效、学习和追求的榜样。由此可见,服务育人的作用不可低估,学校把教育学生与服务学生结合起来,为大学生的健康成长创造良好的条件。

一是认真落实国家关于解决高校贫困家庭学生困难问题的相关政策,加大对贫困家庭大学生的资助力度,形成了以国家助学贷款为主,助学奖学金、勤工助学基金、临时困难补助为辅的资助体系,以政府投入为主,多方筹措资金,帮助经济困难学生顺利完成学业。建立和完善了助困与育人相结合的有效措施,充分发挥"助困"的育人功能,培养大学生自尊、自立、自强、自爱精神。同时,学校各级党团组织还积极开展结对帮困活动,动员广大教职工奉献爱心,协调全社会各方面力量为贫困家庭学生排忧解难。同时在全体学生中加强艰苦奋斗、自立自强、勤俭节约的教育,引导贫困家庭的学生树立自信心;在校内提供岗位,在校外创造条件,积极帮助大学生开展勤工助学活动,以尽量减轻学生的经济压力,确保学生顺利完成学业。

二是建立健全大学毕业生就业指导和服务体系。做好毕业生就业服务工作，直接关系广大毕业生及其家庭的切身利益，关系高校和社会稳定。因此，学校建立完善了毕业生就业服务体系，通过设立就业指导中心，经常和用人单位取得联系，拓展就业渠道，帮助学生搭建就业桥梁。通过就业指导课、就业咨询和组织校园招聘会等，及时提供全面、准确的就业信息，开展有针对性的就业指导、就业培训，引导大学生准确把握就业形式，树立正确的就业观念，确立符合实际的就业期望，顺利实现就业。

三是建立完善学校内部管理和服务体系。高校内部管理和服务直接关系大学生的思想情绪和切身利益，是全方位育人十分重要的环节。在后勤管理上，学校把后勤社会化改革与学校服务育人职责有机结合起来，从关心大学生学习生活的一点一滴做起，从大学生反映的具体问题抓起，切实加强大学生宿舍、食堂、澡堂和活动中心的管理，不断满足大学生对学习、生活和文体活动等方面的合理需求。

四是做好大学生心理健康咨询和教育，帮助大学生培养良好的心理品质，使大学生的身心得以健康发展。因此，学校建立了大学生心理健康教育和心理咨询专门机构，配备专职专业人员，加强业务培训，建设了一支以专职教师为骨干，专兼结合、具有良好职业道德的心理健康教育和心理咨询工作队伍。积极开展心理普查、心理健康知识教育、心理辅导和咨询，为大学生提供及时、有效的心理健康指导，帮助大学生处理好学习成才、择业交友、健康生活等方面遇到的具体问题。建立了心理问题危机预警干预机制，认真开展大学生心理健康状况排查，建立了咨询教师值班制、异常情况报告制，建立了从学生骨干、辅导员、班主任到学校各部门的学生心理危机快速反应机制，实现了心理问题及早发现、及时预防、有效干预，防止了因严重心理障碍、情绪冲动等引发的自杀或伤害他人事件的发生。

五、在推进和谐校园建设过程中,不断创新和谐激励

和谐激励就是通过解决各种矛盾和协调各种关系,使学校的整体结构体系和谐,人际关系和谐,育人结构体系和谐,学科结构体系和谐,教学要素匹配和谐,校园文化建设和谐,人才素质结构和谐,进而促进学校和谐发展。

构建和谐校园,发展和谐教育,是一种新的办学理念和思想,新的办学体制和机制,新的发展目标和趋向,新的教学模式和方式,新的管理模式和方式,是深化改革和创新的结果。其实质是指学校在办学和教学过程中,如何正确认识和处理学校内外各种组织之间和人员之间的各种矛盾和利益关系的问题。其根本目的是利用各种资源优势,整合优化学校育人环境,充分调动教师工作和学生学习的主动性、积极性和创造性,更好地发挥和协调其主体结构体系及其各系统的功能作用,有效地开发学生学习的潜能、智能、才能和智慧,使其个性得到自主、自由、和谐和全面的发展。因此,构建和谐校园,发展和谐教育,是社会发展和时代发展的必然产物,是构建和谐社会及和谐城区,深化社会和教育改革与发展的内在要求,也是优化教育结构和教育模式,促进学校素质教育和培养现代新型人才的一种必然选择。

一是建立高雅的校园文化。和谐是一种文明形态。校园文化建设是学校精神文明建设的核心内容。文明高雅的校园文化既包括科学的办学理念、浓厚的学术氛围、丰富的文化生活、和谐的人际关系、良好的校园环境,还包括大学的建筑风格、园林绿化特色、教学科研等。学生置身于这样一个环境中,会形成一种崇尚科学、求真务实、开拓创新,具有时代特征和学校特色的良好校园风气;培育一种勤于学习、奋发向上、诚实守信、敢于创新的良好学风;发挥寝室文化、饮食文化、服饰文化、网络文化等非主流文化的积极因素,用良好的校园文化氛围愉悦身心,净化心灵,陶冶情操,促进文明。

二是建设优美的校园环境。校园环境是大学精神传承的重要载体,也是和谐校园建设的有效载体。大学的办学理念、校风、学风、优良传统往往通过校园建筑、园林小品、历史古迹、整体布局等物质环境来传递。优美的校园对于学生文化素养的提高有着潜移默化的影响,对于学校精神文明建设有着重要的作用。

三是维护平安的校园秩序。和谐是一种社会秩序,平安有序、安全稳定的校园秩序是高校每位师生学习、生活和工作的基本需要,是学校各项事业改革和发展的基础保障,也是实现学校和谐激励的重要保证。

| 第八章

嫁接育人机制的实施

嫁接育人机制就是将源自于生物学的嫁接原理应用到人才培养上来,以专业教育为平台,充分发挥不同学科、专业之间,不同地域、校园之间,不同国家、地区之间,在知识、文化、意识、能力培养方面的交汇融合优势,以达到培养复合型人才目标的一系列教育教学制度。嫁接符合人才培养的规律,嫁接出优势:植物与植物嫁接,产生新品种;学科与学科嫁接,产生新学科;知识与知识嫁接,产生新知识。实施"三嫁接"就是按科学规律育才,培养适应社会发展和经济全球化需要的高素质复合型人才。

第一节　高素质复合型人才内涵解析

随着全球化、信息化时代的到来,世界不同国家、地区之间的政治、经济、文化的交流与融合趋势不断加强,每个人身处的生活、工作、学习环境变换频仍,鉴于经济社会发展的需求,出于个体自身发展的考虑,培养基础扎实、知识面宽,具备良好的创新精神、创新意识,实践能力、适应能力强的高素质复合型人才是 21 世纪高等教育人才培养目标的普遍诉求。厘清高素质复合型人才的含义,探讨其培养实现途径对于明晰嫁接育人机制与培养高素质复合型人才之间的关系大有助益。

一、复合型人才的内涵

"复合"从字面意义上理解,就是不同的两者或两者以上的连理融合。通过第四章有关嫁接理论的阐述可以知道,通过嫁接可以在保持原有物种优良品质的基础上加以改良,使嫁接后的品种具有全新的性能。

复合型人才是以自然科学中的生物嫁接为原型,是"师法自然"的一种高级"移植"。一般来讲,复合型人才是具有复合型知识、复合型能力,并且具有科学创新精神的全面发展的人才。

二、高素质复合型人才的基本特征要求

(一)基础扎实、知识面宽

21 世纪需要的人才应是视野开阔、基础宽厚的通才。市场经济要求人才有更强的适应能力和竞争能力,科学技术要求人才有更强的思维能力和创新能力,高科技兴起要求人才具有多学科的综合基础和掌握现代技术的能力。人才培养不仅要适应市场经济需要,也要适应科学技术发展的需要,更重要的是适应高科技崛起的需要。教育的本质规律决定了教育的超前性、前瞻性。在学科专业上,要转变以学科为中心的教育思想,树立整体化知识教育观念,粗线条构筑专业和学科的基本框架,使其具有相当的兼容性。同时,注意培养学生的自学成才能力、创造能力、实践能力、知识迁移能力。构建完善的知识和能力结构,拓展知识背景和能力基础。思路宽广、基础雄厚才可能进入科学前沿,

适应社会发展。鉴于此,尽管学生毕业后用到的专业知识可能不多,转到较远甚至不相关领域工作,但不能认为是学非所用。学生在学习专业过程中所塑造的追求新知的科学素养和分析事物运动变化规律的思维能力,将会在新的专业领域发挥作用。面对21世纪社会矛盾趋势:科技迅速发展与人们工作不稳定;科技进步与环境恶化;竞争与合作共生;国际化与地域化结合等,对人才要求更重要的是基础素质。从这个意义上讲,学生的社会适应性和生存能力的续绝决定于知识结构的基础性。

(二)富有创新精神、创新意识

创新是人类特有的一种认识能力和实践能力,是人类主观能动性的高级表现形式,创新体现着创造能力,超越意识和追求变化的强烈愿望。对于创新,可理解为:终点的超越,平衡的打破,动态的延伸,高度的提升。知识经济的本质是创新。知识经济在要求人才拥有知识的同时,特别强调培养人才的创新精神、创新意识。通过创新精神、创新意识的培养,有利于创造新的知识、发现新的规律、丰富科学知识的新体系,形成认识世界和改造世界的新观念、新思想、新方法。

(三)实践能力强

高等教育主要由理论教学和实践教学构成。理论教学旨在培养学生的理论修养和逻辑思维能力,而实践教学旨在培养大学生的实践能力,培养学生的创新意识、创新精神和创新能力,增强学生的社会适应能力和竞争能力。目前,很多高校学生成绩非常优秀,知识基础扎实、涉猎面广,但缺乏知识的运用能力,不能把知识活用,不能在现实社会生活和工作中很好地运用所学知识,不能满足知识经济发展的需要,浪费和闲置了个人本身所具有的丰富的知识资源。高文凭并不代表有高的知识运用的能力。学生通过亲自动手操作,亲身尝试探究,不仅能更好地掌握知识,而且能运用所学知识对自己所生存的环境产生影响。实践教育强调学生全方位的学习,全过程的参与,并且在这种学习和参与中形成有利于个人成长及社会进步的成果。与传统大学相比,现代大学教育更直接和深刻地受到不断变化的社会及市场需求的影响。在社会主义市场经济的新形势下,要通过实践教育,加强学生职业适应性和竞争力的培养,使学生在激烈的社会竞争中通过自强不息的努力,获得国家和社会的认可。

(四)综合素质高

良好的综合素质就是既要使学生具备把自己的事业与人类文明、社会进步融为一体的品格和社会责任感,又要具有崇尚"真、善、美"、坚持真理、热爱祖国的道德情操,还要具有自信、乐观、豁达、合作,不怕困难和挫折的良好的心理素质等。爱因斯坦曾经说过:用专业知识教育人是不够的,只有专业教育,他可能成为一个有用的机器,但不能成为一个和谐发展的人。这就意味着人才的智力因素和非智力因素,业务素质和人文、心理素质都必须得到充分发展与和谐融合,即人要具有复合型能力。而能力是知识的积累转化为个体的本领,可成为个体的多学科综合能力。通常所说的复合型能力,除了指多学科综合能力以外,也包括了其他类型的能力的复合,如分析、思考、表达、组织、决策能力以及动脑、动口、动手解决问题的能力,还有就是软技术能力即有效交际、识别问题以及与人共事的能力。一句话,复合型能力是指既有多学科综合能力又有多类型综合能力。

三、复合型人才培养模式的实现途径

(一)创新学科体系

复合型人才是多学科兼容环境中培养出来的人才,复合型人才培养必须要由综合性学科体系为其提供知识智力的习得养成保障。当今时代,学科之间既高度综合又高度分化。在一个学校的学科结构布局上,要注重学科的综合与交叉,根据学科的内在联系和学校原有的学科基础和优势,构建合理的学科体系。打破原有学科壁垒,拓展专业口径,实现学科之间在师资力量配备、科研方向整合、专业设置与调整、基础教学设施利用等方面的资源整合和资源共享。在课程设置层面上,强调文理交叉和文理渗透,科学设计公共基础课平台,打通同一学科门类下相关、相近专业群的学科基础课程,突出课程内容的综合性与基础性的相互融合,可以使学生在掌握专业知识的同时,对其他学科也有相当程度的涉猎,从而在总体上把握思维方式,实现学识、智能的互补,对社会发展有较强的认知能力和适应能力。

（二）实施通识教育

通识教育是 20 世纪 80 年代以后流行于欧美的教育理念之一,也被称为"学生中心学习法"。通识教育的核心之一是以学生的学习活动为中心,教师的教授为辅助,在教学活动中充分发挥学生的积极性。与通识教育相对应,通识课程力求多元化,所开课程多样化使学生有更大的选择空间。确切地说,通识课程是跨学科门类的多学科交叉融合的课程,也称复合课程、广域课程。目前,在学分制教学管理模式下,各高等院校纷纷开出了涵盖多种学科门类的全校公共选修课,供学生跨学科选修。如中文领域可开设世说新语、诗词赏析、中国民间文学、小说欣赏等课程;外语领域可开设实用美语、西洋文学名著、英文作文与翻译、日文、德文、法文等课程;人文艺术领域可开设中国史研究、历史与人物、音乐与人生、艺术概论、哲学概论等课程;社会科学领域可开设人际关系学、两性关系学等课程。通过通识教育,可以实现知识、能力、道德意识、完善人格的和谐发展。

（三）创新教学方法

教与学的关系是教学过程中最基本的关系。21 世纪的教师将从"仅次于上帝的权威",转变为学生的"顾问"和学生合作伙伴,师生关系不再是居高临下,不再是我教你学、我说你听、我打你通,而是真正意义上的教学相长关系。教学活动应注重以学生为主体,灵活采用互动式、启发式、研讨式、情境式等多种教学方式,重视培养学生的思维能力和创新素质,提高学生分析问题、解决问题的能力。在教学形式和考核方法上,应突出对学生创新精神和实践能力的培养,加强实践教学环节,坚持理论联系实际,培养、挖掘学生创造能力,提高学生对未来工作的适应能力。

(四)培育学生多元文化学习模式

随着知识经济时代的到来,仅仅依赖单一专业的知识很难解决涉猎面广、繁杂性强的深层次问题。学生对于增强适应社会能力的需要越来越强烈。目前,高校单一的人才培养模式已经不适应时代进步发展的需要,建立一种多元文化学习模式的机制越来越得到人们的重视,如何建立起一种学生多元文化学习模式也成了一个值得深思的问题。目前,国内高校中主要存在着三种学生多元文化的学习模式,即跨学科专业文化交融学习模式、跨地域文化交融学习模式和跨国文化交融学习模式。这三种多元文化交融学习模式原来就一直存在着,随着我国改革开放的日益深入,社会对于复合型人才的需要不断增加,客观条件对文化交融的限制日益减少,从不同程度上促进了这些多元文化学习模式的构建和改革的深入。

1. 跨学科专业文化交融学习模式

首先,课程设置的跨学科、跨专业性。现在许多高校已经突破了原有的学科专业壁垒,打破了单一的本专业课程设置界限,开设了双专业、双学位、辅修专业,大大增加了其他学科、专业课程的设置。学生通过修读其他专业,不仅涉猎了广泛的知识,而且能够为自己的专业打下扎实的基础,有利于发挥创造性思维,有利于实现一专多能。

其次,高校内学院和专业知识的互补性。目前许多高校在专业划分设置上具有很强的互补性,专业的互补性越强就越能够有利于文化交融。如:山东经济学院的法学院和国际贸易学院,专业有法学、社会工作、国际经济与贸易等,各专业虽然方向不同,但是相互都有所关联,环环相扣,各有联系。这不仅仅有利于教师在教学工作中交流互进,也有利于学生在学习过程中相互学习共同进步。

最后,多元化学习的合理性。构建学生多元文化的学习模式有利于不同学科间的文化交融,是一种复合型人才培养的途径,也是时代和社会进步发展的一种趋势。

2. 跨地域文化交融学习模式

地域文化是由于各个地区地理位置、气候状况、风俗习惯、经济发展的程度各异,从而形成该地区一种特有的文化,当地的人们也是这种文化的传承者。当今社会是一个不断变革发展的社会,一种单一的文化对于推动本地区的发展的力量是极其微弱的,发挥的作用也是有限的。高校却是一座糅合地域文化的大熔炉,随着信息技术的发展,交通的便捷,大学校园也成了各种文化传播的一个平台。目前,随着高校自身的不断发展,加上社会对于复合型人才需求不断增加,国内许多高校开始着眼于校际合作,在本科生、研究生层面互派交流生,开辟"第二校园经历",并在学术交流、科研攻关、师资培养等方面开展全方位合作,以实现互利共赢。

地域文化之间的交融碰撞会产生一种新的文化,这种文化是多种文化的结合体,结合了大部分地域文化的优点,具有很强大的生命力。由于兴趣和专业知识的不同,置身于不同地域文化交融碰撞中的青年学生,在文化交融过程中所汲取的知识也是不同的,表现为所学知识突出个性而且适应社会发展。因此,以地域文化为基础的文化交融学习模式能够有效地促进高校对于复合型人才培养机制的健全。

3. 跨国文化的交融学习模式

随着我国改革开放以及与各国教育文化交流的不断深入,中国目前的教育教学不可避免地受到国外教学模式的影响。这些影响有积极的方面,但同时也存在适用性的问题。我国的教育教学也需要与国际接轨,需要不断进行变革。国际化教育教学改革外部环境的变革包括培育多样化的文化氛围、完善科学的教学管理体制、建设良好的教学基

础设施等。随着文化教育交流的日益深入,学校的外国留学生、外籍教师人数越来越多,同时本国本校师生在国外进修访问的经历也带来了多元化的文化氛围。学校是多元文化交汇的重要场所,也是各种文化相互学习的重要课堂。这样的氛围将更有利于学生对新事物、新观念的接受和认可。

第二节　校内专业嫁接:跨学科的人才培养

长期以来,赋予高等教育的职能主要是培养高级专门人才,是高层次的专业化教育。因此,根据社会经济发展中各行各业对专门人才需要的预测决定各专业类别的招生数量,学校按照各专业方向对学生进行专业化教育,毕业后让他们按专业方向"对口就业"就成为高教运作的基本模式。半个多世纪以来,这种办学模式已为国家培养了上千万各种专业人才,对促进社会经济的发展作出了巨大贡献。然而,科学技术的迅猛发展使多学科交叉融合、综合化的趋势日益增强。当今时代,任何专业领域既不可能孤立地存在,也不可能孤立地发展,必然是学科上的交叉和融合,专业之间的界面也越来越不那么清晰了。由于专业课与技术的发展息息相关,随着技术进步的加快,其教学内容陈旧化的速度也在加快。因此,过多地向学生讲授一些过时的专业课程并非明智之举,更重要的是培养学生学会做人、学会学习、学会创新。大学阶段的教育任务不应仅为满足专业教育所必需的基础课业务训练,而更应当是全面提高学生素质,为培养复合型人才打下良好基础的养成教育。为此,学校应积极创造条件,努力为学生拓展更为广阔的发展空间,提高其对变化多端的社会需求的适应能力,进一步激发他们的创新能力。

山东经济学院顺应时代要求,根据社会需要和自身办学定位及优势,自 2004 年起实施了以双专业、双学位为主要内容的校内专业嫁接机制,以期通过整合校内优势学科资源,实现不同学科、专业之间知识的嫁接融合,为学生提供更为广阔的学习平台和选择空间,激发学生的学习热情,有利于增强学生学习能力、竞争能力,在个性得到保持和张扬的同时,培养他们的创新意识和创新能力。

一、国内高校校内专业嫁接概览

为了适应现代化建设的需要,尽快培养一批国家急需的知识面宽、跨学科的应用性高层次专门人才,自1984年起,经原国家教委批准,少数高等学校开始试办具有本科后教育性质的第二学士学位教育。1987年6月6日原国家教委正式颁布《高等学校培养第二学士学位生的试行办法》。到2006年年末,全国共有百余所办学历史较久、师资力量较强、教学科研水平较高的高等学校,在65个专业方向上开办了第二学士学位教育,培养了大批复合型知识结构的高层次应用性人才,在促进国家经济建设和社会发展方面发挥了重要作用,填补了人才培养类型的空白,推动了高等教育人才培养方向多样化与多适应性方向发展。

在开展第二学士学位教育的过程中,一些重点大学开始在校内试行"双学位"教育制度(即在本科学习期间(或适当延长)同时修读两个专业课程,毕业时获得两个专业的本科学历或学士学位),培养复合型人才,效果良好。例如,1985年1月18日,北京大学实行双学位制度,校长办公会决定:对学习能力较强、主修专业(即第一专业,是学生入校时所学专业)课学习优良的学生,允许从二年级开始,攻读第二学位。清华大学于同年开始试行双学位制,允许部分成绩优异、学有余力的在校本科生同时跨专业攻读另一个学士学位,毕业时可同时获得两个学士学位。由于这些学生本是学业优秀的学生,具有复合型知识能力结构,且因教育教学内容注重应用,"重心"较低,而受到用人部门的"青睐",所以在就业时表现出很强的竞争力。随着教育教学改革的深入,"双学位"教育面也在不断扩展,从而使更多的学生和用人部门受益。21世纪初,双专业、双学位教育不但在教育部直属重点高校中达到了普及程度,出于改革人才培养模式、提高人才培养质量等动因,双专业、双学位教育在各地方高校中也由当初的"吃螃蟹"之举逐步演化至当今的蔓延之势。就山东省来说,目前山东省42所省属本科院校中,已开办双专业、双学位教育的院校达30所。

二、搞好校内专业嫁接的前提性思考

(一)什么是第二专业、第二学士学位,什么是双专业、双学位

在开展双专业、双学位之前,大家往往对于什么是第二专业、第二学士学位,什么是双专业、双学位认识模糊,心存混淆。为消除认识上的偏差,明晰工作思路,必须厘清概念。

第二专业、第二学士学位与双专业、双学位在本质上并没有区别,它们都是在选学一个学科门类学士学位专业的基础上,再跨学科门类选学另一个学士学位专业。但在我国目前现行教育制度和政策下,相同或类似的事情被赋予了不同的称谓。第二专业、第二学士学位是自1984年起,由原国家教委授权部分国家重点高校试点,准予其招收社会非在校生修读与其本人原本科专业、学位不一致的专业、学位,是学业的回炉与充电,是继续教育的一种形式,是行政指令性的自上而下的一种被动行为;而双专业、双学位是扩大高校办学自主权的一种具体体现,是自下而上的学校自发行为,是指学校在取得上级教育主管部门授权后,面向本校或其他学校在校本科学生进行的专业教育教学活动:学生在攻读主修专业的同时,又修读不同学科门类的另一专业,在满足各项毕业资格和学位获取标准的情况下可获得第二个专业的学历证明和学位。具体来说,第二学士学位与双学位有如下区别:

1. 招生对象不同。双学位的招生对象窄,第二学士学位的招生对象宽。高校双学位的招生对象是本校全日制本科学生;第二学士学位招生范围不限于全日制本科学生,也可以招收函授、夜大、电大、自考的

本科生,不仅招收本校的学生,而且可以招收校外、甚至省外的学生,不仅招收在校生,而且可以招收在职人员。

2. 招生年级不同。双学位一般只招收一年级的学生,从二年级开始修读;第二学士学位招收本科毕业获得学士学位的学生,也包括应届毕业生。

3. 招生人数不同。双学位招生计划由学校自己制订,视学校教学资源情况而定;而第二学士学位招生计划由国家统一下达,招收人数有严格限制。

4. 招生专业设置审批权限不同。双学位开设专业由学校自行确定,报省级教育主管部门批准备案;第二学士学位专业要经教育部批准设置。

5. 发证不同。双学位毕业证是在一个毕业证上注上两个专业名称,双学位证是在一个学位证上注上两个学位名称,俗称"一证双专业"、"一证双学位";而第二学士学位是另外单独发毕业书和学位证书。

6. 毕业待遇规定不同。国家对双学位毕业生没有明确的毕业待遇规定;而国家对第二学士学位毕业生明文规定:"获得第二学士学位者,毕业后起点工资与研究生班毕业生工资待遇相同。"

(二)双专业、双学位应该是一种纯粹的专业教学模式,还是一种学习奖励机制

如果是一种专业教学模式,那么,学生是否具有选读第二专业的资格应该只是与其学习兴趣、学习能力和学习基础有关,最后能否取得第二专业学业证书,也只能与其是否取得第一专业学业证书以及第二专业课程学习成绩是否合格有关。然而大部分高校在实际操作中,在对申请者进行录取资格审核时,为了方便管理,且惯性思维使然,通常会规定申请者必须第一专业的第一学年学习成绩优良,且未出现课程考核不及格等标准。如此,双专业双学位成为了学习成绩优秀(虽然只

有短暂的一个学期且偶然性较大的成绩证明）学生的专享教育产品，成为了某种意义上的"奖励消费"。试想，一个在现有高考录取体制下，怀着陌生、消极、排斥的心理和情绪，"被迫调配"到了一个"不理想"专业的大一学生，因为过于严格的学习能力标准限制，失去了一个再次选择专业甚至是选择人生的机会是否太可惜？我们都知道，兴趣是最好的老师，因为学习能力（仅由一个学年的学习成绩核定）而将学习兴趣屏蔽掉是否合理？

也许，有人认为，上述这些资格性要求只是为了保障双专业的质量而作出的必要规定。"可从逻辑上看，学生在某个专业方面学得好并不意味着在另外一个专业方面也必定能学习得好，更何况，只凭第一学年的成绩来判断该学生的学习能力也不免有些勉强"。事实上依照学习成绩"一刀切"的标准录取进来的学生并没有相应地表现出他们在学习第二专业时多么的刻苦认真和富有优势。究其原因，既有学生"买票上车，安全抵达"的应然消费心理在作祟，更重要的是学校管理部门及教师基于对第二专业的"奖励性"认识而放松了对其教学过程的管理和要求。所以，"只有把第二专业作为一个纯粹的专业教学模式，作为一种学习激励机制，而不是作为一种学习奖励机制，严格依照专业标准开展各项教学活动"，才有可能保障双专业、双学位的人才培养质量。

（三）相对于第一专业（主修专业），第二专业是依附性、辅助性的专业教学系统还是独立的专业教学系统

在有关双专业、双学位的管理规定中，绝大多数高校都把学生修习第一专业时表现出来的"学习成绩良好"、"学有余力"作为申请修读双专业、双学位的最主要条件；在获取学习经历及成果证明时，学生仅达到第二专业的学业修读要求和标准并不意味着可以顺利获得双专业双学位，还必须满足获得主修专业的毕业资格和学士学位这一前提必要条件，第二专业必须以第一专业为立足基础。在学业证书内容形式方

面也有不同的情况:多数学校颁发的是一证双专业,即在毕业证书和学位证书上注明该学生修读双专业。这从形式上进一步促成了某种印象,即第二专业并不是一种独立的专业教学模式,而是依附在本科生第一专业教学基础上的一种辅助性的或附属性的专业教学。第二专业只能是依附性、辅助性的,这是大家目前对第二专业性质认识的一个方面。但另一方面,大家又普遍认为开设第二专业必须保证其专业质量标准。这样一来,在教学管理上就容易发生一个难以调和的矛盾。正是这种矛盾决定了当前第二专业教学管理上的种种进退两难的困境。因此,要走出目前双专业教学管理上的困境,必须先解决好这个"零和博弈",即二者选择其一:要么坚持第二专业的依附性特点而放弃对第二专业作为一个专业的质量标准,要么坚持第二专业作为一个专业的质量标准而放弃其依附性的特点。

本书认为,应该放弃目前第二专业的依附特点和辅助性质。因为,第一,双专业的本意就是要使学生具备两个"相对完整"专业的知识和技能,两者并行不悖。倘若第二专业不是一个完整独立的专业,何来"双专业",只要用辅修专业或选修课就可以了。任何一种专业的知识和技能又都必须经过其一套独立、系统的特殊训练才能获得,这一点无论是从学科论还是认识论的角度来看,我们都必须保持一种高度的警惕。第二,如果第二专业只是依附性、辅助性的,那就意味着第二专业势必要在人才培养目标、培养规划、培养途径、培养质量等方面的缩水,这样的第二专业就难以得到社会的认可,其办学可持续性也就难以维系。因此,建立一套独立、系统的第二专业教学机制是构建高质量的双专业、双学位制这一复合型人才培养模式的必然要求。

三、山东经济学院校内专业嫁接的历史沿革及实施内容

自1993年起,山东经济学院在本科生中开设辅修专业,成绩合格者颁发辅修专业结业证书。截至2003年年底,共开设了会计学、信息

管理与信息系统、人力资源管理、国际经济与贸易、法学等 5 个辅修专业,累计培养了 1200 余名学生。10 余年的辅修专业培养对改善学生的知识结构,增强学生毕业后的就业适应能力起到了积极作用。20 世纪 90 年代末,随着社会经济和科学技术的迅速发展,学科之间相互渗透、相互交叉的趋势日益明显,提高学生综合素质,培养复合型人才理念顺势推出。2004 年,随着学校"313"成才工程的推行,作为学分制教学改革内涵的延伸,学校将金融学、会计学、英语、法学、计算机科学与技术五个本科专业确定为辅修第二专业,实行双专业双学位制。至此,原辅修专业制自然过渡为双专业双学位。

本着校院两级教学管理的工作思路,校内专业嫁接的主要实施内容如下:

(一)校院两级分工配合,全方位做好宣传工作

山东经济学院双专业双学位的招生对象是在读大一本科生。对于刚刚熟悉了大学生活学习规律的大一本科生来说,双专业双学位是一个全新的世界,为了让大一学生认识双专业,了解双专业,喜欢双专业双学位,必须针对大一学生的特点做大量的宣传:

1. 在每年双专业双学位招生之即(春季学期 5 月下旬),教务处处长在学院教学例会上将双专业双学位的招生精神和招生计划、专业等情况向各学院院长进行传达。

2. 教务处印制统一的招生宣传手册,并通知双专业双学位主办学院针对本专业设计宣传栏在校园里集中展出。

3. 教务处对第二专业主办学院设计的宣传资料进行形式和内容审核,经同意后学院负责组织人力张贴和散发。

4. 各第二专业主办学院指定专门的教学秘书和辅导员为学生提供咨询。

5. 教务处和各第二专业主办学院将招生资料公布在校园网上供学生查阅。

（二）制定科学的培养方案,保证双专业、双学位培养目标的实现

培养方案是学校保证教学质量和人才培养规格的重要文件,是组织教学过程和安排教学任务的基本依据。从开始实施双专业双学位制度之初,学校就非常重视培养方案的制定工作,为此,还专门出台了制定培养方案的原则意见及基本要求。培养方案既要求科学性,也要求规范性,同时又要保证实用性;培养方案的制定坚持课程整体优化原则,科学地处理好各教学环节之间的关系,课程体系融会贯通。具体体现在:首先,要处理好主修专业和双学位的关系,进一步明确双学位的培养目标与主修专业间知识的衔接。其次,要整合课程设置,根据培养目标构建融会贯通、紧密配合、有机联系的课程体系。第二专业教学培养方案中合理搭配了专业基础课、专业课比重,知识结构符合专业标准。在课程设置上以本专业学科基础课和专业课为主,以及必不可少的实践教学环节,所有教学环节的设置要求覆盖教育部规定的专业核心课程和主要实践性环节。

（三）加强制度建设,规范教学管理

山东经济学院于2004年6月颁布了《山东经济学院双专业双学位管理办法》,经过两年的实践,2006年12月又对该《办法》进行了修订。合理考虑专业培养要求和学生时间精力分配,双专业双学位修读学分要求定为70学分;将双专业双学位教务管理整合纳入学校教学管理信息系统;在教学形式上,鼓励采取小班单独开课;为了不影响主修专业的教学,上课时间均安排在周六、周日和暑假;同时,对于修读双专业双学位的学生在符合条件情况下可以申请免修、免听课程。这些措施有效地保证了双学位学生的培养质量,又提高了学生修读双学位的积极性。

（四）明确各自职责,合理组织教学

学校把双专业双学位教育作为本科教育的重要组成部分,已纳入正常教学管理体系,实行校、院两级管理。校教务处负责开设专业的审

批,总体招生计划制订,规范教学管理,审定教学计划,对教学情况进行监督和评估,录取资格的审核确认,成绩管理和学业证书发放工作等。主办学院负责学生报名接待及报名资格审查,负责所设专业教学计划的制订和实施,包括课程设置、教学大纲、教师配备、教学条件的提供及教学实践的落实、教材的选定、学生考核成绩录入等。学校对双专业双学位各项工作进行严格规范的管理和监督,保证了双学位人才培养的质量。

(五)坚持以学生为本,创新管理模式

选修双专业双学位的学生来自全校不同学院,给双专业双学位日常管理带来了极大的挑战。为此,学校采取的普遍做法是:每个第二专业开办学院配备一名德才兼备的辅导员作为专业负责人。其职责包含两个方面:一是学生管理;二是协助主办学院落实教学任务。专业负责人既起到了班主任的作用,又承担了教学秘书的任务。在激励机制上,学校给予专业负责人一定的工作补贴,充分调动了其积极性。专业负责人制度的建立,改善了双学位专业同学之间的关系,使学生所在的主修专业学院与双学位专业主办学院之间建立了联系,形成了有效的交流沟通渠道。这样既有利于学生的协调管理和整体培养,也有利于日常教学与管理的有机结合。

四、山东经济学院校内专业嫁接实施效果与反响

2004年至2006年间,山东经济学院双专业双学位招收了3级,每级学生报名人数平均约占同级学生的14%左右。三年来共培养了1776名学生,其中有939名完成学业,顺利获得了双专业双学位证书。

2004—2006年山东经济学院双专业双学位修读人数一览表

年度	招生人数(人)	双专业毕业人数(人)	获得双学位人数(人)
2004	460	441	434

年度	招生人数(人)	双专业毕业人数(人)	获得双学位人数(人)
2005	567	517	505
2006	749	尚未毕业	尚未毕业
合计	1776		

* 表中引用数据为2006年上半年调查所得数据。

从上表可以看出,山东经济学院双专业双学位的修读人数的变化量是非常明显的,平均以50%的速度递增,这说明越来越多的学生认识到双专业双学位对其自身成长的重要性,双专业双学位得到了学生的认同。

山东经济学院教务处在2007年春季学期就修读双专业双学位在学生学习就业中的作用对2005级双专业的部分毕业生做了专项抽样调查。调查结果如下:

1. 在回答"你认为修读双专业双学位的最大收获是什么"(多选)时,60.54%选择了知识积累,47.98%的学生选择了能力提高,另外14.35%选择了拓展了交际范围,3.14%的学生选择了其他。在回答"你认为修读双专业双学位对你的个人发展有作用吗"时,43.05%的学生选择了作用非常大,50.85%的学生选择了作用一般,6.73%的学生选择了基本没作用,没有学生选择反作用。

事实上,许多双专业双学位学生在经过刻苦学习后取得了个人生涯中的初步成功。以计算机科学与技术为第二专业的学生参加全国计算机软件水平考试,累计有60余人拿到"程序员"证书,25人拿到"高级程序员"证书,分别占历届修读计算机科学与技术第二专业总学生人数(165人)的36%和15%。这些证书在学生就业上发挥了很大的作用。

2. 在回答"你认为修读双专业双学位对你考研有作用吗",20.44%的学生选择了作用非常大,23.20%的学生选择了有较大作用,30.39%的学生选择了作用一般,23.76%的学生选择了基本没作用。

在回答递进问题"你的考研专业是主修专业还是第二专业"的同学中，18.78%的学生选择了第二专业。考虑到学生以主修专业为主，第二专业的考研比例达到18.78%，应该是一个比较客观的比例，这说明辅修第二专业对主修专业起到了较好的补充作用，在学生的考研中发挥了较大作用。

据统计，在拿到双专业双学位证书的441人当中，考上研究生的比例达到了17.21%，而同期山东经济学院2005届所有本科毕业生的考研比例为16.14%，这说明学生学习双专业不但没有影响学生其他知识的学习，反而对其他知识的学习有促进作用。这种多种学科相互渗透的复合型人才培养模式迎合了社会和市场经济对人才的需要，最近几年山东经济学院本科毕业生的就业率每年都在90%以上。

3. 在回答"第二专业对你求职起到了什么样的作用"时，13.27%选择了作用非常大，33.55%选择了有较大作用，38.80%选择了作用一般。拿到双专业双学位证书的同学有近半数反映拥有双专业双学位证书让自己在就业大军中占到了优势。这说明许多学生的双专业双学位学习经历在就业求职市场上得到了认可和兑现。

双专业双学位的开展促进了学校的学风建设。第二专业的教学主要是利用双休日和暑假的休息时间完成的。学习第二专业的学生，每学期都要根据开设课程学分缴纳一定的学费，他们都十分珍惜这得来不易的学习机会，力争通过艰辛的劳动获取最大的回报。当然，有的同学纯粹是出于兴趣，出于对第二专业的热爱在进行着孜孜不倦的学习。双专业双学位的学生在主修专业课堂和第二专业课堂上来回奔波，校园里不时晃动着他们忙碌的身影。每一个双专业双学位的学生都是一个辐射源，在促进自身学习的同时，无形中也促进了学校整体的学风建设。

双专业双学位放大了热门专业容量，缓解了热门专业的招生压力。因为学校开设的五个第二专业全部是学校的品牌专业、优势专业、热门专业，这五个专业作为主修专业来说，因为受招生计划限制，满足不了广大考生的需求,大量的考生不得其门而入,只能退而求其次。双专业帮助学生实现了根据自己的兴趣选择自己理想的学习方向的愿望,为更多的学生提供了学习、就业的便利和实惠。

双专业双学位的复合型人才培养模式,培养了学生的创造性思维。在学校举办的多种多样的创新活动中,有许多双专业学生参与,他们凭着自己知识面宽的特点,在大赛中占到优势。

五、山东经济学院校内专业嫁接实践中发现的问题

近年来,山东经济学院的双专业双学位教学经历了从最初的探索尝试到现在的巩固发展过程,在教学管理方面积累了一定的实践经验。如在管理体制上,注重学校教务部门与学生所在学院和第二专业主办学院之间的密切合作,通过加强这三个部门之间的协调配合来确保第二专业教学活动的正常开展和教学质量稳定。在管理措施上,通过制定规章制度明确校院两级的分工职责,对第二专业教学计划及招生计划进行严格监控,对教学师资任职条件提出严格要求,对教学时间给予合理安排。此外,充分以学生为本,根据各专业教学计划进程安排和学生的实际情况,在重复课程免修、第二专业修读时间的适度延长等方面做了改进,使双专业双学位制度具有更强的现实操作性。实践证明,双专业双学位这一教改举措取得了良好的成效,但作为一项新事物,双专业双学位工作也不可避免地面临一些问题和挑战。

(一)双专业双学位教学质量监控有所滞后

目前山东经济学院的双专业、双学位实行"校院两级"管理机制,第二专业管理重心放在第二专业主办学院。对于学生录取、课程设置、师资配备、课堂管理、成绩考核这些教学环节,不同的学院在具体操作上不尽相同,这样就不可避免地出现有的学院比较重视,管理严格;有的学院重视不够,管理松散。另外,学生所在的主修专业院系与双学位专业分管院系之间相互脱节,缺乏有效的交流沟通渠道,这既不利于学

生的协调管理和整体培养,也容易造成日常教学与管理上的真空地带。双专业双学位对于包括山东经济学院在内的广大高校来说还是新鲜事物,虽然在长期的办学历史中学校已积累了一定的教学质量管理经验,建立了较为科学完备的教学质量监控体系,但还必须针对双专业双学位教学的特殊规律,及时、科学地设计好质量监控指标体系,扫除全面教学质量管理中的盲点。

(二)学生选读双专业双学位呈一定盲目性

大多数学生在作出选择前还是经过慎重思考、多方(志趣、时间、精力、经济成本、就业筹划)权衡的,但有的同学选择双学位专业不是依据自己的才能和志趣,而是盲目从众,以至于在学习一段时间之后感到不适应,只好中途退出。有的学生雄心勃勃,既想学好主修专业拿奖学金,又想拿到第二学位多条路,还想争当学生干部政治上不落后,以为拿第二学位只要凑满学分,通过课程考试即可,结果,既丢西瓜又失芝麻,影响了自己的成长成才。

(三)双专业双学位完整的教学环节难以得到保障

要完成一个完整的专业训练,一般需要经过理论教学、实践教学两大环节。由于"重理轻文"、"实践教学是理论教学的从属"等历史原因和教学观念原因,各主修专业教学计划中的理论课教学在人、财、物、时间等方面都能得到充足的保证,学生完成理论课的学习任务相对比较容易,但要完成实践教学环节就比较困难。现在的情形是,广大高校已纷纷意识到实践教学在培养学生创新意识、创造能力、适应能力方面的巨大潜能和功效,并且争相采取措施扭转对实践教学加以强化。但各主办专业处在"实践教学"地位"爬坡"的当口,还要从有限的资源中拨出部分兼顾第二专业的实践教学便有些力不从心了。加之出于同时修读主修专业的压力,较为薄弱的专业理论基础和紧缺的时间,使得学生在从事第二专业实践活动时也显得力不从心,在一定程度上影响了专业素养的提高。

（四）教学单位投入精力不足，学生缺乏有效激励

教学单位对双专业双学位的专业教学过程投入精力欠缺，重视不够。事实上，授课老师情愿将更多的精力投放在主修专业学生身上，因为在修读第二专业的学生身上花精力往往不太容易看得到自己的成绩。学生所在学院在进行个人综合测评时未考虑学生学习第二专业的表现，一方面是思想上忽视，只考虑本专业学习成绩好的学生，学习第二专业好的学生往往处于"被遗忘的角落"；另一方面是难以重视，因为一旦要去重视，就要去和主办学院打交道，工作的量度和难度都会加大。从学生的角度来说，学生觉得从这边学习比较吃力，从那边又得不到足够的重视鼓励，学习时便容易滋生应付的心态。

六、山东经济学院校内专业嫁接的对策与思路

作为一种培养复合型人才的新型教学模式，双专业双学位教学大大增加了高校教学管理的复杂性，管理难度明显加大。为了有效实行这种崭新的人才培养模式，高等学校必须创新管理体制，建立一种与这种复合型人才培养模式相适应的新的教学管理体制。

（一）强化校院两级管理模式，加强第二专业教学质量监督管理

坚持在学校统一的业务指导下，赋予专业主办学院高度自主权，使之能够在开展第二专业教学和管理过程中具有较高程度的独立性。学校教学管理部门应尽量避免既当运动员又当裁判员的混合角色，不参与第二专业教学第一线的具体组织实施工作；主要的职能是进行全校性的宏观管理和监督协调，即负责全校双专业双学位制度的制定、双专业双学位标准的审核，教学实施的监督和不同学院之间教学冲突的协调工作；主办学院负责教学计划制订、教学任务的落实、教师聘用、成绩录入管理等日常教学管理。实施校院两级管理，既能使学校教学管理部门从繁重的事务性工作中脱离出来，提高工作效率，又能强化主办学院的权责意识，提高办学积极性，保证办学质量。

学校初步建立了校、院、学生共同参与的第二专业教学质量监控系统,实现了对教学目标和教学过程的管理和监控。校级教学质量监控主要是教学督导组、教务处通过教学检查、教学档案抽查、听课、抽样调查、召开座谈会等方式实行监控;院级教学质量监控主要是各教学院通过教师任职资格审核、学生申请录取资格审核、教学档案检查、听课等方式实行监控;学生则通过评教制度和信息员制度参与教学质量监控。

在实施教学监控的过程中,学校特别重视对毕业设计(论文)的质量监控,要求严格参照《山东经济学院本科毕业设计(论文)工作管理规定》的标准,对第二专业毕业设计(论文)与主修专业要一视同仁。学校组织督导组成员对第二专业毕业设计(论文)的质量进行抽查,在教学院长会议上及时进行反馈,确保第二专业毕业设计(论文)的质量得到全面监控。

(二)放宽申请修读资格,建立更加灵活的双专业双学位教学制度

在2006年修订的《山东经济学院本科生双专业双学位管理办法》中规定:"凡在校本科生,修完一年级课程,成绩合格,品行优良,身体健康并学有余力,均可申请修读第二专业",与2004年出台的旧管理办法相比,去掉了"主修专业课程学习成绩在本专业排名前30%"、"未出现不及格现象"等要求,修读资格进一步放宽。规定主办学院可以根据专业要求举行一些相关的考试,但不以第一专业的学习成绩作为其是否具有报读资格的依据。为使学生免去不必要的重复劳动,规定对于学生主修专业教学计划与第二专业教学计划中存在课程重复设置情况的,可以申请免修第二专业的相应课程,并免交相应费用。第二专业实行弹性学制,按规定,在学生的第一专业学习任务已经完成,但第二专业学习任务仍未完成的情况下可以申请延期毕业。

(三)合理安排教学时间,避免第二专业教学与主修专业教学之间的相互干扰

为避免两个专业的教学活动发生冲突,学校对主修专业和第二专

业在每周的教学时间进行了界定。如规定第二专业教学时间只能为周
一至周五晚,周六、周日下午及暑期的前三周,除此之外为主修专业教
学时间,若存在时间冲突的应以主修专业为先。

(四)在成才的目标下激励和规范学生的学习行为

再好的制度也需要人去实施,再好的制度也难免有疏漏,如果学生
没有一种刻苦学习、立志成才的欲望,没有一种奋发向上的精神,没有
一种甘受寒窗苦的毅力,那么,再好的制度都会流于形式。目前双学位
培养工作中存在的问题,有学校和教学单位管理上的问题,也有教师和
学生方面的问题,这是不容回避的。作为学生来说,端正学习态度,树
立远大理想,杜绝投机取巧,避免急功近利,这应该是学生选择双学位
学习的必要条件。因此,针对双专业双学位学生群体的精神面貌、心理
特点、价值取向,学校正在积极开展如何在成才的目标下有效引导和规
范学生的学习行为,促进双专业双学位学风建设的课题研究。

此外,学校还积极开展对双专业双学位这一新事物的研究和宣传,
在研讨宣传中不断提高师生对双专业双学位的认识,使得管理者知其
如何管,教学者知其如何教,学习者知其如何学。

第三节　国内高校间专业嫁接:
开辟学生的第二校园经历

随着高校规模的不断扩大、高校数量的日益增长,高校间竞争日趋
激烈,高校的生存与发展成为高等教育发展中不得不考虑的问题;高校
招生数量的逐年扩大与就业市场空间相对狭小的矛盾,也使得人才培
养质量成为社会关注的焦点。在炽热的竞争中,如何才能培养出高质
量的人才? 在激烈的角逐下,高校怎样才能谋得长久的发展? 竞争中
求合作,共赢中谋发展,高校校际合作办学,成为高等教育大众化发展
过程中高校生存与发展的重要方式。

高校校际合作办学,指两所或两所以上的大学或学院在教学、科研和社会服务等功能活动上,以自愿互利为基础进行合作,通过共同的投入和努力,达到一定的办学目标或行动目标,实现共同发展。

校际合作办学的范围广泛,方式多样,主要包括:

1. 学分互认,联合培养。所谓高校学分互换,是指高校之间互相承认对方学校所开的课程及学分,学生除了学习本学校专业或课程之外,还可以学习其他院校的相关专业或课程,所修得学分均被彼此院校所承认。借助学分互认,学生可跨校选课,可跨校进行短期访问学习,所修学分可被彼此院校认可。

2. 教师互聘。各校互派教师到他校进行一定时期的教学、科研工作,或者互相为对方培养师资,各高校相互间承认教师互聘期间的授课时数和工作量等。

3. 硬件设备、信息资源共享。图书馆、实验室、网络中心、电教中心、文献信息中心、实践基地等互相向对方开放,实现资源共享,从而减少重复建设,提高教学资源的利用率,提高办学效益。

4. 学术交流。共同举办多种形式的学术讨论会、学术科研讲座,使来自各校的教师能聚在一起,互相学习、取长补短,共同提高学术科研水平。

5. 合作研究。几所高校联合建立学科研究中心,集中人力、物力,分工协作,形成综合学科群,共同开展科学研究和技术开发。这一方面有助于学科发展、分化;另一方面可带动区域内学科研究,形成区域特色。

在高校校际合作过程中,学分互认成为高校合作的重要模式之一,也是本课题研究重点。基于学分互认的校际合作为培养学生兴趣,增强学生适应能力、竞争能力,激发学生创新潜能,培养复合型人才提供了更多的机会。

一、高校校际合作概览

（一）国外高校校际合作概况

谈校际合作，谈学分互认，我们有必要首先放眼欧洲。"欧洲学分转换系统"，是学分之间相互流通的世界级典范，它不仅打破了校与校之间的樊篱，更消除了国与国之间的障碍。"欧洲学分转换系统"（ECTS）隶属于欧洲委员会，创立于1988—1995年间，后纳入高等教育"伊拉斯谟项目"。它通过采取灵活的学分制度来确保学分的可转让性和累积性，在本科和研究生教育的基础上，创立一种简化的、易读的、可比较的学位系统。"系统"通过更新"信息包裹"，记录学生学习成绩、课程、学位申请、学校管理程序、教学日历、评估模式等相关事宜，所学课程和成绩一目了然，使学生在外校进一步学习很容易。至今，该系统运行有效，质量较高。

在美国国内，学生转学是非常普遍的。学分可以自由转入和转出，包括从社区学院先学1—2年，然后转入四年制大学拿学士学位。当然，转学之前的学科内容须与新学校相关课程相类似，否则新学校就无法保证先前学分全部被采认。美国的高校校际合作办学起源于1925年的克莱盟特学院联盟（Claremont College）。而位于马萨诸塞州西部涅狄河谷的五校联盟（Five College Consortium）是公认的美国高校校际合作史上最成功的典型之一。五校联盟的宗旨是资源共享，为广大学生提供一个更广阔的发展空间。目前的合作项目有学生跨校选修、教师互聘、讲座、图书资料共享、信息技术合作、社区合作服务等。1962年，在美国普林斯顿大学举行了一次关于高校校际合作办学与共同发展的会议，与会者有各高校的行政领导、教育界代表、基金会代表等。这次会议标志着全美讨论高校校际合作办学运动的开始，是高校校际合作办学的一个重要的里程碑。会议成果在会后集册出版，并带动了美国另外32个高校校际合作办学体的发展。教育观察家雷蒙德·摩尔(Raymond Moore)统计了20世纪60年代中期进行校际合作办学的美国高校有1500所;签订的合作计划有1017项;合作内容多涉及图书馆共建、共同招生、教师互聘、开发研究生教育课程、科学研究等。

1994年3月,日本京都地区28所私立、短期大学在京都签署了《学分互换一揽子协定》。1998年10月,日本大学委员会发表了题为《二十一世纪转型期的大学:改革计划》的报告,号召对高等教育机制进行彻底改革,措施之一便是建立学分转换体制。

（二）国内高校校际合作概况

在我国,20世纪90年代初期和中期,高校校际合作办学曾一度兴起。为提高办学的质量与效益,适应经济和社会发展的需要,国内各高校之间不断尝试崭新的办学方式,打破以前高校各自封闭办学、不合理的重复建设、自成体系、不相往来的状况,进而改善高等教育结构,促进资源共享、优势互补,加强学科交流与合作,达到共同发展的目的。不少高校根据自身的需要和条件,与邻近的高校或不同地区相关类型的高校,进行了多种多样的合作。这些合作几乎涉及高校的各个功能活动领域。那时,校际合作办学与"共建"、"合并"、"划转"等改革措施,给我国高等教育带来了一股新的气息,成了高教改革与发展的新的突破口或生长点。然而,与高校的合并、联合或共建等方面的进展相比,高校校际合作办学显得较为平淡,效果和影响也不明显。

最近几年,国内多所著名高校顺应世界高等教育的发展趋势,积极适应当代经济社会发展的需要,实施全方位开放式发展战略,按照"优势互补,资源共享,互惠互利,共同发展"的原则,坚持务实合作、高效合作和长久合作,推动和开展了校际之间的合作交流,开展了以学生"第二校园经历"为主要内容的合作项目。

"第二校园经历",作为一项教育创新举措,是基于开放式办学理念上的合作交流、学习借鉴与共同发展。"第二校园经历",就是借助于校际与校研合作平台,让学生在本科或研究生学习期间,单向选派或者双向互派学生到国内其他著名大学或科研机构访学,进行学习交流。这种交流形式,带给学生最重要的是一种开阔的视野,一种开放意识和竞争意识,学生能够了解和接触除本校之外的另外一种大学校园文化,待其学习回来后,又把这种新的生机、观念带到原学校,让本校更具活力。

选派访学生这种合作方式,其实质可以理解为高校间学分互认模式的方式之一。2007 年年初,教育部发布的《关于进一步深化本科教学改革全面提高教学质量的若干意见》(教高〔2007〕2 号)中指出,"积极鼓励高等学校之间的跨校选修课程机制,加强高等学校之间学分互认等,使学生享受更多的优质教学资源,并逐步实现教学资源共享机制稳定化、常规化"。近几年兴起的高校间互派学生访学的举措,实质就是高校间学分互认合作模式的方式之一,既符合教育部的文件精神,又适应高等教育的发展要求。

就山东省高校来看,山东大学在推进以互派访学交流生为主要内容的校际合作方面当推"翘楚"。经过几年的努力,仅就本科生访学工作而言,该校已派出千余名学生赴厦大、武大、兰大、中山、吉大、哈工大、天大、人大等学校进行为期半年或一年的访学,涉及校内 20 多所学院、50 多个专业;另外,接收厦大、武大、兰大、中山、首都医大、宁大、山经等学校的千余名同学来山东大学交流学习,同样涉及校内 20 多个学院、50 多个专业。山东大学通过与省内及国内其他著名高校深入开展实质性的合作项目,以学科建设为载体,有效推动了学科发展,校际合作空间得以积极拓展,校际合作内容也极为丰富,在与他校的发展与合作中实现了共同发展和互利双赢。

二、山东经济学院国内高校间专业嫁接的历史沿革及实施内容

为培养合格的高水平师资,山东经济学院 1991 年分别与天津财经学院(现为天津财经大学)、北京经济学院(现为首都经贸大学)签订了

联合培养研究生协议。自1991年开始,山东经济学院每年选派若干名青年教师到上述两个学校进行研究生层次的进修学习,截至1995年共输送了50余名教师。研究生层次的联合培养人才模式为本科层次的校际交流与合作积累了一定的经验和基础。1999年又与上述两个学校签订了联合举办研究生课程进修班及在职申请硕士学位的协议。与兄弟院校联合培养研究生的举措开了山东经济学院与其他高校相互交流的先河,学校从中受益匪浅。为了在更广的范围内探索校际合作的新路子,共享优质教育资源,山东经济学院决定进一步扩展合作内涵,以校际间对口专业联合培养为平台,增加本科生层面的合作培养内容,以期为学生创造开放的环境、提供一流的文化氛围,充分发挥高水平大学在人才培养中的重要作用。

2004年7月,山东经济学院与山东大学签订校际合作框架协议,标志着山东经济学院与国内大学校际合作计划的正式启动。三年多来,学校先后与山东师范大学、天津财经大学、山东科技大学等三所高校签订全面合作框架协议,与厦门大学、中南财经大学、德州学院的联合培养本科生协议已达成初步意向。这些校际合作项目的启动,推动了本科生访学、高层次学术访问、研究生导师互聘、教师进修等层面的合作。目前,学校已派出254名学生赴山大、天财等学校进行为期一年的访学,涉及校内10个学院、14个专业。为规范本科生访学,学校构建了学校领导—职能部门—学院三级管理服务网络体系,有关职能部门制定了若干个规范本科生访学的规定,创造性地提出了若干解决制约本科生访学的工作方案,使本科生访学工作进一步规范化、制度化。

三、山东经济学院国内高校间专业嫁接的实践效果与反响

总览近几年国内高校之间开展的"第二校园经历"这种新型校际合作方式,并结合山东经济学院与山东大学、天津财经大学等高校的合作实际,本书认为,派遣本科学生到他校学习,实行高校联合培养学生,

无论对于学生个体,还是对于学校来说,都是具有重大现实意义的创新性实践。选派本科生国内访学,其实践效果从学生、学校以及整个普通高等教育系统三个方面得到了体现:

第一,对学生而言。他们能够接触更为广泛的学科,获得更多学识和更好质量的教育机会,有利于复合型人才的培养;更为重要的是给他们带来了一种更为开阔的视野、一种开放意识和竞争意识,对于提高学生的素质,提高其对变化多端的社会需求的适应能力,激发其创新潜能,丰富学生的阅历大有裨益。因此,拆除围墙、相互沟通,实施本科生国内访学举措,有利于满足学生的要求,能够为学生提供更为广阔的发展空间。

学生对外出访学抱以极大热情,报名踊跃。在山东经济学院每年的访学生报名过程中,学生报名人数远远超过限定名额。2004 年首次派出访学生时,计划派出人数与报名人数比例为 1:2.3,2005 年为 1:4.1,2006 年则达到了 1:6.5。按照择优遴选的原则,大批学生不得不遗憾地被"淘汰"。很多学生来教务处提出他们的意见,各二级学院负责人也纷纷"说情",希望学校能够扩大访学学校的范围,增加访学生名额,以便能够让更多同学有外出学习的机会。

一位去山东大学访学的同学在她的个人博客中写到,"去山大访学,我有了好多的收获","在这里我看到了自己还有很长的路要走,而不是像以前那样盲目地相信自己。我会践行自己的承诺——努力,再努力","在这里,我感受到了一种文化和一种精神,带给我的是震撼的力量","心有多大,路有多宽,访学的日子里充满爱。深深地被山大人的精神所折服,深深地被展涛校长的个人魅力所吸引","流连,可是却不能忘返","这里有我喜欢的老师,有我依依不舍的朋友,我要像珍惜得来不易的财富一样珍惜着他们,像守望财富一样守卫着这个珍贵的第二精神家园"。

第二,对学校而言。首先,通过实行校际合作,在拥有不同的优势学科和特色专业的高校之间,能够实现优势教育资源共享,实现资源的合理利用,实现学术和文化的良好交流;其次,高校间通过联合实施一些较大规模、较高层次或具有开拓性的项目,可以更容易获得外界的认同和资助,进而在一定程度上形成某种凝聚力或整体力量,产生聚合效应,使合作高校获得更多拓展和提高的机会。借助于校际合作这一平台,山东经济学院与各兄弟院校之间的高层次学术互访日益频繁,管理人员交往日益增多,科研合作进一步深入。例如,山东经济学院的金融学、会计学学科与天津财经大学的金融学、会计学学科之间已经建立起紧密的协作关系,在专业建设、人才培养、教师资源共享、科学研究等许多领域进行了卓有成效的合作。

第三,对高等教育系统而言。随着高等教育大众化进程的不断进展,有限教育资源的利用和整合,成为高等教育发展过程中日益引起关注的问题。校际合作,能够帮助高校最大限度地整合资源,优势互补;能够促使高校重新审视和关注相互之间的关系,深入主动地进行多方利益共谋与互动的思考与实践;能够提高高校群落的整体性和协调性;对于促进高等教育大众化的进程无疑具有重要意义的推动作用。因此,高校校际合作办学对于中国高等教育的大众化进程有着重要的推动作用。

许多交流访学的学生通过座谈会、演讲、在网站上发表体会文章等不同渠道和方式,对不同学校间在教学、管理等方面的差异进行体会和比较,同学们以炽热之情为学校发展献计献策,推动学校在图书馆管理、教室管理、实践教学、学生教育管理等多个方面进行了改革。

高校联合培养本科生,不仅开启了兄弟院校之间友好互动交流的渠道,实现了高校资源的共享,而且还产生了显著的社会效益,在国内高校中产生了一定影响,引起了国内新闻媒体和社会公众的广泛关注和好评。《齐鲁晚报》曾刊登《山东悄然兴起"国内留学"互派学生到对方学校上课》的文章,称一种通过"国内留学"培养优秀人才的方式正在省内高校中兴起,山东电视台、山东教育电视台等媒体也对该创新教育模式进行了报道。不少家长非常希望子女有外出学习的机会,在访学生的选派过程中,学生家长给予了高度关注,有的家长来电咨询访学事宜,有的甚至亲自来到学校了解访学的相关问题,言谈中均一致表示出对学校这一举措的高度赞同。

四、山东经济学院国内高校间专业嫁接实践中发现的问题

开展校际合作,联合培养人才这一举措在增强学生综合素质,增进高校间的沟通合作,整合优质教育资源方面无疑发挥了良好的作用。作为一项创新性的工作,在"第二校园经历"的实践过程中不可避免地存在一些新情况、新问题,对现有人才培养模式和内部管理体制提出了新课题和新挑战。

(一)访学学生在外学习过程缺乏适度的指导和监控

在实行派送访学学生制度之初,大部分高校把关注点放在了"送出"行为本身和学生在外访学的文化融入和生活体验上,在学生的学业管理上有所放松,采取的大多是粗线条管理。主要表现在:

1. 学分互认的前提首先应是对合作双方的课程设置进行必要的标准化考量,比如:双方开设的同一门课程,其学时、学分、教学内容、考核方式等核心要素都应进行认真细致的核实,在大同小异的基础上取得学分的互相认可。但现实情况往往是:在签订合作协议前,双方教学管理部门仅仅是大致的、象征性的浏览一下对方专业的人才培养方案(教学计划),对于重叠开设的课程,其学分互认的前提要求仅作学分数量上的考虑;对于不交叉的课程,其学分互认则是"照单全收"。当然,对于后一种情况,各高校人才培养方案千差万别,其处理方式可以理解;但前一种情况,则应参考当前发达国家和地区高校的通行做法,将课程视为准标准化的"商品"或"产品",建立严格的学分认证、学分转换制度,推动校际合作的深入、规范发展。

2. 囿于地理空间上的限制，兼有简单化管理之倾向，学生的派出学校对学生在外个人学习计划的制订缺乏监控，而接收方学校也倾向于采取放任式管理，来访学生在选课方面享有超级"VIP"待遇，可以不受限制地选修必修课、模块选修课、任意选修课，甚至有的可以跨年级、跨专业选课。这一切的安排自有其合理之处，如扩大了学生学习的自由度，可以更充分地接触、领略访学学校的学术风范和文化氛围，但毫无限制的、放任式的管理容易造成学生学习过程中的盲目和盲从。

（二）通过学生访学平台，合作双方学术、文化、制度、管理诸方面互相交流促进的实效性尚不明显，双赢乃至多赢的合作目标尚有较大实现空间

派出的访学学生回校后，其带回的迥样的异域风尚、活跃的文化气息、深刻的触动与感想，未能最大程度地发挥对本校的"撬动效应"。究其原因，一是未能采取有效形式对访学学生的所获所得进行有效的宣扬，宣传工作只有广度没有深度，在使广大师生从中有所思考、有所感悟，产生思想上的共鸣等方面有所欠缺；二是对于访学学生的反馈信息，由于管理中沟通、协调等问题，存在一定的时滞性，未能有针对性地对有关问题采取及时有效的改进。

（三）访学学生心理辅导工作存在一定缺位

刚刚适应了大学的生活节奏，又转移到了另一个陌生的校园环境中，面对着陌生的老师、同学、管理人员，身处不同的城市、校园，难免"水土不服"。虽然派出学校心系在外的学子，注意到学生心理问题，但也感到鞭长莫及，力有未逮。在派出学校看望在外学生或组织访学归来学生座谈会时，由于时间、场合较为集中，缺乏个别交流，沟通未能做到细致入微，不能最大限度地准确把握学生的思想、心理状态。如：通过审核合作方学校提供的访学成绩单，我们发现，极个别的同学有不及格现象。对此我们百思不得其解，毕竟派出去的都是品学兼优的学生。后来通过单独交流了解到，作为单向交流派出的学生，看到了自身

与更高层次的高校同龄人之间存在的较大差距,见识了"天外有天,人外有人",由于没有进行及时正确的心理调适,加之不能适应对方学校的授课内容、授课进度、教学方式等因素,产生了很大的心理落差并导致自卑感的滋生,对自我采取否定和放任的态度。这些问题都有待于我们本着对学生负责、对学校工作负责的态度认真调查研究,逐一解决。

五、国内高校间专业嫁接实践的思考

在全方位开放式发展战略下,审视以专业嫁接机制为重心和特色的校际合作,带给我们许多思考:

（一）需要何种胸怀与视野

随着校际间学生访学活动的开展,不同风格的校园文化和地域文化、不同学校的办学理念和校风学风等将会聚在同一校园,极大地丰富着校园文化的内涵,带动了校园文化的开放。本科生访学,涉及各校之间的课程对接、教学管理、学生管理、思想政治工作、后勤服务等许多问题。很大程度上,本科生互换培养中出现的新情况、新问题,是对现有人才培养模式和内部管理体制的新挑战。许多访学学生通过不同方式,体会和比较校际之间在教学、管理等方面的差异,以炽热之情,为母校发展献计献策,推动了学校的各项改革。因此,我们要以发现、欣赏的眼光看待各个高校,以宽广的胸怀和气度,努力寻找优势和长处,结合自己的特点吸收和消化,以此来活跃校园的学术气氛,激活创造灵感,开启创新思维,进一步推动学校各项事业健康持续地向前发展。

（二）交流访学,学习优先还是素质优先

这就是说,什么样的学生才有资格加入到交流访问学生项目中?首先应该明确,寄希望于访学学生通过短暂的访问学习就能获得学业上的突飞猛进既不现实也不是我们的首要目标,我们应该强调和看重的是学生通过访学获取了另一段宝贵的人生经历,他们的视野因此开

阔,心胸因此宽广,能力因此提高。交流访学,当然是一种贯彻落实素质教育的有力举措。在现有有限资源的情况下,为使合作项目发挥最大效益,扩大正向效应,我们需要挑选最合适的人去完成交流合作的任务。在德、智、体、美、劳各个方面综合表现突出的代表才有资格和机会加入访学队伍,只有他们才能把不同校园的文化、精神、风貌加以充分的展示、交流和沟通,不失交会融通之要义。

(三)互利合作,暂时还是永恒

竞争与合作,是高校校际关系的两种特定形式,是随高等教育体系的不断扩展和高等教育市场的形成,以及受高校分化与整合趋势的影响,而变得日益明显的。随着高等教育规模不断扩大的进程,生存与发展成为高校不得不关注的焦点,如何在汹涌的教育大潮中冷静沉着,稳步前进? 无疑,成为强者才最具有发展优势,竞争显然不可避免。然而,在共同面临经济全球化的国际背景和承担中国大学所肩负的历史使命条件下,国内大学首先更应该强调合作,突出合作的主题。唯有合作,才能提高自身竞争力,才能共同发展,互利互惠,实现双赢。竞争中蕴涵合作,合作中隐含竞争将是今后高等教育校际关系的常态。发展是永恒的主题,未来一切都将在合作面纱的笼罩下稳定前行。

(四)如何实现资源共享,优势互补

从已建立合作发展关系的高校情况看,各校都有自己的办学特色、学科优势和历史文化传统。立足于校际合作平台,通过互利互惠的合作形式,各高校之间完全有可能实现资源共享、优势互补。各校都将从资源共享和优势互补中获益,将在友好合作过程中找到合作的切入点或路径。首先从学生访学,进行互换联合培养这个较容易做到的合作项目开始,以此为载体,在沟通、交流中寻求共同兴趣,探讨合作领域,逐渐带动校际之间学生与学生、教师与教师、管理干部与管理干部、学院与学院等多层面的交流与合作;在运行机制上,校际之间需理顺合作机制,建立友好合作互动机制,搭建国内高校之间校际合作发展平台,拓展合作空间,提升合作效益与水平,以实现共同发展和双赢之目的。

(五)面对新挑战,如何实现高效、优质的教学管理和服务

新事物的出现,必然会带来更多复杂和未知的情况。开展本科生访学工作,作为一项尝试性举措,同样会带来很多新的问题和挑战。应对新挑战,教学管理和工作人员责无旁贷。对于硬性层面的管理,教学管理人员应深入考察和研究学生访学工作,建立和完善学分互认体制,制定访学工作相关规定,从制度上切实保证访学工作的顺利开展,保证学生学习进程的有序进行;同时要及时了解访学开展过程中出现的问题,并就这些问题提出实际而有效的解决方案。开放式合作办学,对教学管理和工作人员提出更高的要求,要求管理人员在工作过程中,不断提高自身素质,加强业务能力,增高服务意识,以更加优质、高效的管理和服务水平应对和迎接新的挑战。

六、山东经济学院进一步完善国内高校间专业嫁接的措施

作为一项尝试性的举措,在尝试国内合作办学的过程中,尚存在一些需要进一步解决、磨合和完善的环节。若要使国内高校专业嫁接实践成为高等教育改革中的一朵奇葩,避免昙花一现,则应本着以人为本的原则,以处处为学生着想、为学生学习和生活提供便利为着眼点,处理好访学工作的若干细节问题,构建相关的长效机制:

1. 成立专门的组织机构。随着本科、研究生层面的单向派出、单向接受、双向交流等访学形式的拓展,以及学术交流、科研协作、师资培养等各方面全方位合作的铺开,必须要有一套专职的工作班子负责校际合作工作的组织、实施、研究与改进。

2. 建立健全相关规章制度。完善以访学为重心的专业嫁接工作机制,从制度上保证访学工作的有序开展和运行,包括在征求学生意见的基础上,进一步修定完善学分认证机制、学生的选派机制、奖学金评定机制等等。

3. 加强与访学学校的沟通和交流。除了做好宏观的合作事宜,还需进一步做好涉及学生学习及生活方面的细节工作。比如,事先必须要充分了解两校的教学计划及课程设置,做好校际之间专业课程设置的衔接,以便学生将来外出访学更合理地进行选课、听课;做好学生的宿舍安排问题,如在宿舍资源许可的情况下,尽可将访学学生分散安排到访学学校专业班级的宿舍中去,以便充分接触异文化群体,扩展生活空间。

4. 建立快捷高效的信息反馈及处理机制。听取访学学生的合理化建议,在教学管理、学生管理及其他相关配套环节上与相关部门及时沟通,以实际行动巩固访学工作成果。

5. 构建学校领导、职能管理部门、学生所属学院三位一体的与访学学生进行定期沟通交流机制。及时发现、准确把握访学学生这一群落的心理特点,做好必要的心理辅导,使他们在"第二校园"中始终保持自信、乐观、积极的态度,帮助他们较好地实现发现自我、完善自我、超越自我的成长目标。

6. 进一步扩大访学学校的范围,丰富合作的内容,使更多的学生有外出访学的机会。

开展本科生国内访学工作,实施开放式办学,是学校一项具有开创性意义的工作,是人才培养模式改革的重要举措。开展国内高校专业嫁接,为学生提供"第二校园经历"的机会,在带给学生实惠的同时,也不可避免地遇到种种问题。面对新的课题、新的挑战,在计划组织、管理沟通、校际协调等机制上,无论是具体的操作环节,还是宏观的战略部署,都需要进行大量的准备和精心的研究。唯有如此,才能保证教育教学改革的良性运行,促进教育质量的稳步提高。

第四节　国际范围内高校间的专业嫁接：
国际化视野下的复合型人才培养

20 世纪 80 年代以来,经济全球化大潮以无可抵挡之势冲击着高等教育领域,大大加快了各国高等教育国际化步伐。"高等教育机构拥有利用国际化来填补知识空白和丰富各国人民之间和各种文化之间对话的很大优势。同一学科的科学工作者之间的合作正在跨越国界,成为研究工作、技术、概念、态度和活动国际化的一个强有力的工具。"高等教育国际化已经成为衡量一个国家在国际化社会中教育发达程度的一个重要标志。在政治多极化、经济一体化、信息全球化的时代,高等教育国际化深刻地改变了 21 世纪的高等教育。中国加入世界贸易组织后,高校的合作办学被纳入了教育服务贸易的范畴,在教育服务贸易的推动下,作为高等教育国际化的多种实践形式——中外合作办学、留学生教育与国际访学生项目、国际学术交流等,如今已呈蓬勃发展之势。

1. 中外合作办学:作为高等教育国际化的一个具体体现,中外合作办学是指外国教育机构同中国教育机构在中国境内合作举办以中国公民为主要招生对象的教育机构的活动。这一概念包括如下规定性内涵:中外合作办学的主体是外国教育机构和中国教育机构;办学地点必须是在中国境内;教育对象主要是以中国公民为主。

2. 留学生教育与国际访学生项目:之所以将两种形式的教育一并提出,是因为两者之间既存在概念内涵上的特定联系,又由于处在现阶段中国高等教育大发展的历史背景下而具有的特殊内涵。两者既有联系,又有区别。

国际访学生是指在国家、地区、学校或研究机构达成一致协议情况下,经过一定的选拔程序到固定地点进行学习的学生。国际访学生是一种跨越国家界限的留学生项目,国际间实行的访学生项目应属于留学生项目的一部分,是留学生项目的下位概念。

普通留学生与国际访学生存在的区别主要为:首先,国际访学生需要两个或两个以上教育机构共同参与,就课程设置、经济费用等多方面的具体问题达成协议后互相派出留学生,这些项目是相互的,一般是一种"礼尚往来"的访学形式;而普通留学生一般只涉及一个教育机构,是教育机构与学生个人之间的问题。其次,国际访学生出国学习的目的并不是为了拿到接收院校的学位。国际访学生一般是在读大学生,出国学习的时间较短,一般为三个月到一年半不等,出国学习和交流一段时间后回到自己的母校,继续学习以取得学位。普通留学生出国或是为取得学位,或是已经在国内取得学位的学生出国进修,学习时间较长。

3. 国际学术交流是国际间的学术团体、机构、专家学者以及科技爱好者之间的交流与互动,其目的是促进国际间相同或相关学术领域的相互启发、相互拓展、相互争论、相互补充,以开阔视野、拓展思维、增进友谊。这其中,促进学术互动与繁荣的功能居首位,人才培养的功能居其次。

本书论述的国际范围内高校间的专业嫁接,是指通过中外高校合作培养专业人才这一平台,实现中外合作双方在推动教学理念、教学内容、教学方法、教学管理模式等方面的对接,以培养具有国际化背景、国际交往能力和国际竞争能力的特色人才。

本书就国际范围内高校间的专业嫁接的两种主要实现途径:中外合作办学和国际访学生项目展开论述。中外合作办学是中国高等教育领域的一支新秀,历经十年的发展渐趋成熟,现今如火如荼,是各高校接近高等教育国际化诉求较为容易的操作手段和"抓手"之一;国际访学生项目的大规模兴起则是最近几年的事情,正处于"星星之火"的初始阶段,目前还不为广大高校特别是地方高校所关注,尚未纳入高等教育主管部门的管理范畴。

因目前国际访学生项目开展尚不充分,实践素材的搜集难度较大,本节论述时以中外合作办学为主,对国际访学生项目仅略作阐述。

一、普通高校中外合作办学历史发展与现状

（一）普通高校中外合作办学的发展历程

第一阶段:改革开放以来至 1995 年《中外合作办学暂行规定》颁布前,探索时期。

早在 1978 年改革开放初期,中国内地已经开始探索各种形式的中外合作办学活动。从 1980 年起,我国先后与美、日、德、法、英、加拿大等国和中国香港地区的教育机构、个人进行了多种形式的合作办学。20 世纪 80 年代中期,中国人民大学、复旦大学等高等院校相继举办了中美经学、法学培训班,随后天津财经学院与美国俄克拉荷马市大学合作举办 MBA 班,南京大学与美国霍普金斯大学合作创建中美文化研究中心等。这些机构是早期中外合作办学的先例。

第二阶段:1995 年《中外合作办学暂行规定》颁布实施以来至 2003 年《中华人民共和国中外合作办学条例》颁布以及正式实施以前,逐步发展时期。

原国家教委于 1995 年 1 月 26 日正式颁布实施《中外合作办学暂行规定》,中外合作办学迅速发展起来。1996 年 1 月国务院学位办又下发了《关于加强中外合作办学活动中学位授予管理的通知》来规范办学行为。根据教育部的统计,截至 2003 年 9 月底,中国共有中外合作办学机构 712 家,比 1995 年增加了 10 倍多,覆盖了大陆的 28 个省、市、自治区。办学层次以本科教大专教育为主,还有部分研究生教育和职业技术教育。所设专业以工商管理类最多,其次是外语、信息、经济和教育等。合作类型主要是学历教育为主,也有很多属于非学历教育。

第三阶段:2003 年 9 月《中华人民共和国中外合作办学条例》正式

实施以来至今,规范化法制化时期。

中国加入 WTO 以后,《中外合作办学暂行规定》中某些条款和规定与"入世"承诺有差距。为此,中国政府组织有关单位和人员进行广泛调查研究,根据《中华人民共和国教育法》、《中华人民共和国职业教育法》、《中华人民共和国民办教育促进法》,于 2003 年 3 月 1 日颁布了《中华人民共和国中外合作办学条例》。这是将入世承诺转化为国内立法的重要措施之一,其基本出发点和立足点是依法规范管理,维护各方合法权益。这项法律的颁布使我国关于中外合作办学的规则和政策更加规范、透明,表明了国家对中外合作办学的鼓励和支持,标志着我国对中外合作办学的规范和管理步入一个新的阶段。

(二)普通高校中外合作办学的现状

关于高等教育中外合作办学的机构和项目的数量的最新数据,有人说到 2005 年已经近千个,也有人说到 2006 年年初全国高等教育中外合作办学机构和项目已达 1300 个左右。由于自从 2004 年 10 月教育部下文对中外合作办学复核以来,进展相当缓慢,截至目前没有结论。而且,教育部对 2005 年 4 月以来根据新的政策要求申请设立的项目和机构至今没有完成审批程序,在教育部的官方网上,至 2007 年 3 月依然无法查看到全部的数据,只能看到截至 2004 年 6 月 30 日,经教育部批准的授予国外学位与中国香港特别行政区学位的合作办学在办项目名单共 230 家。作为中外合作办学蓬勃发展的一个缩影,以山东省为例,根据山东省 2007 年公布的高考招生院校及专业指南,在全省 109 所普通高校中有 29 所高校参与了 69 个专科层次的中外合作办学项目,有 11 所高校参与了 20 个本科层次的中外合作办学项目。

目前中外合作办学呈现出一个新的发展趋势,就是出现更高层次、更高级别的中外合作办学形式,即独立设置的中外合作办学机构。这类院校由中外双方共同投资组建,具有独立的事业法人资格,享受独立的办学自主权,自负盈亏。目前,该类学校共有 3 所,即 2004 年批准成立的宁波诺丁汉大学、2005年批准成立的北京师范大学—香港浸会大学联合国际学院以及2006年成立的西交利物浦大学。它们相对于"传统的"中外合作办学机构,呈现如下新特点:从中外合作院校的办学规模来看,与最初阶段相比,在校生人数增长速度十分迅速,特别是最近两年,一些院校学生总数已经超过千人。学校的办学条件发生了巨大改变,多数中外合作办学院校已经不再是各类教育机构的附属品,他们拥有独立的校园、先进的教学设备、大量的专职教师、舒适的生活娱乐场所,学生能够真正享受到类似国外大学的校园生活。

中外合作办学在国内具备了稳定的生源市场。中外合作办学已经被越来越多的社会群体所接受,不再是在公立大学、民办大学和出国留学的夹缝中生存;相反的,相对于以上三种教育形式,它既是有力竞争者,也是积极的促进者和合作者。

二、中外合作办学存在的问题

经过二十多年的实践和探索,中外合作办学对进一步推动我国教育体制的改革和创新、培养社会经济发展紧缺人才、引进国外优质教育资源、促进中西方文化交流等方面起到了积极的作用。但伴随中外合作办学的逐渐深入,也产生了许多深层次矛盾和问题,从全国范围来看主要表现有:合作层次偏低,合作对象不对等,有低水平重复的现象;合作办学的学科门类、布局、结构、区域分布不平衡;审批条件较为笼统,各地不同程度地存在"重审批、轻管理"的现象;合作办学的规模较小,吸引力没有出国留学大。这些问题在某种程度上抑制了中外合作办学积极作用的发挥。

(一)中外合作办学项目的质量问题

目前,中外合作办学的国外合作者大部分是国外二三流和名气不大的院校,其课程的质量和学术声誉都难以判断和保证,而真正的国外一流大学、一流专业合作的少,这使得中外合作办学项目整体层次不高。具体到办学实践中,影响办学质量的主要方面为:专业设置、课程、教学管理水平和教师队伍等。

在专业设置方面则是过于集中,不论是非学历成人教育还是高等学历教育,都是经济管理类多、理工科类较少,从学科建设角度来看,这些中外合作办学项目根据本校特色设立的特色专业较少,既使本校教育资源得不到优化,又使得人才市场上的结构性人才过剩矛盾加剧;课程引进方面有两种倾向:一是全盘引进,教材是原版引进,教师是外方教师,没有经过本土化过程,致使培养方案和教学内容不太适宜以我国教育消费者为主的合作办学教育;二是没有进行实质性的引进,而是基本上从本校原有专业或同类院校同类专业的培养计划改造而来,外方课程只是"点缀",成了典型的"贴牌教育"。教学管理水平方面,主要是在学校常规办学和中外合作办学之间缺乏有效的协作机制,规范化的、具有合作办学特征的教学管理体系还没有建立完善。师资队伍方面的问题则主要表现为多数合作办学机构和项目没有稳定的专职教师队伍,外方教师比例更少。究其原因,主要有几方面:其一,对于合作办学的外方机构来说,选择在海外投入大量资金进行合作办学,由于规模暂时上不去等原因,存在很大的经营风险。其二,国家对中外合作办学的许可期限有着严格的限制和复审,一旦下一期合作得不到许可或者得不到合作外方的支持,双方投资也将限入,制约了持续的投资,所以大部分合作项目在前期投入较大资金,在实际运作过程中则多是通过收取学费来支撑运作。其三,除少量属于独立设置的机构外,大部分非独立设置办学机构或项目虽然可以利用本土高校已有教育资源,但是近年来我国高校扩招步伐加快已使本土高校自身资源极为紧张,这种情况下很难给合作项目提供较充足的资源。

(二)中外合作者的水平、资质问题

合作办学的目的是引进优质教育资源,合作外方教育资源水平则是影响合作办学质量的核心要素。在世界多数高等教育发达国家,合作外方教育资源水平是以合作外方教育机构的资源质量衡量的。从目前情况看,进入我国办学已批准注册的高等学历教育层次的中外合作办学项目和外国高等教育机构良莠不齐,鱼龙混杂。教育部公布的"授予国外学位与香港特别行政区学位和合作办学项目名单"显示,截止到 2003 年 8 月,在 110 家合作项目中,大多数是二三流大学,甚至还在非学历层次办学中出现了与外方没有任何资质认定的机构的合作项目。分析原因主要是,21 世纪初期我国高等教育初步进入大众化阶段,优质高等教育资源仍然不能满足人民大众的需求;而在这一时期,一边是发达国家教育资源过剩,以中外合作办学为主的商业存在方式自然成为了教育资源流动的重要途径。发达国家出于利益考虑,他们向我国输出教育资源的同时极力转移其教育危机,那些处于发展危机中的办学质量和教学水平较低的中小规模院校自然成为了我国中外合作办学中的外方教育机构的主体。

(三)对中外合作办学的监管问题

我国尚缺乏完整的中外合作办学监管体系,从办学项目的审批到广告宣传、办学过程的质量监管、财务审计等,还需要做大量工作。在管理尚未跟上的情况下,合作办学中出现了不少不规范的现象,一些机构和项目在招生、收费、颁发证书、分配等方面违反国家规定。我们需要对不合法的中外合作办学机构的不合法行为与合法的中外合作办学机构的违规、违法行为两大类情况进行监管,前者是指一些不具备办学资质的单位和个人,未经批准,擅自与境外机构非法开展合作办学活动;非法办学者利用广告作虚假承诺,擅自招生,骗取钱财。后者指一些合法的办学机构信息披露不及时或不准确,个别机构收费过高、承诺事项不能兑现等问题,直接损害受教育者的合法权益。

(四)中外合作办学学生工作中的问题

1. 思想道德素质教育工作有待进一步加强。中外合作办学以培养国际化人才为目标,这种人才应该具备较高的思想道德素质。但是

长期以来对于中外合作办学模式下学生群体的经济承受能力、学习负担、人际关系、心理特征、价值取向等缺乏深入系统的研究,在一定程度上影响了学生思想道德素质教育工作的顺利开展。

2. 学生工作管理队伍能力和素质有待提高。中外合作办学机构以培养面向 21 世纪的国际化人才为目标,这对学生工作管理队伍的能力和素质提出了挑战,要求他们具备全新的教育理念、全面的知识结构和良好的道德素养。但是我们离这个要求还有很大的差距,许多合作办学机构一直以聘用刚参加工作不久的政治辅导员作为学生管理工作的骨干力量。这批年轻干部对普通学生管理工作尚且缺乏工作经验,在面对中外合作办学学生这一较为特殊群体时,他们的知识和经验难以完全适应中外合作办学学生管理工作的需要。

3. 学生干部队伍建设存在不足。目前,由于合作办学机构学费高昂,且多在高考中的较低批次录取,其学生大多家庭条件优越,但入学成绩普遍不理想。从中选拔的学生干部主要存在如下问题:学习基础较差,自律能力不强,缺乏号召力,难以在学生中起模范表率作用,开展班级工作主要依靠辅导员(班主任)。

三、山东经济学院中外合作办学的实践——以中澳合作项目为例

目前,学校经上级教育主管部门审核备案的中外合作办学项目共有四个,分别是:与澳大利亚爱恩教育集团合作的工商企业管理专业(专科),与德国帕德博恩应用经济学院合作的国际商务专业(专科),与新西兰 Unitec 理工学院合作的会计学专业(专科)及商务英语专业(本科)。中澳合作项目由来已久,在管理、教学、利益协调等各方面经验有所积累,是山东经济学院中外合作办学的一个缩影。本书以中澳合作项目为例作简要介绍。

(一)历史和现状

山东经济学院中澳合作项目(高职专科合作办学项目)始于 1998

年,由山东省政府牵头,山东省职业教育办公室与澳大利亚 Latrobe 大学缔结了合作培养高等职业技术人才的协议。此举旨在根据我国鼓励在高等职业教育领域发展与国外院校合作办学的精神,促进山东省高等职业教育的发展,培养经济发展急需的各类外向型、实用性人才,更好地为山东省的经济建设服务。中外双方经实地考察和论证,决定确立山东经济学院作为办学基地。在此基础上,山东经济学院与 Latrobe 大学缔结友好学校,于 2000 年脱离山东省职教办的管理,直接与 Latrobe 大学合作举办学历性质的合作办学项目。该项目自 1998 年招生以来,历年招生,已有毕业生 6 届,毕业生已有 600 多人。办学层次由开始的非学历大专办学形式发展到目前计划内学历教育的大专层次。所设专业均为中外两所大学的优势专业,包括国际商务、国际会计、计算机应用、工商企业管理等。

(二)合作双方简介

山东经济学院是山东省最早创建的省属文理兼容的高等财经类院校,建校于 1952 年,设有 14 个教学院(部)、44 个本科专业;拥有应用经济学、工商管理、管理科学与工程 3 个一级学科硕士学位授予权,有 22 个二级学科硕士学位授权点,并拥有工商管理硕士(MBA)专业学位授予权和开展同等学力人员申请硕士学位工作的资格。会计学、管理科学与工程、企业管理、金融学、政治经济学、计量经济学等 6 个学科为省级重点学科,已经形成以经济、管理为主,文、理、法、工各科协调发展的学科发展局面。学校有教职工 1000 多人、专职教师 962 人、在校生 17000 多人。

澳大利亚 Latrobe 大学是澳大利亚规模最大、发展最快的公立大学之一,建校于 1964 年,现有在校生 21000 多人,分布在维多利亚州的 4 个分校区,教职工 4054 人。大学部和研究生部主要向世界范围提供工商管理学士和硕士课程,包括工商管理、市场营销、国际商务、财务管理、国际会计等专业。与世界各地 45 所大学有着学术交流与合作活动,目前已是爱恩国际教育集团的重要成员之一。

（三）管理模式

按照中外合作办学有关规定,该项目采取联合管理委员会领导下的二级学院院长负责制。山东经济学院国际交流合作处作为合作办学项目管理的职能部门,协调中外双方的管理和教学工作。Latrobe 大学作为澳洲爱恩教育集团的成员之一,在中国境内的教育教学活动大多由爱恩教育集团负责协调中外双方的合作,包括外方教师的管理、教学计划的制订、考核、学籍管理、就业、深造指导等。双方商定好课程设置、教学计划、外籍教师的选派等事宜后,国际交流合作处负责具体的教学管理,在学校内部各部门间进行协调工作;学校教务处负责执行经双方商定好的教学计划,在全校范围内统筹教师资源;学生被分别安排在与专业相关的学院,单独编班学习,由该学院指定专门辅导员负责学生的日常管理;财务处为中澳办项目设立专门账户等。

（四）办学模式

中澳班的课程设置由外方提供,并经中外双方商定而成,既做到了课程设置上与国际接轨,又兼顾了我国高等教育对在校生的课程设置规定。合作项目为大专学历教育,招生计划被纳入山东经济学院的大专招生计划之中,在山东省的高考录取中属于专科二批次录取类别。学生在国内学习 3 年后,成绩合格,可获山东经济学院颁发的大专毕业证书以及澳大利亚大学专科毕业证书和商务英语证书。愿意深造的学生,一方面可直接参加专升本考试,升入本校相同或相近专业的本科学习,毕业可获取普通本科教育学历学位。另一方面,有经济支付能力、具有良好的英语能力、身体健康的学生,经申请,由 Latrobe 大学或统属其教育集团的大学发给续读本科的入学通知书。凡英语成绩达到国外大学的入学要求者,可在国外大学继续学习两年,修满学分,获本科毕业证和学位证书。后者就是中外合作办学最常见的"双联制",即国内的学分和毕业证皆可得到国外大学的抵免和续接。从本项目毕业的学生中,有近1/3的人已经到国外继续学业,其中大部分都到了马来西亚汝莱学院,即Latrobe大学马来西亚分校学习。由于目前我国对在第三国获得的毕业证书不能进行认证,所以到目前为止,本科毕业的学生中,只有一人回国;其他人要么到澳大利亚,要么到爱恩教育集团的其他国家的大学继续深造。从2001年开始,由于部分学生具有国家计划内身份,得以通过专升本资格升入本科阶段继续深造,这部分学生占同级学生的30%。

(五)投入和分配方式

中外双方均没有资金形式的投入。山东经济学院提供教学设施和教学场所,负责行政、教学和财务管理;Latrobe大学提供教材、教学软件、课程设置,负责外籍教师的选聘,并提供不少于总课时1/3的教学工作量。每学年按照合作办学协议具体规定,中外双方从项目账户中提取双方的教育成本费用,如仍有盈余,则暂时留在专门账户中,最终充到学校的总账户之中,即由滚动发展而带来的利润和盈余,归合作办学项目所依托的中方大学所有。

(六)经验

1.提高了双方大学的国际化程度。由中外合作办学项目而激发的一系列国际间交流和合作,尤其提高了山东经济学院的国际化办学程度,加深了中外大学之间的了解。起初只是作为政府部门指定代表与国外开展合作办学的山东经济学院,通过合作办学,与澳方大学签订了友好学校协议书,促进了双方全方位频繁交流。专业建设、外语教师培训、教师交流、科研合作、高层领导互访等一系列的国际化活动由此开展得轰轰烈烈。正如澳方大学校长所言:合作办学项目的最大收益就是促进了中外文化的交流以及两国人民的了解。通过合作,双方彼此加深了对教育制度和文化传统的了解,开阔了办学的视野。

2.引进促发展。中澳班项目选择既贴近市场,又充分利用了合作双方优势的专业和课程资源,在培养经济发展急需的人才的同时,促进

了国内大学的专业建设和改革。例如,商务英语专业的引进,使该校了解到原有"外贸英语"专业的不足,通过引进国外的最新教材,与国外该专业教师共同商定教学计划和教学内容,共同举办各种研讨会,使学校教师体验到了全新的教育理念和教学方法。

3. 规范的管理保证了办学质量。由于该项目是依托山东经济学院主体的办学活动,所以学校内部的管理尤为重要。为了保证合作项目的健康发展,整合中外双方优势资源,协调好有关部门的工作,山东经济学院在合作办学项目开办的前2年内,根据不断发展的情况,先后出台了3份正式文件,规范校内的合作办学活动,明确各部门对该项目的职、权、责,尤其突出了中澳班项目的学生管理工作,取得了良好的效果。中澳班项目的学生来源于高考大专二批次录取类别,就是说这些学生的高考成绩介于国有大学的大专水平和民办大专之间。相对于山东经济学院其他的学生来说,该项目的入学成绩比较低(大约低百分左右)。为了保证合作项目各方的合法权益,最重要的是使学生获取最大化效益,学校采取一系列的措施规范合作办学活动是很有必要的。

(七)问题

中澳班项目举办过程中出现过各种各样的问题,包括管理体制问题、学生管理问题、毕业证书认证问题等,但最突出的问题就是对中方大学的依附性过大,使合作办学发展受限。首先,由于行政管理和教学管理主要由国内大学承担,受制于国内教育管理体制、机制的约束,可变因素较多,不可避免地造成合作项目常常无法按照原计划(或协议)顺利进行。例如,实施学历教育的合作办学项目要从山东经济学院的总体招生计划中划拨,所以每年划拨不定数量的计划成了发展的关键不定因素之一,极大地影响了合作办学的稳定发展。其次,由于合作双方都无资金形式的投入,只靠学费收入为主的投入方式,造成办学经费不充足,扩大合作领域和办学规模受到了一定限制,这也是众多合作办学项目所面临的严重问题之一。

四、山东经济学院中外合作办学的效果与反响

实践证明,以中外合作办学为载体,通过对国外优质教育资源的有机嫁接与合成,可以丰富我国教育生态,增强中国教育的自我更新、自我修复能力,使教育为我国现代化服务的能力大幅度提高。经过近十年的尝试和探索,中外合作办学在山东经济学院越来越彰显出其强劲的生命力,成为学校提高教育质量、培养复合型人才培养模式的一个新途径。

(一)融入中西方文化交流,享受国外优质教学资源,学生直接受益

中外合作办学中介入了多国文化。中外合作办学的学生往往以外语见长,外语在教学中真正成为一种文化交流的工具。中外合作办学机构中的许多专业、课程大多使用原版教材,不仅使学生接触到最新的学科知识,也接触到了教材中所包含的西方文化。学生在聆听外籍教师的专业课教学时,必定也能领略和捕捉到生动多彩的异域文化信号。学生不仅用外语听专业课、提问和回答问题,在课上、课下与教师交流,还能用外语撰写论文,在不断变换的学习、生活场景中,能够持续稳定地保持一种良好的中西文化交流氛围。

通过"不出国门的留学",使学生成为最直接的受益者。首先,在引进国外先进教学理念的同时,结合学校以学生为本的办学思想,在教学大纲设计、课程设置和教学管理中,充分考虑学生特点实施教学。其次,通过中外教师的密切合作,学生的外语语言能力得到强化,专业技能得到增强,跨文化交际能力得到提高,综合素质得到开发,为学生成功就业增加了砝码。最后,中外合作办学使学生在国内就能享受到国外一流的优质教育资源,同出国留学相比节省了大量成本,极大地降低了学生及家长的经济压力。

（二）接触国际教育理念，更新学科知识体系，教师终生受益

教育质量的好坏，办学水平的高低，从根本上讲，都要取决于教师队伍的素质。建设一支高素质的教师队伍，不断提高教师的思想品德修养和业务素质，是国内高校当前乃至今后一项永恒的主题。以教师为本，不仅仅只是提高教师的工资和待遇，还应该意味着注重发挥教师的业务潜力，充分利用国际教育资源，提高教师的国际竞争力。在教学上，为促进双语教学的有效开展，我校与外方协商取得共识，建立了"中方教师助教制度"，使中方教师与外方教师结成紧密型的合作关系。在外方教授讲授专业课期间，我校选配外语基础好的优秀中青年教师以助教的方式随堂听课，参与作业批改并负责学生课后辅导答疑工作。这样既有利于帮助学生及时消化吸收外方课程的专业知识，也有利于我方教师更新原有的知识储备，调整传统的教学方法。

通过中外合作办学，山东经济学院积极为教师创造出国考察、学习、培训的机会。根据项目协议规定，每个项目每年外方都有1—2个免收学费的培训名额。截至2007年12月，学校共派出28位教师出国到合作方学校进修。一般过程是：当山东经济学院教师对引进的外方课程从形式到内容都有初步的感性认识之后，再将其派到国外学校进修提高；外方院校将针对我方教师的外语水平和学科背景精心设计培训计划，强化我方教师的外语语言应用能力，提高他们对外方课程的理性认识，为他们在今后的教学工作中充分驾驭该门课程奠定了坚实的基础。出国进修为国内教师提高专业教学水平，开拓国际化学术视野、掌握双语教学技能、消化吸收国外先进的教学模式等，提供了快捷有效的途径。

（三）优化教学资源，促进教学改革，学校全面受益

世界高等教育发展的历史充分证明，多样化是高等教育大众化的必然选择，没有高等教育系统的多样化前提，就没有高等教育的大众化。多样化不仅存在于一国范围之内，更是面向世界的。在充满多样

化和异质化的全球高等教育系统中,通过全球范围内教育教学资源的充分流动和对接,既可以使高校这一高等教育系统的微观实体吸收到丰富的养分,激发活力,又可以使一国的高等教育在大众化的道路上持续健康发展。

通过中外合作办学项目,引进国外先进的教育思想、教育理念、教学内容、教学方法和教学管理经验,有助于我们发现自身存在的问题,改变我们过去不适应新形势的旧观念和老做法,促进我方教育教学管理体制改革的进程。比如:为解决人才培养中存在的"重理论轻实践"现象,我们有选择地引进外方侧重学生实际应用能力培养的课程,结合我方优势理论课程,以"基础扎实,知识面宽,专业口径灵活,实践能力、竞争能力、适应能力强的应用型高级专门人才"为培养目标,制订中外合作办学人才培养计划。再比如:通过引进外方原版教材,使我方教师更加注重案例教学方式的应用,进一步增强了对学生实际应用能力和现场能力的培养;通过引进外方师资力量,使我方教师充分认识到我方传统的"以教师为中心"的教学模式和外方"以学生为中心"的教学模式的实质差异,促进了我方教学方法的改革;通过引进外方先进教学手段,以网上布置作业、网上答疑等方式引导强化网络教学,使师生交流更为充分便捷,促进了我方教学效率的提高。总之,以引进吸收促进创新发展是山东经济学院中外合作办学的根本宗旨,并已经从中得益。

五、进一步完善中外合作办学思考和建议

(一)加强中外合作办学教学质量监控

中外合作办学项目整体层次不高是制约教学质量提高的首要因素。要解决中外合作办学项目整体层次不高的问题,政府部门一方面要提高外方合作教育机构的市场准入门槛,设立合理的投资下限;另一方面还要加紧制定具体的优惠措施,以吸引外国优质的教育资源进入

中国市场。在专业设置方面，政府部门也要充分发挥审批和宏观调控这两大职能，尽快出台能突出中外合作办学优势的专业目录之类的纲目性文件，对中外合作办学项目进行有效的管理和指导；中外合作者要做好长远的学科发展规划，以充分整合双方的优质资源，避免低水平的重复设置。对于外籍教师的到位情况、教育经费与设备的供给、教学计划的执行以及教学质量保障方面可能需要政府、媒体、学校、学生一起进行监督。在引进国外先进的课程和教材这个问题上，则一定要结合本校现状来引进合适的课程和教材，以减少盲目性。

要建立起相应的"准入机制"。合作办学要有基本的教学条件；开办新专业、新课程要有配套的师资、实验室和图书；教学质量评估要有具体的评价指标。如果达不到要求就要作出限制招生或暂停招生的决定，以督促学校加大资金投入、改善办学条件、满足教学的基本要求。主管部门在审批新专业时不能只看学校申报的材料，而应深入到学校进行实地考察。同时，应加强对中外合作办学教学水平的评估，并向社会公布评估结果。

（二）严格中外合作办学资质审核

在今后的中外合作办学活动中，一方面，政府要进一步加强对外方教育机构资质和证书的审查、认证工作，政府部门、教育界、媒体、学生要联起手来清查那些洋"野鸡大学"，谨防"野鸡大学"混入中外合作办学项目。教育部正筹备"境外教育机构鉴定中心"，专门对中外办学中外方的资质进行鉴定。教育部规定，"凡境内教育机构与境外机构开展的合作办学活动，都要获得省级以上教育行政主管部门的批准。涉及在中国境内颁发境外教育机构学位的，须报国务院学位办公室批准"。同时也要规定中方合作者的资格。尤其值得注意的是，举办授予境外学位的中外合作办学项目的中方教育机构，必须已经获得相应的学位授予权。如：要给学员颁发国外的硕士学位，中方合作者自身必须具有硕士学位的授予权。未经核准，合作办学项目不得授予境外学位;已经授予的学位,国家不予承认。另一方面,国内举办方在选择合作对象时,要有选择性地进行合作,改变"有市场就上,有对象就合作"的现状。通过多种途径对其办学的真正意图及其在本国及国际上的学术地位、教师和教学水平、社会背景、资信情况等进行核查,再加以认真的选择。如通过中外合作办学机构的申报材料,通过外方在国外主流媒体排榜上的排名,在 SCI 上发表的论文数,是否是国外主流大学"俱乐部"成员,了解外方是否是优质教育资源;通过我国驻外机构来了解有关情况,选择优质的教育资源。

(三)以法律的形式建立透明的社会评价体系

如果说我国目前对中外合作办学的管理仅仅体现在政府的行政审批权的话,那么现实情况是政府的监控权和社会的评价仍处于法律缺位状态。目前合作办学的行政监管无力,而且体系过于封闭,不能有效地推进社会教育评价体系的建立,也无法有效利用社会评价体系提供的信息,因而,严重限制了市场机制对教育服务供求关系的调节作用,不利于公平竞争的教育市场的形成。我国入世加速了政府角色的转变,政府管理的作用范围和方式也将逐步转变。例如,政府可以改变目前对中外合作办学的审批制为备案制。政府的监管职能越来越趋于行政性职能,其专业性监控职能逐步转移给非营利性评价组织。这样将合作办学监管中的专业性工作与行政性工作分开,有利于使政府的行政行为透明、公开,更有力地保证准确高效地执行相关法律。而因为非营利性组织存在建立在社会公众和专业人士的认可基础之上,所以,与政府相比,与社会公众和专业人士的联系更为紧密、信任度也更高。因此,建立透明、客观、公正的社会评价体系是对政府行政监管的有力支撑。

另外,委托中立的教育评估机构定期对中外合作办学具体运作情况进行评估和审查,建立消费者投诉仲裁机构来解决教育消费难题,将为中外合作办学在我国的发展创造更为良好、健康的环境,也是值得我们更深一步探讨的话题。

（四）认真对待中外合作办学中的学生工作问题

学生工作的对象是学生，要更好地开展工作，必须仔细研究学生，准确把握学生思想特点。就中外合作办学机构的学生而言，他们知识面较广，对生活、前途充满信心；思维敏捷，接受新鲜事物快；活泼开朗，注重名誉。但同时也存在一些不足，比如学习基础普遍较差，缺乏学习兴趣，旷课、迟到现象普遍，学习成绩不太理想，并且对此缺乏危机感和紧迫感；自立和自理能力较差，经济上完全依赖父母，且勤俭节约不够；道德素养不高，缺乏合作精神，强调以自我为中心，为人处事、待人接物、文明礼貌等方面都有待加强。结合前面的分析，我们认为，加强中外合作办学方面的学生工作应从如下几个方面入手：

第一，以职业化队伍建设为核心，创建一支高素质的学生管理工作队伍。所谓高素质，是指具有适应工作需要的较高思想政治业务素质和道德修养，政治坚定，业务精湛，勤于服务，乐于奉献。学生工作是思想性、政治性和实际性很强的综合性工作，必须要在提高政治素质的同时，开展学生工作研究，探索学生工作规律，深入研究中外合作学生的思想变化走势和规律。

第二，抓好学生干部队伍建设。开展学生工作应该充分发挥学生干部的骨干作用。要以传、帮、带、压担子和培训等方式，做好学生干部队伍的培养工作，使学生干部思想上层次、学习上质量、工作上水平。要成立学生党支部，充分发挥学生党员干部的"领头雁"作用。

第三，实施中西文化结合教育，创建个性化的学生教育管理品牌。国际化人才应该学贯中西，既要了解本民族的文化，又要学习西方的先进文化。作为中外合作办学中必不可少的一个环节，学生工作应充分利用国外合作院校的教育资源，吸收引用先进的学生管理理念和工作模式，为学生全方位感受国际化高等教育提供有利条件；通过搭建中西文化交流的平台，使学生更多地了解西方文化，扩大国际视野，培养国际理念,实现东西方文化的有益互补,形成正确的世界观、人生观和价值观,为学生成为国际化人才打好文化素养基础。

六、国际访学生项目的发展近况

本章第四节介绍过"欧洲学分转换系统",不仅打破了校与校之间的樊篱,更消除了国与国之间的障碍,通过学分转换平台,可以实现国内高校间的合作和世界范围内高校间的合作。在众多的国际化合作形式中,国际访学生项目正在逐渐成为促进高等教育国际化的一种重要手段。

欧盟从 1987 年开始在其成员国之间实行伊拉斯谟计划(ERUSMAS),增加成员国之间的学生交流,实行访学生项目,对访学生进行资助,成功地培养了许多具有国际教育背景的优秀人才。美国ISE(International Students Exchange)计划也得以实施。中国在进入 21世纪后,许多有招收留学生资格的院校都大力加强访学生项目的实施。目前,中国内地高校不仅与美国、澳大利亚、英国、法国、德国、韩国等国家的高校建立联系,还与香港、台湾等地区的高校合作,共同实施访学生项目。香港也在近几年大力推行访学生计划,如香港大学、香港中文大学都积极推动访学生项目的实施,香港中文大学提出希望在校访学生能达到在校人数的 4%。

在山东省,山东大学 2006 年共派出各类学生出境留学或访学 301人次。其中,联合培养博士生 38 人、硕士生 61 人、本科生 117 人、短期访学 85 人。其中,通过校际交流渠道派出 194 名学生到海外留学一学期以上,短期访学 33 名;2006 年共向港台地区派出师生 164 人,其中派出长短期访学生 48 人;向台湾成功大学派出 10 名学生学习一个学期的项目成为中国内地高校首批成规模、学习一个学期的团组,在两岸都产生了很大影响;另外,与台湾清华大学、中山大学、逢甲大学、义守大学等高校也达成协议,将陆续开展访学生。

在国内知名高校的影响和带动下,借鉴成功经验,山东经济学院按照"313"成才工程的部署,有计划、有步骤地开展了一系列国际访学生项目。2007 年,山东经济学院选派 3 名本科学生和 3 名硕士生赴瑞典皇家理工学院访学,修读瑞典方面提供的用英语授课专业课程,所修学分我方全部认可。经与美国阿拉巴马大学协商,阿大将在 2008 年春季学期为学校的 2 位本科学生提供全额奖学金,每位奖学金 7747 美元,学校在本科三年级(完成前 2 年学习任务)的学生中选拔两名学生到该校学习,学生将在阿大选择适合自己专业的课程,每周至少 12 学时、4 门课程,所有学分全部转移到山东经济学院的学分体系;经与新西兰Unitec 理工学院协商,同意自 2008 年 2 月开始,Unitec 理工学院接受学校选派的优秀本科 3 年级学生和研究生,每年提供 4 名山东经济学院的奖学金名额,其中包括 2 名本科生和 2 名研究生,学费全免。此外,开展 Unitec 假期游学项目,在寒暑假,组织山东经济学院的学生去新西兰参加为期 3 周的学习体验,Unitec 将为学生量身定做课程、活动计划(英语语言强化、经济商业、体育、文化、历史),使学生充分体会新西兰文化风情,提高英语应用能力。以上各种形式的访学所获学分全部转移到山东经济学院的学分体系。

实施国际访学生项目,对于学生派出国和接受国、对于高校以及学生本身而言,都具有重要意义。实施访学生项目可以促进高校间的交流与合作,优化资源配置;提高高校国际声誉,增强学术活力;增进国际理解,促进文化沟通;提高高校国际化程度,促进知识传播;提高学生自身素质,增加就业机会等。

由于受经济因素、教育质量不均衡、语言障碍、学分认证机制不完善等现实条件的限制,国际访学生项目作为一种新兴高等教育国际化形式在其实施过程当中必然会遇到许多难以预见的问题。尽管如此,随着高等教育国际化的进一步深入,世界范围内高校间的交流与合作日益频繁,国际访学生项目的实施范围和规模必将日趋扩大。

第九章

三结合育人机制实施
情况的调研报告

对情感、激励、嫁接三结合育人机制的实效性检验是建立在其实施载体——山东经济学院"313"成才工程实施情况调研之上的。

"313"成才工程实施近三年来,充分发挥了其情感育人、激励育人与嫁接育人的良好作用,解除了经济困难学生的后顾之忧,激活了学生内在成才动力,吸取了国内外高校办学优势,极大地促进了学校人才培养目标的实现。学校每学年都要通过各种方式对"313"成才工程的实施情况进行调研,倾听反映,了解不足,修正政策,保障"313"成才工程能够始终沿着正确的方向实施。

一、第一次调研

2005 年 3 月,在全校范围内对"313"成才工程的实施情况进行了第一次调研,这次调研由学校调研和院部调研两部分组成,通过接待来访和在普通同学、学生干部、辅导员三个层次上组织座谈,对"313"成才工程实施的情况做系统的了解,总结经验,发现不足,解决问题。学校方面的调研由学生工作处、教务处、团委联合组织进行。院部调研由各院部党总支组织落实,同样在三个层次上开展工作,参加座谈的学生和学生干部在各个年级均有合理分配,覆盖面较广。学生处对调研情况进行整理、分析、研讨并提出完善"313"成才工程的建议或意见,形成了《关于"313"成才工程实施情况的调研报告》。

此次调研的内容包括:学生对"313"成才工程的个人了解程度和认识程度、是否认同困难生的确定方法、在"313"成才工程新机制下各院部对"贷款保学费"工作的落实情况、各院部对"勤工助学"工作的落实情况、各院部对学生进行综合素质测评工作开展情况、评优评奖开展情况、对校内辅修专业的开设及到外校访学有何看法、大学生成才记录的推广实施情况等八个方面的内容。

经过12天紧张工作,学校及各院部先后召开各种形式的座谈会39场,参与学生700余人,辅导员31人,接待来访学生127人次,比较详尽地掌握了"313"成才工程实施一个学期以来的基本情况及同学们对此的评价。

在这次调研中,师生们一致认为,"313"成才工程实施以来,各个环节逐步展开,各项对学生成长成才的有利措施得到落实,同学们受益很大。

在这一个学期,学校与山东省农行济南高新区支行合作落实的国家助学贷款基本到位,为602名学生共贷款287.5万元,是此前学校全部贷款学生人数的5倍、贷款额的3倍。贷款保学费使家庭困难的学生能够不再为缴学费而忧心,不再为学费而东挪西借、打工筹款,可以以平和的心态,充足的时间保障自己的学习。勤工助学岗位在这一学期增至1826个,除了少数技术性岗位外,共安置特困生、困难生1646人,约占学生总数10.7%,是以往勤工助学学生数的3倍,为大部分生活困难学生解决了基本生活问题。同学们明显感觉到勤工助学岗位增多,特困生和困难生的基本生活状况也得到了相应的改善。

新激励机制的实施,使奖学金的奖励面扩展。许多同学认为,获得奖学金已不是遥不可及的事情,自己通过努力,可以从学习方面、从素质拓展方面、从讲诚信方面得到奖学金,为学校及老师和同学们所认可,这尤其使原本后进的一些同学看到了希望,有了追求进步的动力。同时,学习成绩不再成为奖学金评定的唯一决定性条件,拓展性素质开始变得与学习一样的重要。这是广大同学的共同感受,从而引发了校园内的思考和争论:大学生成才的标准是什么? 大学学习的内涵是什么? 这使得同学们更加注重培养社会需要的优秀实践能力。

嫁接机制已经显现出其影响力。校内双学历、双学位工作已经展开,2004 年共有会计学、金融学、英语、计算机科学与技术、法学五个专业招收第二专业学生 460 名,选派 41 名优秀学生到山东大学访学,这些新的措施对同学们触动很大,激发了他们学习的积极性。调研期间,不少来访的同学是专程咨询访学或双学历双学位问题的。

通过这次调研,可以清楚地看出广大同学对学校实施"313"成才工程的欢迎和拥护。国贸学院特困学生尤嘉华在座谈会上动情地说:"感谢学校为我们考虑得那么周到,感谢老师在实施过程中坚持公平公正的原则,原来为了争取困难补助,要多次上交申请,有时为争名额同其他同学发生矛盾,由于家里比较困难,所以申请次数多,常感觉其他同学的眼光怪怪的。如今实施了"313"成才工程,有了勤工助学的岗位,自己通过劳动来获得报酬,心里特别踏实。我会在工作中尽心尽力,怀着一颗感恩的心报答学校,为学校做一点实事。"

通过第一次调研,学校对"313"成才工程实施中反映出的不足进行了修正与调整,加强了与银行的合作,进一步扩大了国家助学贷款资助面,规范了勤工助学岗位的工资标准,新增了助学岗位,加强了与国内著名高校的合作,为进一步开展嫁接育人创造有利条件。

二、第二次调研

2006 年 9 月,在"313"成才工程实施两周年之际,学校再次启动了该项工作的全校性调研。这次调研由学校职能部门及院部"313"成才工程开展工作情况调研、学生对"313"成才工程的评价、征求意见及建议几个方面组成。

对学校职能部门及院部"313"成才工程工作开展情况的调研采用了听汇报、查阅档案资料、测试具体工作的操作水平、"313"成才工程知识内容试题测试、抽调学生座谈、接待学生来访等方式进行,目的是了解工作人员对"313"成才工程基本知识的掌握情况、各步骤的操作水平,以及实施过程中是否坚持了公开公平公正的原则。调查结果表明,学校相关职能部门及各院部工作人员能够全面掌握"313"成才工程的内容与内涵,熟悉操作过程,能够在工作中坚持以学生为本思想和公平公正的原则,学生各种申请资助或评优评奖的原始材料保存完整,各项规章制度健全,可以有效保障"313"成才工程的实施。

对学生的调研主要采取问卷调查方式。设计的问卷包括对学校实施"313"成才工程的认可程度和满意程度、"313"成才工程对学生学习的促进作用、"313"成才工程对经济困难学生资助情况、"313"成才工程对学生成才的激励作用的发挥、嫁接育人工作能否有效开展等七个方面,每个方面都设有一定数量题目,既可进行总体分析,也可以根据需要进行单项分析。本次调查对象涉及 32 个专业不同年级的本专科生,规定各专业如只有 1 个班的必须参加调查,如某专业班级数为偶数的只调查一半班级,为奇数的则调查一半班级再随机加查 1 个班级。调查问卷以院部为单位统一发放,以班级为单位无记名集中答卷,共发放问卷 9100 份,回收有效问卷 8407 份。参与问卷调查的学生中,本科一年级学生占 34.2%;本科二年级学生占 28.0%,本科三年级学生占29.3%,这三个年级占总体的 91.5%;本科四年级学生因忙于实习和就业,占 5.7%;专科三个年级人数较少,共占 2.9%,主要为中外合作办学项目学生。

在征求意见和建议方面,我们设立了专门的电子邮箱,在各教学楼放置专用信箱,并结合问卷调查和接待同学来访进行。

三、第二次调研的基本数据分析

（一）情感育人机制得以完善

自 2004 年 5 月以来,学校共为三个批次 1518 名特困生、3897 人次办理贷款,贷款额为 1558 万余元,贷款学生数与特困生人数持平,基本解决了特困生缴学费难的问题;校内设立固定勤工助学岗 1800 多个,在社会上争取到 7000 多个短期岗位,学生共有 9560 人次参加勤工助学,除满足了特困生、困难生获得基本生活经费以外,还为学生提供了大量社会实践岗位。对于特殊困难的学生,学校提取学费的 2%,给予重点帮助。两年来共向 53 名生病及家庭出现重大变故的学生提供救助 10 万余元;争取社会力量在校设立专项资助贫困生奖学金三项,每年资助特困生 90 余人次,资助额 10 万元。统筹发放各级政府助学金 107 万余元。每年暑假,学校和院部领导带队分别走访困难学生家庭,了解家庭困难情况,表达学校的关心。实施"313"成才工程以来,学校走访了 26 户贫困生家庭、院部走访了 30 户,赠送慰问品、慰问金总价值 3 万余元,受到老百姓和当地政府的称赞,在社会上产生了良好反响。

（二）激励育人机制得以巩固

至 2006 年年底,共有 30054 人次获优秀学生奖学金,奖学金总额 7320600 元,平均每学期获奖学金 6010 人次,奖学金额度 1464120 元,这比实施"313"成才工程以前的学期增加 1796 人次,增加奖学金额度 612520 元。

诚信评价体系的建立,极大地促进了学生诚信意识的提高。两年

多来,各学期诚信评价为 A 级的学生由最初的 72.1% 上升为 85.4%，C 级学生由 9.2% 下降为 5.5%，D 级学生由 2.0% 下降为 0.7%。极大地提升了学校诚信教育的效果，使诚信教育成为我校大学生思想政治教育的一个品牌，教育部和国家教育行政学院主办的《高教参考》（2005 年第 21 期）以《山东经济学院探索建立大学生诚信教育系统》为题给予了宣传报道。

（三）专业嫁接工作成效显著

至 2006 年年底,学校在会计学、金融学、英语、计算机科学与技术、法学五个专业招收双专业双学位学生三批次共计 1776 人,现已有 434 名学生获得了双专业双学位。学校实行开放式办学,强化学生的"第二校园学习经历",两年多来分四个批次共选送 254 名学生到山东大学、天津财经大学进行为期一年的访学。扩大中外合作办学规模,成立了中澳班、中德班、中新班等联合合作班,招收、国际商务、商务英语、会计、工商企业管理等 4 个专业的本专科层次的学生,目前在校生达 1289 人;其中,与英国格洛斯特大学、澳大利亚拉筹伯大学、法国第戎高等商学院、德国帕德博恩应用经济学院、新西兰 Unitec 理工学院等国外高校先后达成联合培养本科生、研究生协议。

四、第二次调研的分析与评价

（一）对"313"成才工程的基本知识与内容的了解情况

经过问卷数据分析,发现同学们对"313"成才工程的认识和了解还是比较充分的,65.2% 的同学能够掌握该工程涵盖的全部政策,所测 14 题全对;27.9% 的同学能够基本掌握,个别题有错误;6.9% 的同学掌握不全面,出错率较高。

总体来看,绝大多数学生对"313"成才工程把握是准确而充分的,对学校及院部开展的"313"成才工程的宣传与教育工作也比较满意。新生基本上在入校之前就通过入学通知书和报到须知了解到该工程的内容。部分同学测试出错率较高主要是因为其个人仅对"313"成才工程中对自己有用的部分有兴趣,对其他部分不关心所致。

(二)对学校实施"313"成才工程的认可程度和满意程度情况

一是对学校实施"313"成才工程的认可程度。认为"313"成才工程对学生成长成才有利,坚决支持和拥护的同学有96.4%,1.7%的同学有支持也有保留,1.4%的同学不关心,0.5%的同学持反对态度,这说明大多数同学认识到"313"成才工程的重要性,并能积极支持"313"成才工程的实施,这与我们在实际工作中遇到的情况是吻合的。

二是"313"成才工程的激励作用。70%的学生认为其对自己有很大的激励作用,能很好地促进自己主动选择努力方向,19.5%的学生认为对自己有激励作用,有利于发挥自己的个性、特长和爱好,总计有89.5%的学生肯定了"313"成才工程的激励作用;8.3%的认为"313"成才工程应该有激励作用,但因操作和管理等原因还没有充分发挥出来;另有2.2%的学生选择不清楚。

三是"313"成才工程的保障作用。87.1%的学生认为"313"成才工程的保障机制措施得当,效果明显,较好地解决了绝大部分困难生学习和生活困难;认为确有效果,但对部分困难生的帮扶资助还缺乏应有的针对性的占12.1%,也就是说几乎全体学生均认可保障机制的保障作用;只有0.6%的学生认为保障机制实施过程与程序的透明和结果的公正还有待于加强管理;另有0.2%的学生选择不清楚。

四是"313"成才工程嫁接育人作用。72.6%的学生认为"313"成才工程的嫁接育人机制是创新之举,有利于学生学业提升,学校已经落实得很好,卓有成效;认为嫁接育人机制对学生成长成才很有帮助,但还需扩展数量、降低入围门槛的占18.1%;有6.6%的学生只认为校内嫁接对学生有意义,其他方面还难以看到效果;另有2.8%的学生选择不清楚或不关心,这部分学生主要集中在学习成绩偏低的同学中。

五是对学校及院部在"313"成才工程实施过程中实际工作情况的

满意度。65.4%的学生认为学校及院部在具体工作过程中,工作认真细致,公平公正,充分发挥了"313"成才工程的作用,非常有成效;22.0%的学生认为该项工作基本落实得不错,但还有需要改进的地方。总体上87.4%的同学对学校及院部在具体工作开展上是满意的;10.2%的同学认为具体工作过程还不够透明,效果不能令人满意,这些同学的意见主要集中在奖学金评定和综合素质测评分值确定方面;2.4%的同学认为自己不清楚具体工作过程。

总之,在"313"成才工程的实施和管理上,学校采取了积极有效的方式、方法,一线工作人员能够坚持以学生为本的思想,坚持公平公正的原则,"313"成才工程能够比较充分地发挥其多重育人功能。同学们对该项工程的开展比较满意,认可程度较高。但同时也反映出,在具体操作环节上,还需进一步加强措施,减少人为造成的失误。

(三)"313"成才工程对经济困难学生资助情况

一是对学校采取的"以实际生活质量为参照标准,以民主评议为主要方式的确定特困生与困难生的方法,以及特困生与困难生各占学生人数10%的比例"的规定,40.4%同学表示完全认可;47.1%的同学认为基本可行,但对特困生与困难生比例有不同看法,有的认为过高有的认为过低;9.3%的同学认为不够客观;3.2%的同学选择不清楚。以上反映出学生基本认同学校确定贫困生的方式方法,也反映出院部之间、班级之间学生经济水平差异较大而导致问卷回答结果有所差异的问题。

二是对贷款保学费的政策,67.2%的同学认为我校通过助学贷款工作已经比较好地解决了缴学费难的问题;28.9%的同学认为已基本解决了缴学费难的问题,但手续复杂,贷款额度受限等问题还有待进一步解决;2.2%的同学认为还不能完全解决学费缴纳问题(这部分学生主要是外省同学,生源地贷款受限,现已通过与农行的合作圆满解决);有1.7%的同学表示不清楚。

三是对于学校勤工助学政策,52.4%的同学比较满意,认为基本可以解决贫困生基本生活费问题;44%的同学基本满意,但认为报酬应更高一些;0.2%的同学不满意;3.4%的同学表示不清楚。

四是对"补助保重点",64%的同学认为能够及时有效地救助有特殊困难的同学;7.2%同学认为基本能够起到救助作用,但具体步骤还应改进;9.7%的同学认为发挥作用不大;19.1%的同学认为自己对此不太清楚。

五是对暑期由学校领导带队走访贫困生家庭的做法,78.1%的同学表示认可与欢迎;16.3%的同学表示基本认可,但希望不要走过场,要有实效;3.1%的同学认为没必要;2.5%的同学认为自己不清楚情况。

总体来看,"三保"工作已取得丰硕成果,基本解决了贫困生缴学费与保障基本生活的问题,暑期走访贫困生家庭也得到了同学们的认可与欢迎,对有特殊困难的同学进行救助的工作也取得了成效,但不少同学还没有从原来贫困生定期申请困难补助老方法中转变过来,没有意识到"313"成才工程中的困难补助是为突发重大疾病或家庭出现重大变故而设立的紧急资助金。这说明在"补助保重点"的政策宣传上尚有不足,还有待加强。

(四)"313"成才工程对学生成才的激励作用

一是在诚信评价体系发挥作用上,64.6%同学认为该体系对于加强学生诚信教育,增强诚信意识有非常大的作用;27.9%的同学基本认可诚信评价体系的有效性,但认为还应进一步增加其可操作性;4.1%的同学认为其作用不大;3.4%的同学不清楚。通过分析可以认为诚信评价体系对增强学生讲诚守信的意识是有效的,还应进一步改进、加强,使之作用得到充分地发挥。

二是对综合素质测评内涵的理解及其作用的看法,75%的同学认为综合素质测评设置合理,突出个人特点、优势与长处,非常有利于个人素质的拓展和综合素质的提高,19.4%同学认为综合素质测评合理有效,但应进一步完善操作过程,两者相加,约94.4%的同学认可或基本认可了"313"成才工程中学生综合素质测评的有效设置;认为综合素质测评规定不合理或操作过程不规范的学生有2.1%;3.5%学生不清楚或未表态。

三是在奖学金评定上,认为奖学金同时奖励学习与素质拓展优秀的学生非常合理,有利于个人特长和能力发挥,评定程序严谨,公平公正的占66.5%;认可奖学金政策,但认为需适当改进的占32.4%;认为不合理或评定过程不公平的占1.1%。以上反映出以往比较有争议的"313"成才工程中的奖学金的规定已为同学们理解和接受。

四是"313"成才工程激励育人作用对本班同学的影响上,60.4%的同学认为"313"成才工程的奖学金政策对所有同学都起很大作用;10.5%的同学认为对原本表现优秀的同学激励作用明显;25.3的同学认为对原本表现较差的同学激励作用更明显;2.7%的同学认为作用不大;1.1%的同学不清楚。反映出同学们对"313"成才工程激励作用认可程度较高,尤其是对原本表现差的同学更起到了积极的因素。

总体来看,同学们对"313"成才工程激励育人机制的作用赞赏有加,认为激励育人机制在实践中发挥的预期作用,不仅促进了学生特长、优势的发挥,更起到了激励后进的作用,充分体现了教育学上"大拇指"教育原则。

(五)"嫁接"育人机制对促进学生成才的作用

1. 对双专业双学位工作的调查分析

本次问卷随机抽取3个班级的在读辅修双专业学生,包括法学55人,会计学72人,金融学39人,共计发放问卷166份,回收165份,其中有效问卷155份。问卷主要包括两部分内容,一是调查我校实施双专业双学位制的过程进展情况;二是了解修读双专业双学位对学生个体的影响情况。现将调查问卷统计情况分析报告如下:

（1）实施双专业双学位制过程情况的分析

①总体来讲,实施双专业双学位制过程规范、合理

第一,第二专业授课时间安排比较合理。我校第二专业的开课时间主要安排在周末两天及暑假期间,主要基于以下因素考虑:第二专业授课时间集中,学生接受起来不容易出现间断遗忘现象;同时考虑到学生第二专业的时间相对主修专业的时间要紧张,必须充分利用暑假的时间来减轻压力,使老师在授课过程中能够按照教学计划进程顺利完成教学任务。

第二,第二专业课程设置比较合理。近90%的学生认为第二专业的课程设置较为合理,基本能够符合大多数学生的现有知识接受水平。我校第二专业课程设置按照由易到难、由基础到专业的顺序设置,使得跨学科或跨专业学习的学生在接受起来较为容易。

第三,授课老师的授课态度认真,学生较为满意。在回答"你认为授课老师的授课态度是否认真"时,30.90%的学生回答"非常认真",53.92%的学生回答"比较认真",也就是84.82%的学生认为老师在授课时态度认真,准备充分。第二专业主办学院都非常重视双专业工作,纷纷表示要严格管理,打造精品,创出品牌,朴朴实实办教育而不是抓住机会搞创收。大部分专业能够派出精干的师资以维护专业声誉和教学质量。

第四,教师授课进度符合要求。82.06%的学生认为授课老师"能按计划完成"教学任务,说明第二专业教学进程计划安排合理,教师教学进度大多符合计划要求。我校第二专业的教学进程计划是在充分论证和研究的基础上,充分考虑了学生的知识接受能力及学习时间的安排等因素后,进行合理安排和设置的。

第五,课堂秩序有序、学习气氛积极。61.33%的学生认为第二专业课堂秩序较好,学习气氛积极。课堂教学是全部教学过程中最基础的环节,课堂教学效果的好坏直接影响到教学目标的实现和人才培养

质量。为确保第二专业课堂教学质量效果,学校严格参照《山东经济学院课堂教学质量标准》,从第二专业的教师课前准备、教授内容、教学方法等各方面做了严格要求。从本次问卷调查统计及听课情况来看,我校第二专业整体课堂气氛较好,运行有序。

第六,第二专业考试的试题难易程度适中,能被学生接受。只有3%—4%的学生认为试题难度较大,基本符合试卷出题难易度要求。

②实施双专业双学位制过程中仍存在一定问题

第一,在第二专业授课时间的安排上,有近5%的学生认为安排"不合理",部分学生认为暑期上课,注意力不能集中;时间太紧张,不利于吸收;也有部分学生提议,寒假也应安排上课,以提前修完第二专业,不致影响主修专业的考研。

第二,在课程设置上,仍有2.08%的学生认为不合理。部分学生提议,课程设置应注意课程的衔接,多讲理论基础课,以利于后续专业课程内容的消化和吸收;另有部分学生建议,课程应在大二多开设,大三少开设,或者能够在准备考研前结束全部课程,以便不和准备考研发生冲突。

第三,在授课老师的态度上,有0.98%的学生认为授课老师教课态度"不认真",部分老师授课态度没有达到学生的认可和满意。

第四,在对教师完成教学计划的情况回答情况看,17.94%的学生认为老师"不能按教学计划完成"教学任务,这说明老师在按计划制定教学进度的过程中存在一定的欠缺。学生在建议中提到,第二专业应多安排一些教学经验丰富的教师。

第五,在第二专业的课堂气氛中,4.99%的学生认为"秩序混乱、气氛沉闷"。学生建议,在师资的配备上,应多安排一些经验丰富、讲课生动、富有人格魅力的老师来讲课。

(2)修读双专业双学位对个体的影响及效果

①对学生个体带来的积极影响

第一，学生期望值较高，取向积极。在回答"你本人对获得双学历双学位的期望值程度如何"时，52.33%的学生回答"期望值非常高"，34.85%的学生回答"期望值比较高"，9.78%的学生回答"一般，但想努力试试看"，3.04%的学生回答"期望值不高，但想努力试试看"。也就是说，100%的学生抱着积极的心态看待修读第二专业，取向积极。

第二，家庭支持，学生无后顾之忧。超过96%的学生家长对子女修读双专业双学位持非常支持和赞同的态度，这不仅减少了学生学习的精神压力，反而能给学生带来一种无形的精神支持和帮助。

第三，修读双专业能够拓宽学生专业知识面。在回答"你认为修读双专业对你拓宽专业知识面作用如何"时，42.04%的学生认为"非常有帮助"，46.81%的学生认为"比较有帮助"，也就是说近90%的学生对修读双专业在增加知识、拓展视野方面持肯定态度。

第四，修读双专业利于学生个性的发展和综合素质的提高。近80%的学生认为修读双专业有利于自己个性的发展；超过80%的学生认为，修读双专业对提高自身综合素质有较大帮助。

第五，修读双专业有利于学生发挥主观能动性。超过70%的学生认为修读双专业能够更好地发挥个体主观能动性。

第六，修读双专业对增强学生自信心较有帮助。26.29%的学生认为修读双专业对增强自信心"非常有帮助"，48.83%的学生认为"比较有帮助"，即70%的学生肯定修读双专业对增强自信心方面有帮助作用。修读双专业使学生能够获得比别人更多的知识财富，也就使其在将来的就业大军中能够占有更大的优势，进而在学生增强自信心方面也就具有积极的影响。

第七，修读双专业对于学生弥补不足、发挥优势有较大作用。70%多的学生认为，修读双专业能够较好地弥补知识和兴趣方面的不足，更好地发挥自身特长和兴趣爱好。很多学生在修读双专业的感受中写道，自己对原专业并非十分感兴趣，修读双专业给了他们对所感兴趣的专业进行深入学习的机会。

第八，修读双专业对学生将来考研有一定积极作用。有近35%的学生认为修读双专业对其考研有一定帮助；在回答"你修读双专业主要基于什么考虑"时，17.68%的学生回答"与今后考研方向有关联"。随着就业压力的增大，很多学生计划大四考研以缓冲就业时间（根据学校对双专业所作的教学进度安排，学生可以在大三阶段结束全部双专业课程），修读双专业为将来学生跨专业考研或者增加考研成功的几率提供了很好的机会。

第九，修读双专业对学生将来就业有较大帮助。超过80%的学生认为，修读双专业对于将来就业有非常大或较大的帮助。在回答"你修读双专业主要基于什么考虑"时，70.28%的学生主要是为"增加就业竞争力，找一份好工作"。随着大学生的扩招和一定程度上社会经济对人才需求的结构性失衡，当前大学生的就业压力相对较大，而修读双专业双学位无疑能够增加学生将来的就业砝码。

②对学生个体带来的消极影响

第一，个别学生感觉学习吃力，时间紧张。6.27%的学生感觉因修读第二专业，在学习及生活中，时间的分配及利用"非常紧张"；3.99%的学生在回答"跨学科或跨专业学习，接受和吸收难度如何"时，认为"非常难"。因为修读第二专业主要面向学有余力的学生开设，因此在报名修读双专业的学生中，有部分学生抱着试试看的想法，且在学习过程中并不是非常刻苦，导致自己在修读双专业过程中感觉比较吃力；同时因为时间相对紧张，部分课程设置较为紧密，也进一步加重了这部分学生的学习负担。

第二，相对第一专业，大多数学生用在修读第二专业的学习时间过少。75%的学生修读第二专业所占时间能达到主修专业学习时间的40%—60%；还有5.46%的学生修读第二专业所占时间仅达到主修专业学习时间的20%。这样的专业学习时间是远远不够的。相对主修专业,第二专业的课程设置本来就较为紧密,如果学生用在第二专业的学习时间过少,根本不可能达到预期的学习效果,至多也就是能掌握一些较为浅显的基础知识,也对于学生今后的就业和工作都会造成不利的影响。

第三,部分学生认为修读第二专业,带来较大的家庭经济压力。在修读第二专业所需费用给家庭带来的经济压力方面,接近40%的学生认为,修读双专业所需费用,给家庭经济带来不同程度的压力和负担。部分学生在建议中提到,修读双专业费用较高,家庭经济负担较重,建议降低收费标准。

(3)对策及建议

试行双专业双学位制是山东经济学院适应社会和经济发展需要,顺应高等教育发展规律而作出的一项重大举措,是学校本科层次教育的重要组成部分。问卷调查的结果分析显示,本次问卷调查活动能够反映出我校实施双专业双学位制的过程及效果情况,达到了预期目的。

针对本次问卷调查所反映出的问题,我们计划在今后的教学管理和改革中提出具有针对性和可行性的办法和意见,包括:

①建立健全相应教学管理规章制度,加强教学监管和执行力度,确保教育教学秩序的有效运行;

②对第二专业教学计划进行充分论证,科学安排,确保教学任务能按期有序完成;

③统筹考虑学生学习及考研的时间安排,在不与学生考研准备发生强烈冲突的前提下,进一步优化第二专业课程设置;

④以二级学院为管理主体,加强第二专业授课教师队伍管理,使每一位登上讲台的老师在授课态度、教学技巧等方面有全面提高,力求使每一位学生都能认可、满意。

⑤修读第二专业的费用问题。部分学有余力的学生因为家庭经济原因不能如愿修读双专业;比如,有的学习成绩优秀、学习刻苦的学生

却家庭境况比较困难,在面临修读双专业的选择时,处于"两难"境地。因此,在收取学生修读第二专业的费用方面,需要进一步请示领导意见,考虑采取双专业奖学金制度,或者参考其他兄弟院校的合理办法,采取积极有效措施,以保证真正想学习的学生能如愿以偿。

根据上述办法和意见,学校将及时采取有效措施,以尽快解决教学及教学管理活动中存在的问题,力争使每一位修读双专业的学生都能从中获得最大程度的收益,为社会培养更多的优质人才。

2. 对本科生国内访学工作的调查分析

作为实施专业"三嫁接"机制的一项重要举措,学校自 2004 年开始开展本科生国内访学工作,实施开放式联合办学,到目前为止,学校已同山东大学、天津财经大学签订联合培养本科生(简称"访学")合作协议。两年来,学校同山大、天财合作办学开展顺利,至今已有 254 名学生从学校走出,分赴山东大学、天津财经大学进行为期一年的访学,经历"第二校园"生活。

本次问卷调查主要面向访学归来的 108 名学生,共发放问卷 108 份,回收 108 份,其中有效问卷 100 份。问卷共包括 16 个问题,主要涉及访学对学生综合素质的影响情况,以及访学学生对学校开展此项工作的建议和意见。分析报告如下:

(1)访学给学生带来积极影响,学生表示受益匪浅

①访学有利于促进学生专业知识的学习。在回答"你认为访学对你的专业知识学习有帮助吗"时,超过 90% 的学生认为外出访学对其专业知识学习起到了积极的促进作用。山东大学百年深厚的文化底蕴以及天津财经大学沧桑砺洗的春华秋实,深深吸引着学生去刻苦学习、努力吸取科学知识;同时,心理学的研究表明,新鲜的学习环境更能够激起学习者的学习热情,学习者能够自觉不断汲取新鲜的知识营养,专业知识的学习也要更为扎实一些。

②访学有助于学生独立生活能力、自我管理能力以及人际交往沟

通能力的提高。有90%左右的学生认为,访学对其提高自我管理能力
和对外交往能力有较大帮助。究其原因,外出访学,使得学生接触的老
师及学生的范围更广,与来自省内外甚至来自五湖四海的朋友、同学聚
在一起,他们的人际交往和独立生活等能力会在不知不觉中得到进一
步锻炼和提高。尤其对于从未长时间、远距离离开父母呵护的学生来
说,外出访学对其独立生活能力和自我管理能力的提高无疑起着至关
重要的作用。

③访学对学生的就业和考研比较有帮助。有70%—80%的学生
认为访学会对其将来的就业和考研帮助较大。随着大学生的扩招和一
定程度上社会经济的结构性失衡,当前大学生的就业压力相对较大,增
加就业砝码或者考研成了当前相当多的学生不得不考虑的方法和途
径。而外出访学恰恰给了他们将来就业或考研的良好机会。据了解,
已有部分同学利用访学的机会与当地学校的老师建立了联系,并把访
学学校作为考研目标学校。

④访学有利于学生创新意识、竞争意识和开放意识的增强。超过
60%的学生认为访学在增强其创新意识方面帮助较大;近90%的学生
认为访学对其竞争和开放意识的提高有较大作用。不同的校园文化、
不同的教师风格、不同的学术氛围,对于学生思维的开拓具有至关重要
的作用;不同的地域、不同的同学、不同的看法,对学生间思想的交流、
灵感的迸发都起着关键作用。同时,"走出去"对于学生提高竞争意识
和开放意识也很关键。走出去,才能看到别人的优点,找出自己的不
足,才能知己知彼,促进竞争意识、忧患意识的形成。

⑤访学对于提高学生的综合素质有促进作用。近80%的学生认
为除了专业知识的学习有促进作用外,访学对其综合素质的提高也起
到积极作用;同时也深深地意识到,外出访学,他们代表的不仅仅是自
己,更代表着学校的形象。因此,在访学过程中学生能够自觉加强自身
素质的提高,在言谈举止、待人接物方面较之前有较大的变化;同时,融

入到不同地域的文化氛围中,在潜移默化中能够影响学生的综合素质的培养。同学们时刻牢记自己友好使者的身份,积极活跃,表现突出,在访学学校组织的文体娱乐活动中给访学学校领导、老师、同学们留下了美好而又深刻的印象,得到一致好评。

(2)访学给学生带来的消极影响

①两校部分课程设置的不同造成了学生在课程学习衔接方面的不适应。在回答"你认为两校存在部分课程不衔接的问题对你的学习有影响(障碍)吗"时,3.20%的学生认为"影响(障碍)非常大",21.87%的学生认为"影响(障碍)比较大",即有1/4的学生因两校部分课程设置的不衔接而造成一定的学习不适应性。

②与原班同学关系的相对生疏。在涉及访学对学生自身带来的不利影响时,大多数学生都提及,外出一年的学习时间造成他们在不同程度上与原来班级同学关系有些许生疏,回校后还需要经过较长时间的相处才可能恢复。

③访学较大地影响到学生回校后奖学金的评定及班干部的选拔。在涉及学校对访学生奖学金的评定方法(即:在访学第二学期,全部在外访学学生自动获得学校二等奖学金)方面,9.33%的学生认为"不合理"(学生认为凭着自身的努力和实力,存在着应该获得高于二等奖学金的奖励的可能性),还有0.98%的学生认为"非常不合理"。在学生的建议中,部分学生认为目前在对访学生的奖学金的评定存在不合理之处,甚至部分学生认为,目前的奖学金评定及评优方法会挫伤他们一定的积极性,需进一步改善;另外,因外出访学而导致的同学间关系的疏远也影响到访学生在班内的各种评优及班干部、党员等的评选。

(3)对策及建议

从问卷分析结果来看,整体来讲,访学给学生带来的影响是积极的,学生对学校访学工作的开展绝大多数持满意和肯定态度。

通过实行校校合作,在拥有不同的专业特长和学科优势的高校之间,能够实现国内优势教育资源共享,实现学术和文化的良好交流;而对于学生来说,最重要的是给他们带来了一种更为开阔的视野,一种开放意识和竞争意识,对于提高学生的素质、丰富学生的阅历也大有裨益。本科生国内访学为学生提供了更为广阔的发展空间,提高了其对变化多端的社会需求的适应能力,有利于学生创新潜能的激发。

作为一项尝试性的举措,在尝试国内合作办学的过程中,尚存在一些需要进一步解决、磨合和完善的环节。在很大程度上,本科生联合培养过程中出现的新情况、新问题,是对我们现有人才培养模式和内部管理体制提出的新课题和新挑战。

学校下一步将在访学工作的细节上多做工作,采取切实有效的措施,本着以人为本的原则,处处为学生着想,以学生学习和生活的便利为根本,把培养高质量的优秀人才作为学校的最终目标。具体采取措施计划如下:

①建立健全相关规章制度,完善访学工作机制,从制度上保证访学工作的有序开展和运行,包括在征求学生意见的基础上,进一步修订完善学生的选派机制、奖学金评定机制等。

②听取学生合理建议,借鉴其他高校的有效做法,在具体的教学管理及配套工作上同学校相关部门及时沟通,采取切实可行的措施。比如,适当延长图书馆开放时间问题、增加适量桌椅以方便学生阅读问题和自习室晚自习的熄灯时间适当延长问题等。

③更加合理地安排学生访学归来后的宿舍入住问题。在学校宿舍资源允许的情况下,听取学生的合理建议,有效解决宿舍的分配问题。在学生的建议中,部分学生愿意回到原班宿舍,以能够与同班同学加强交流和沟通,及时获知班内信息;也有相当部分的学生更愿意和外出访学的同学分在一个宿舍,因为他们之间已经建立了深厚的友谊。

④加强与访学学校的沟通和交流。除了做好宏观的合作事宜,还需进一步做好涉及学生学习及生活方面的细节工作,比如充分了解两

校的教学计划及课程设置,做好校际之间专业课程设置的衔接,以便学生将来外出访学更合理地进行选课、听课。

⑤除上述措施外,计划进一步扩大访学学校的范围,使更多的学生有外出访学的机会。

开展本科生国内访学工作,实施开放式联合办学,是对学校进行人才培养具有开创意义的工作,也是涉及学校教育教学改革及管理的重大尝试性举措。下一步学校将结合开展本科生访学工作的实际,借鉴其他高校成功的合作办学经验,探讨建立符合学校校情、符合我国高等教育发展规律和发展趋势的国内交流合作办学长效机制,以期为以后工作的深入开展做好铺垫。

3. 对中外合作办学工作的调查分析

本次调查抽取了三个年级的中外合作办学在校学生218人,涉及中澳、中德、中新(西兰),共发放问卷218份,回收问卷218份,其中有效问卷211份。现将调查问卷统计情况分析报告如下:

(1)中外合作办学中的积极因素

①家长支持,学生无思想负担

问卷结果显示,100%的学生家长对其子女进入中外合作班学习持支持和赞成态度。在中国现有的国情下,尽管高等教育已步入大众化发展阶段,但相对庞大的人口数量,我国的教育资源尤其是高等教育资源仍相对稀缺。随着经济社会的发展及对人才培养的需要,接受高等教育成了求职就业的必要条件,让子女接受良好的高等教育成为每个家长的愿望。

尽管并非所有的学生家庭都拥有厚实的经济实力,甚至个别学生家庭较为贫穷,但所有接受教育的学生家长对其子女接受高等教育仍持完全的赞成和支持态度。家长在经济和精神上的鼓励,无疑为学生减轻了思想上的负担,而且成为学生努力学习的一部分动力。

②相比入学前,对进入中外合作办学班的期望和态度发生较明显

转变

相比入学前,学生对中外合作办学的认识发生了较明显的转变。进入中外合作班学习前,有近70%的学生是因为无奈或是听从父母的安排才选择了中外合作办学;而从本次调查中发现,92%的学生认为中外合作办学比自己预想的要好。

在回答发生以上转变的原因时,学生提到较多的是授课教师态度认真、教学方式现代化、中外双方教师合作教学、良好的学风和班风以及以人为本的人性化管理。学校在中外合作办学方面对于如何保证教学质量上做了大量工作。首先,在教师的聘任和选用上,非常慎重,既要考虑到老师的授课水平,又要兼顾学生的接受能力。目前,我校中外合作班的教师多为教学经验丰富,且能把握学生学习能力的资深和骨干教师。其次,在教学设备的配备上,学校投入大量的资金,为中外合作办学建立了专用多媒体教室,实验教学资源共享,保证教学手段现代化的实现。最后,在学生管理上,本着以学生为本的教育原则,充分了解学生心理,处处为学生着想,在其学习和生活上给予较多的关注,想学生所想,急学生所急,做到在服务中管理。

③能够理性定位,较为准确地看到自身的优势和不足

中外合作班的学生,大多来自比较富有的家庭,然而调查结果显示,大部分学生并没有因为家庭的富有而骄傲自满,洋洋得意;而同时作为三年制基础的专科学生,他们也并没有妄自菲薄,自暴自弃。相反的,他们在自身成长发展过程中,能够比较理性地给自己定位,准确地看到自身的优势和不足。

第一,学生外语水平提高,对自己充满信心。在对学生的调查中,98%的学生认为个人外语水平有进步,其中87%的学生认为,外语水平进步非常大。在中外合作办学计划中,由外方教师承担的专业课和专业基础课约占总教学计划的25%,加之外语课的授课时数较多,学生学习外语的时间相对普通本科班要多,绝大部分学生在外语的掌握

上占有较大优势。

第二,中外合作办学为学生将来择业、创业、走向成功构筑了平台。92%的学生认为通过学习,精通专业知识的同时,又能够掌握某门外语,将会使个人拥有较强的社会竞争力,学生对个人及未来充满信心。从近几年学校中外合作班学生的就业情况来看,学生就业端口多样,就业去向良好,很多学生在理想的单位就业,如具有外资背景的金融机构、大中型国有企业、对外贸易企业等。

第三,大多数学生能够理性看待自己的现在和将来,并未一味依赖父母。尽管大多数中外合作班学生的家庭较为富有,但他们并没有因此不求上进,而是意识到成功需要靠个人的努力和奋斗,中外合作办学仅仅为他们将来梦想的实现提高了一个起步的平台。

④学生取向积极,对未来做出合理计划

调查结果显示,32%的学生打算专科毕业后求职就业;56%的学生计划努力学习,争取国内升本;12%的学生计划两年后出国学习,修读学士学位。学生对未来的合理定位和计划,是其结合个人实际情况和对当前及今后国际国内社会发展变化形势的判断而做出的中期个人生涯规划,充分表明了学生心理发展的成熟和对现实的深入思考。

(2)中外合作办学中的消极因素

①部分学生感觉家庭经济压力相对较大

因中外合作办学成本较高,相比普通本科班,学费相应也就较为昂贵。在调查中,有24%的学生认为因为自己上学,给家庭带来较重的经济压力;9%的学生认为家庭经济压力非常大,这和学生的家庭背景有较为密切的关系。目前我校中外合作班学费标准为12000元/学年左右,这个数额对于低收入甚至是一般收入的家庭来说,都是一个不小的负担。23%的学生希望能尽己所能,减轻家里部分负担。并希望学校或者社会能够多提供一些发挥自己所擅长技能的机会,以此来锻炼自我独立性并赚取一定的报酬补充生活学习所需。

②个别学生外语基础较薄弱,学习较为吃力

有近14%的学生在回答中提到,在日常学习中尤其是以外语教授的课程学习,接受起来有些吃力。这种情况在男生中占有较大比例,统计发现,在这14%的学生数量中,85%的是男生。课程学习的吃力必然会不同程度地影响到学生学业的完成甚至是心理的发展,如何解决这个问题也就成为学校必须考虑和亟待解决的问题。

③部分学生有不同程度的精神压力

调查中发现,有近30%的学生存在不同程度的精神压力。这种压力主要来源于两个方面:一是由于家庭经济紧张带来的学生心理的不安和愧疚。上面我们也提到,部分学生来自农村,或者是城市中的普通低收入家庭,而每年较为昂贵的学费及其他生活费用使这些家庭承担着较为沉重的家庭经济负担,由此而导致部分学生在心理和思想上承受着一定的精神压力;二是因学习压力而造成学生的焦虑情绪。相比普通本科生,中外合作班的学生多是在某门课程或者某几方面存在不同程度的基础薄弱的特点,而较重的课业学习,尤其是以外语授课的课程学习,使得一些学生在消化、吸收学习过程中步伐稍慢,感觉吃力,进而造成一些学生情绪的焦虑和紧张。虽然学校的"三保一奖"政策可以为部分同学减轻部分负担,但由于和大部分普通本科生一样分享同等额度的奖学金、助学贷款,相比中外合作办学高额的学费,这点补助或救济难免显得微薄。

④学习氛围不够浓厚,存在不同程度的攀比风气

进入中外合作班的学生,多数家境殷实,缺乏足够的勤俭节约意识,在日常生活中往往容易形成大手大脚、互相攀比的心理。学生的这种攀比,不仅体现在吃穿上,更多的表现在用上,尤其是现代化的用具,如高档手机、电脑、MP3等时尚电子产品,而这些对于没有任何收入的学生来讲,可以说是一些奢侈品。攀比风气的存在,对于学生心理的健康成长有着不同程度的影响。

（3）对策及建议

从问卷分析结果来看，整体来讲，中外合作办学给学生带来的影响是积极的，学生对进入中外合作班学习持肯定和满意态度。然而，中外合作办学作为跨越国界的一种教育合作形式，在具体的办学过程中必然存在方方面面的问题。在下一步的办学过程中，针对问卷中所反映出的问题，建议如下：

①加大外语教学改革力度，增强学生学习外语的氛围，提高学生外语实际应用能力。近几年学校立项的教学研究项目中有不少是涉及外语教学改革领域，对学校外语教学的改革和深化起到了重要的推动作用。但从学校整体氛围来看，仍然没有形成全员学外语的群体气氛，学生在外语学习上存在的普遍问题是实际应用能力较差，这对于培养具有国际化背景的人才尤其不利。针对这种情况，建议学校一要针对中外合作办学加强外语教学改革力度，二要适当增加外语教学课时，形成有利于学生学习的环境和氛围，切实提高学生外语学习的水平和质量。

②进一步扩大中外合作办学范围，提升学校国际声誉。目前我校的中外合作办学项目尽管已经取得了令人可喜的成绩，但总体来看，仍需深入拓宽发展。与山东经济学院合作的国外高校，如澳大利亚北墨尔本高等职业院校、新西兰 Unitec 理工学院、德国帕德博恩应用经济学院等，都拥有一流的教学质量、先进的教学设备、优良的教学环境，在国际上享有良好的声誉，在一定程度上会具有较好的带动效应，能够使我校在国内及国际的声誉和地位也得到一定的提升。学校合作范围的拓展和国际声誉的提高，也必将惠及更多的学生和家庭。

③适当增加勤工俭学岗位数量，以减轻部分学生家庭经济负担。目前山东经济学院根据学校和学生的实际需要，已经扩大设置了一些学生勤工助学岗位，但相对较大的数量需求，学校仍需想办法，多途径、多渠道增设一些岗位，这既能够在一定程度上缓解学生的经济压力，又能给学生很好的实践锻炼的机会。除了在学校内部设置一些勤工助学

的岗位外,建议学校同校外企业和公司加强合作,提供更多的助学和实践机会,这对于学校、企业以及学生来说,是实现共赢的方式之一。

(六)"313"成才工程对学生学习及学风建设的促进作用

一是在学习环境上,90.5%的同学认为保障机制作用的充分发挥使为数众多的贫困生能够放下经济上的压力,保证了稳定的心态及充足的学习时间,极大地促进了学校的学风建设,提高了学生学习的积极性;8.1%的同学认为"313"成才工程的保障机制在一定程度上给同学们创造了有利的学习环境,对学风建设有一定的积极意义;1.4%的同学不清楚或未表态。

二是在学习态度及效果上,70.1%同学认为激励育人机制作用的发挥,促进了学习态度的转变,同学中已经形成比、学、赶、超的良好学习氛围;23.6%的同学认为,总体有一些变化,原本学习落后的同学中在新的激励育人机制下学习态度有所端正,学习成绩进步明显,两者合计约占学生数的93.7%;另有4.4%认为改变不大,1.9%表示不清楚。

三是在学习方法上,62.9%的同学认为自己现在更加重视实践教学环节,21.4%的同学已认识到实践能力的重要性,10.3%的同学认为变化不大,5.4%的同学难有定论。从同学们的感受中可以分析得出,"313"成才工程自从实施以来,其各种育人功能的共同作用,为学生的学习创造了更加优良的环境,提升了大部分学生学习的积极性,并促进了实践教学的发展。

在整个调研过程期间,我们收到电子邮件或信件233封,其中有建议建言441条,绝大部分有其合理性。另外也有部分邮件或信件是学生对"313"成才工程的感受和感言,其中信息管理学院电商04级的周正芳同学在他的信中写下了自己的真实感受。他是一个来自山区的贫困生,和弟弟同时考上了大学,这对于穷山沟的农民家庭是喜事也是愁事,家里尽全力也无法同时负担两个大学生的学习、生活费用,他写道:"在了解到山经的'313'成才工程之后,我和老父亲抱着无限的希望从家乡来到了这里。事实证明,我们的希望并没有落空。当父亲把家中的情况向系里的负责人讲明后,得到了他们的关怀和帮助。在没有缴清学费的情况下,我毫无阻碍地搬进了宿舍,领到了课本。在接下来的日子里,我受到了学校多方面的照顾,申请到了贷款,申请到了勤工助学的职位。这些关心与帮助,不仅使我顺利地圆了大学之梦,也让我的生活得到了保障。""来自学校各方面的关心与帮助,都让我从心底感到无限温暖,也让我从内心深处产生了无限感激。这种感激,我无法用言语把它们表达得真真切切。我想那些和我一样的同学都会有这种感受吧!或许有人能把心中的这种感受用华丽的词语表达得淋漓尽致,内向的我却不能,但我会尽我所能,用实际行动来回报这份厚爱和关怀,无论哪种方式,都代表着我的一颗感恩的心,祝山经明天会更好!"周正芳同学的信代表着众多同学的共同心声,也成为学校进一步落实好"313"成才工程无形的精神动力。

在本次调研过程中,我们发现了许许多多像周正芳同学这样的例子,他们或通过"三保"解决了经济上的困难,或由于奖励机制作用重新振作,踏入了优秀学生的行列,或通过"嫁接"走出校门,经受了"第二校园学习经历"锻炼。公共管理学院2001级劳动与社会保障班学生田洪航是一名来自新泰农村的同学,父亲去世,母亲因车祸腿部受重伤,长年行动不便,田洪航同学基本失去了经济来源。经济的重负使他终日沉默寡言,平时忙于外出打工筹学费、生活费,与老师和同学少有交流。而且每到缴纳学费期间,情绪就出现波动,易冲动。在"313"成才工程实施之前,所在学院虽然采取了尽可能的措施帮助他,但每年为数不多的资助款项分摊到每个贫困生身上,不可能彻底帮助他解决问题。

2004年8月,校党委副书记牟思伦、学生处处长苏洪志等领导和老师一行人来到了田洪航的家,看着门前蜿蜒数公里的山路,破败失修的房屋,身有残疾却坚强乐观的田妈妈,大家的心情非常沉重。牟思伦副书记在田洪航家的小院里,向田洪航的母亲详细介绍了学校的"313"成才工程,询问了家庭经济状况和生活状况,并认真地一一记录。转眼几年过去了,在这期间按照"313"成才工程的规定,田洪航与其他贫困生一样,办理了国家助学贷款,得到了勤工助学岗位,顺利地完成了学业,成为临沂市电力施工公司的一名人事管理干部。他说,他现在有了稳定丰厚的收入,他现在唯一的想法,就是把自己的工资积存起来,能够把母亲的腿治好。每年的新年,他都会把自己和母亲对学校、老师的祝福,对"313"成才工程的感谢,用一张张贺卡承载着寄回母校,用他的话说,"过年了,总要给'家'里寄封信吧"。

信息管理学院2003级3班的学生樊光燕是第一批"跨校嫁接"到山大访学的学生,在"访学"即将结束的时候,她在访学感言中写道:"在学习上,山大老师同山经老师一样有着极高的敬业精神,但更让我折服的是他们自成一套的授课方式","在这一年里让我收获颇丰的还有学院组织的各种讲座。每一场都让我们兴奋,来自清华、北大、人大的教授更是我心中的偶像。我们每一次都会提前几个小时去报告厅占好座位,有时还要牺牲吃饭时间。尽管如此,我们还是乐此不疲。听讲座可以让我和心目中的'偶像'零距离,更主要的是领略大家风范,接触知识前沿。""与山经一样,在这里,山大莘莘学子也是勤奋与活跃的,形成了一道靓丽的风景线。清晨漫步校园,晨读者的身影无处不在;课余时间,资料室与图书馆挤满了前来求知的学子,他们埋头苦读,乐此不疲;课堂上,同学与老师的积极互动令我大开眼界,每每老师提出问题,接着便有积极的回应者,而且他们的回答是那样的丰富多彩并富有见地。在这样良好的环境熏陶之下,我明白了'一寸光阴一寸金'的真正内涵。我学会了如何去思考问题,而不是一味地接受。我在这儿获得的不仅仅是知识,还有如何去汲取知识的能力。""我有幸来山大交流,接受培养的机会是我的母校山经给我的,我感谢我的母校。当初载着山经老师们的殷切希望,我来到山大,来汲取知识,充实自己;而今我又将怀着对山大的深深眷恋,返回我的母校。回山经后,我会将在山大感受到的一切告知我的老师和同学们。同时我还想对下一届来山大交流的师弟师妹们说一声,好好把握机会,时不我待。这就是我的'访学'感言,我的第二校园经历。我相信我的第二校园经历将使我受益匪浅,会令我永远难以忘怀。"

樊光燕同学回到母校后先后在学校和本学院与同学们座谈,传授自己"访学"山大所获的新的学习经验,交流自己的"访学"感受,开拓了同学们的眼界,提升了一大批同学的学业素养。该同学回校后一直表现优秀,获国家奖学金,并获山东省优秀学生荣誉称号。

"313"成才工程的深入实施,带动了学校人才培养工作全面发展,学生创新能力的不断提升和实践教学工作快速发展,使学生自我设计、自我管理、自我运行的"学工在线"网站脱颖而出,逐步发展、壮大、成熟,于2005年被中国教育与科研计算机网作为推荐网站收录于"十毫秒高速资源指南"校园网站栏目,新华社《教育参考》2005年第28期曾给予了宣传报道。"学工在线"网站力量的壮大为学校建设覆盖全校的学生教育管理信息化平台提供了坚实的技术支撑和稳定的运作环境。学生教育管理信息化平台,将为学校提供一套涵盖全面、功能完整的学生工作网上办公系统,建成一个包含全体学生所有基本信息和常用信息的数据管理系统。建成后的教育管理信息化平台将实现学生学习信息、培养信息、管理信息的资源共享,可以集学生工作自动化网络办公、学生信息汇总与查询、学生诚信评价与综合素质测评成绩管理、学生申请资助资格管理、学生评优评奖资格管理、学生教育与培养信息指导等诸多功能于一体,使得"313"成才工程在实施过程中能够实行科学管理,形成工作常备档案,减少工作具体开展过程中的各项人为因素,并减轻工作量,减少工作失误,同时便于公开接受查询和监督,保证各项措施执行过程透明和结果的公平与公正。当前,学生教育管理信息化平台中的"学生工作网上办公系统"已由"学工在线"网站的"学生开发设计小组"设计完成,并进行了试运行,效果良好;学生信息数据管理系统正在加紧开发。

通过本次较大范围的工作调研,研究组认为:在"313"成才工程实施两年多以来,"313"成才工程中的保障机制、激励机制和"嫁接"机制已日趋成熟,其各项配套政策与措施也日趋完善,其育人功能相互配合并充分发挥着作用。两年多来,通过全校师生的共同努力,学校基本解决了贫困生缴纳学费的难题,为他们提供了获取基本生活费用的工作机会,救助了一批特殊困难的同学;扩大了奖励的受奖面,改变了以文化课学习论优秀的传统作法,使学习成绩不再成为奖学金评定的唯一决定性条件,提升了拓展性素质在学生成才中的比重;全面开展了校内专业嫁接工作,相当数量的学生成为了拥有两个或两个以上学历或学位的多能学生,积极开拓了校外及国外嫁接工作,吸收了其他国内外优秀大学教育专长。"313"成才工程的实施极大地调动了学生学习和提升素质的积极性,增加了其成功成才的主动性,优化了学风,取得了显著效果。"313"成才工程的实施,使学校人才培养的目的更加明确,方式更加灵活,效果更加显著;使学校越来越成为学生生活的家园、精神的乐园、成才的摇篮。因此受到了学生的拥护、家长的欢迎、社会的赞誉。

(七)"313"成才工程的社会反响

山东省省政府、省高校工委、省教育厅对"313"成才工程给予了高度的评价。山东省副省长王军民同志充分肯定"313"成才工程,特意批示"山东经济学院创新学校管理机制,促进学生成才的做法很好",要求向省内各高校推广。2005年8月王军民同志在全省高校党委书记、校长暑期研讨班上的讲话中再次要求在全省高校中积极推广山东经济学院"313"成才工程先进经验,下大力气做好资助贫困家庭学生的工作,保证没有一个大学生因家庭经济困难而失学。

山东省省委高校工委、省教育厅、共青团山东省委先后以文件或机关网站发文形式,介绍了山东经济学院"313"成才工程的具体做法及经验,省教育厅在介绍时写道:"日前,山东经济学院以创造学习条件,优化育人环境,激发内在活力为出发点,建立了'三保一奖三嫁接'的工作体系,启动了'313'学生成才工程,系统规范地解决了高校人才培养工作中的有关问题。王军民副省长给予了充分肯定,并做出专门批示认为'做法很好'。现将山东经济学院的做法予以介绍。"山东省省高校工委、省教育厅、团省委对"313"成才工程做法及经验的介绍,引起了省内外众多兄弟院校的重视,山东大学、天津科技大学、山东科技大学、山东工商学院、山东教育学院、安徽新华学院、山东电力高等专科学校等高校网站先后转载"313"成才工程做法介绍,山东建工学院、山东财政学院、山东交通学院、济南大学、临沂师专等高校先后派出专人学习"313"成才工程的经验。各兄弟院校对"313"成才工程感受很深,认为这种集扶贫济困、情感激励、学术嫁接于一体的育人机制,创新了高等教育的育人思路,留下了很多的经验,给予各高校在学生培养、学生教育与管理的诸多方面以启发。学校在通过系列调研、总结的基础上,逐步调整、充实、规范"313"成才工程的内容及配套措施,使之日益完善、成熟,形成了完整的育人体系,于2005年获得了山东省软科学优秀成果奖。

山东经济学院"313"成才工程自2004年6月宣布实施、2004年10月全面运行以来,除了在省内外高校中得到推广和学习以外,众多社会新闻媒体纷纷给予了比较全面的宣传报道。《人民日报》(海外版)、《光明日报》、《大众日报》、山东卫视、新华网、中新网、搜狐网、TOM网、《齐鲁晚报》等媒体先后刊登或播出了山东经济学院启动"313"成才工程的文章或新闻,对"313"成才工程产生的背景、过程、内容、作用给予了报道说明,产生了很大的社会反响。

《大众日报》在2004年6月21日作了题为《健全三种机制 促进学生成才——山东经济学院启动"313"成才工程为题》的大篇幅报道,

文章指出:"山东经济学院完善保障机制,帮助困难学生完成学业;健全激励机制,激发学生内在动力;实施嫁接机制,培养复合型高层次人才,形成了从生活层面、精神层面和科学培养层面相结合的人才培养工程。"《齐鲁晚报》2004 年 6 月 5 日报道:"山东经济学院正式启动了'三保一奖三嫁接'工程,旨在从物质、精神和科学三层次培养学生全面发展。"山东卫视 2004 年 7 月 14 日在"山东新闻联播"中介绍了学校实施"313"成才工程经验,新闻指出"山东经济学院健全保障机制、激励机制和嫁接机制,实行'三保一奖三嫁接'的'313'成才工程,优化了育人环境,使学院成为大学生成才的摇篮"。山东卫视的记者走访了山东经济学院刘锦尊教授的家,访问了刘锦尊教授及在其家中勤工助学的刘玉波同学。刘锦尊教授是山东经济学院资深教授,在国内经济管理领域有较高知名度,但老伴长年身体不好,卧病在家,刘教授的教学科研任务很重,总担心照顾不好老伴。学校启动"313"成才工程以后,学校拓展了勤工助学岗位,特意为年迈的离退休教职工以及家庭有实际困难的教工安排了部分家政勤工助学岗,刘玉波就是其中的一名。她每天在课余时间来刘教授家,除了陪刘教授的老伴聊聊天,还帮助老人收拾家务,排解老人的烦恼。刘玉波是山东经济学院一年级的学生,由于家庭贫困,学习和生活压力很大。为此,入校的当年,通过学校担保,她顺利地从银行贷到了今后几年的学费;学校还专门给她安排了这个勤工助学岗位,通过照顾老人,增加一些收入。刘玉波认为:"在刘教授家里,做一些力所能及的事情,通过和教授的交流,对我的个人成长成才非常有帮助,最重要的是通过勤工助学解决了我的生活费问题,这使我在大学校园里能够安心学习。"

"313"成才工程的影响随着学校面向全国招生,开始传播到生源所在的 23 的省区。为了让即将入学的学生能够了解学校的政策,让经济困难的学生能够了解学校的资助措施,在新生入学的通知书里,总会有一张对学校总体情况的介绍,而"313"成才工程是这份介绍的重要组成部分。众多新生与学生家长正是通过这些介绍开始了解认识山东经济学院的。"313"成才工程为众多贫困生家长解除心结,打消了许多新生因家贫决定放弃求学的念头。计算机科学与技术学院技科专业2004级3班的张英霞就是其中的一名。她是一名非常优秀的学生,入学两年多来先后三次获一等优秀学生奖学金,一次获二等奖学金,连续两年获校级优秀学生荣誉称号,是计算机科学与技术学院学生课题"监考安排系统"设计开发组负责人。她是一名来自农村的孩子,4岁时母亲就去世了,由父亲一个人把她养大,平时靠打零工来维持家庭生计,高考刚结束时,她就后悔参加了高考,从小懂事的她生怕上学费用再次压在父亲已经难承重负的肩上,打定主意不再提上学的事,是学校通知中的"313"成才工程介绍,恢复了她求学的渴望。她说:"如果没有'313'成才工程,恐怕我就与美丽的山经无缘了。我是'313'成才工程的彻头彻尾的受益者,不仅解决了学费和生活费的问题,还多次获得奖学金,我父亲特别感谢学校和老师,让他宣传的,连我们村里的乡亲们都知道,山东经济学院有个'313'成才工程,让我有学上了,让我有出息了。现在回想起来的确要感谢'313'成才工程,是它圆了我的大学梦,丰富了我的大学生活,让我的将来更加多姿多彩。"

随着在全国各地招生工作的展开,学校先后在中国教育网及各省市的招生网站随招生工作宣传介绍"313"成才工程。时至今日,"313"成才工程已成为山东经济学院的一个品牌、一种象征,它时时散发着无尽的魅力,吸引着一批批年轻的学子,也培养着一批批未来的人才。

(八)"313"成才工程发展新思路

"313"成才工程实施两年多来所取得的成就已从事实上证明了它是符合时代要求,能够满足学生成长成才需要,受到社会肯定与好评的有价值、有成效、有着山东经济学院特色的育人机制。它是动态的,始终伴随着社会发展、进步的脉络,不断地调整、完善着自己。

通过认真的调研、分析、论证,学校对"313"成才工程进一步的发展、完善,确定了新的思路。

1. 在情感育人机制方面

一是结合全国范围的个人征询系统的逐步完善,适时扩大学生助学贷款的范围,提高贷款额度。以往的助学贷款除生源地贷款多少有些担保贷款的意味以外,其余类型国家助学贷款仅靠学校提供的风险补偿金来为银行提供一定的风险保障,各金融机构的积极性不高,对贫困生助学贷款的办理设置的障碍较多,助学贷款主要解决了家庭根本无力提供学费学生即特困生缴学费的问题。对于困难生来说,家庭虽能勉强为其提供学费,但家庭经济情况进一步恶化,生活质量随之下降。全国个人征询系统完善之后,助学贷款可转化为个人信用贷款,银行的风险减少,积极性将会提高,适时将助学贷款学生扩展到全体困难生,并在一定程度上提高贷款额度,已成为可能。学校已做好准备,对学生加强对个人征询体系和助学贷款实施办法的宣传力度,与金融机构开展积极主动的联络沟通,争取扩大助学贷款规模,为更多的学生争取到助学贷款,尽量减少因学生求学而带来的部分家庭经济出现严重紧张、生活水平大幅下降的现象。

二是积极运用学校的社会影响力,加强与社会力量的联合,尝试通过校企联合培养模式,加大社会投入的规模,增强解决贫困生问题的力度。学校目前正在与餐饮业中大型企业蓝山集团进行的合作谈判就是这种尝试。双方设想是在山东经济学院部分专业中专设"蓝山班",从校内贫困生中通过自愿报名的方式参加。"蓝山班"学生的学费由蓝山集团支付,学生假期到集团下属企业进行实践,实践期间蓝山集团支付部分生活费用,学生毕业后到蓝山集团总部或子公司工作,学生在校学习的课目中适当增设蓝山集团要求的课目、课程。如能够达成协议,对学校和学生来说,既可开拓了新的解决贫困生问题途径,又能起到扩大就业率的作用;对蓝山集团来说,用四年时间培养了一支高学历、有实践经验、熟悉集团情况、而且对集团深有感情的业务骨干队伍,从而达到了校、企、学生三方共赢的效果。

三是主动引导学生用所学知识为家庭分忧解难,用自己的智慧为家庭脱贫作出贡献。近期研究组对"313"成才工程实施情况进行调研的时候,要求部分参加调研的特困生,对自己家庭致贫的原因进行深入而理智的思考并得出结论,同时结合自己专业或个人特长为家庭脱贫起草一份可行性计划,并鼓励他们相互交流,必要时可以寻求老师的指导,使计划确实有可行性、可操作性。这是学校引导学生从被动地接受资助到主动地靠知识、靠见识、靠智慧协助自己的家庭脱贫致富的一种尝试,希望通过这种方式,将保障体系的功能强化,由保障学生延伸至惠及家人,更多地发挥它的社会作用。同时也增强了学生对家庭的责任感,提高了他们解决实际问题的能力。

四是继续扩大校外勤工助学岗数目,争取与部分企业合作,确定一批长期的勤工助学岗。受学校规模与经费的限制,校内勤工助学岗已不可能继续扩充,大约各年度均维持在1800—2000个岗位,与贫困生实际人数相比还略有差距,报酬也仅能满足学生最基本的生活费用。学校在以往也开拓了部分校外勤工助学岗,受到学生欢迎,也得到社会的赞许。但基本上是临时性、短期的岗位,相应的报酬也不太多。今后学校将运用山东经济学院的良好品牌,多方与企业建立合作关系,设立一批长期的报酬稳定的助学岗位,在保证安全的情况下,安排贫困生在课余开展勤工助学。不仅能够解决贫困生生活经费问题,也能将实践教学工作贯穿其中,提升学生的素质水平。

2. 在激励育人机制方面

一是继续完善诚信评价体系,规范、统一评价标准,修订适当内容,增加其可操作性。诚信评价体系在学生综合素质测评中占据着重要作用,各类评优评奖首先要看诚信评价是否达标。诚信评价能否客观公正,不仅本身就体现着诚信的示范作用,而且也是使激励育人机制能够真正起到应有效果的关键所在。诚信评价的关键步骤有两个,一个是日常诚信记录,一个是期末的民主评议,二者是相辅相成的关系。在对"313"成才工程的调研过程中,着重对各院部诚信评价体系运作过程进行了督察,在各院部随机抽查了一个行政班级的诚信评价日常记录和民主评议档案,形成各院部诚信评价体系的操作样本,对督察过程中院部好的经验做法进行了推广,对个别院部在工作中出现的不足或失误进行了纠偏。通过这次督察与规范行动,促进了诚信评价体系运作过程中的标准与方法统一。同时在全校范围内重申了坚持实施诚信评价体系与加强日常诚信教育双管齐下、双向并举的诚信教育原则,使诚信评价工作真实、准确、有说服力、有针对性,真正起到增强学生诚信意识的作用。

二是在拓展学生素质方面,逐步变单纯鼓励学生拓展素质能力,为提供必要条件,引导促进学生加强素质能力培养。我国多年的应试教育影响了学生个人素质的养成,很多学生缺乏有益特长、缺乏合理的爱好,甚至缺乏应有意志与毅力。长期的习惯很难在短时间内,仅靠个人自我发展改善现状。山东经济学院正在有意识地通过加强学校投入,针对学生需要,为学生提供必要的场地、设备、师资,重点开展丰富多彩的社团活动,有组织有意识地针对他们的需要,使他们能在一个社团群体中较长期的养成个人特长与爱好,并形成良好习惯,增强素质能力,锻炼毅力,提升意志品质。

三是随着学分制改革的深化,多方面改进课程设置,增加选修课的课目与种类,改革改善教学方法与考核办法,提升学生学习的积极性和主动性。增加社会实践在实践教学中的分量,鼓励学生发展锻炼创新能力、动手能力、实际工作能力。

四是在评优评奖过程中,逐步引入学生全程参与的新概念,学校依据评优标准,发动同学,通过网络,推荐自己理想的候选人。候选人的参评材料将在网上公示,供同学们评议,然后由同学们通过网上投票决定获奖者。学生全程参与评优评奖既确保了评优评奖的公正性,使同学们能选出自己心目中的榜样,而且在参选与投票期间就已经完成学习先进优秀事迹的过程,从而使优秀学生更具有代表性,更加能体现出激励机制的育人作用。

3. 在嫁接育人机制方面

一是进一步放宽"校内嫁接"的专业限制,使学生可辅修的第二专业由现在的五个拓展到更多,更加贴近学生的需要。二是受资金限制,现有的国内高校间访学的规模不可能有更大的扩展空间,但作为校际之间交流与合作却可以开辟更多新的途径,如校际间部分优势课程学分互认,学生可到对方学校自由选修这些课程等方式,使国内高校的专业嫁接能够与广大同学更加密切,发挥出更大效能。三是在"跨国嫁接"方面,要进一步加大落实力度,落实已签订的跨国间学生互访协议。另外,研究开辟新途径,切实减少学生到国外访学的教育成本,使更多的学生能够有能力、有机会拥有去国外高校学习、进修的经历。

"313"成才工程所承载的情感、激励、嫁接三结合的育人机制,是山东经济学院众多教职员工与学校领导共同思考,依据多年实际工作积累,结合时代发展需要,勇于开拓,干事创业所培育出的一项丰硕成果。它的实施,已经给山东经济学院的人才培养工作产生了巨大的推动作用,为社会、为兄弟院校在创新人才培养模式、提升人才培养质量方面提供了可借鉴的思路。"313"成才工程是一个有机的、动态发展的系统工程,相信随着其不断完善发展,必将焕发出更强的生命力,彰显出更大的实践应用价值。

主要参考文献

（一）专著

1. 潘懋元主编,卢晓中著:《当代世界高等教育理念及对中国的影响》,上海教育出版社 2001 年版。

2. 朱小蔓著:《情感教育论纲》,南京出版社 1993 年版。

3. 刘次林著:《幸福教育论》,人民教育出版社 2003 年版。

4. 朱小蔓著:《道德教育论丛》(第 1 卷),南京师范大学出版社 2000 年版。

5. 《列宁全集》(第 25 卷),人民出版社 1990 年版。

6. 睦依凡著:《大学校长的教育理念与治校》,人民教育出版社 2001 年版。

7. 张应强著:《文化视野中的高等教育》,南京师范大学出版社 1999 年版。

8. 田建国著:《现代大学新理念》,泰山出版社 2005 年版。

9. 张万兴总主编,卢连蕊主编:《新世纪素质教育观念集锦》,中央民族大学出版社2004年版。

10. 邢永富、吕秋芳主编:《素质教育:观念的变革与创新》,山西教育出版社2003年版。

11. 王剑波著:《跨国高等教育与中外合作办学》,山东教育出版社2005年版。

12. 彼得罗夫斯基著,龚浩然等译:《普通心理学》,人民教育出版社1991年版。

13. 诺尔曼·丹森著:《情感论》,辽宁人民出版社1989年版。

14. Carl Rogers. *On Becoming a Person:A Therapist's View of Psychotherapy* ,Boston,M. A. :Houghton Milfflin,1961.

15. 爱弥尔·涂尔干著:《道德教育》,上海人民出版社2001年版。

16. 斯托曼著,张燕云译:《情绪心理学》,辽宁人民出版社1986年版。

17. 恩斯特·卡西尔著,甘阳译:《人论》,上海译文出版社1985年版。

18. 恩斯特·卡西尔著,于晓译:《语言与神话》,三联书店1988年版。

19. 伯顿·克拉克主编,王承绪译:《探究的场所——现代大学的科研和研究生教育》,浙江教育出版社2001年版。

20. 克拉克·克尔著,王承绪译:《高等教育不能回避历史——21世纪的问题》,浙江教育出版社2001年版。

21. 北京大学哲学系外国哲学史教研室编译:《十八世纪末——十九世纪初德国哲学》,商务印书馆1960年版。

22. 世界贸易组织秘书处编:《贸易走向未来[世界贸易组织(WTO)概要]》,法律出版社2001年版。

23. 方益寿著:《组织管理心理学》,山东大学出版社1995年版。

24. 崔丽莹、黄忆春著:《心理素质教育论》,广东教育出版社2002年版。

25. 李继华著:《嫁接的原理与应用》,上海科学技术出版社1990年版。

26. 全国高等教育教学教学研究会等编:《21世纪高等教育的理念和质量》,高等教育出版社2001年版。

27. 刘福寿著:《一般院校经济学类专业人才培养模式改革和质量保证问题研究与实践》,高等教育出版社2004年版。

28. 张桂春、唐卫民、苑景亮编著,辽宁省高等学校师资培训中心组编:《高等教育理论专题》,辽宁师范大学出版社2004年版。

29. 蔡克勇著:《20世纪的中国高等教育》(体制卷),高等教育出版社2003年版。

30. 陈学飞著:《高等教育国际化:跨世纪的大趋势》,福建教育出版社2002年版。

31. 范国睿著:《多元与融合:多维视野中的学校发展》,教育科学出版社2002年版。

32. 顾冠华、沈广斌著:《中国传统文化与高等教育》,海洋出版社1999年版。

33. 顾明远、孟繁华主编:《国际教育新理念》,海南出版社2001年版。

34. 林荣日著:《教育经济学》,复旦大学出版社2001年版。

35. 刘杰著:《经济全球化时代的国家主权》,长征出版社2001年版。

36. 沈玉顺著:《现代教育评价》,华东师范大学出版社2002年版。

(二)论文

1. 潘懋元:《中国高等教育大众化的理论与政策》,《高等教育研究》2001年第6期。

2. 潘懋元:《高等教育大众化的质量观》,《江苏高教》2000 年第 1 期。

3. 刘占文:《关于我国高等教育内涵与外延协调发展的思考》,《辽宁科技学院学报》2005 年第 3 期。

4. 易海涛:《论当代大学生思想政治工作中的情感教育》,《湘潭师范学院学报(社会科学版)》2005 年第 9 期。

5. 颜桂花:《论情感教育在人才培养中的作用》,《南华大学学报(社会科学版)》2004 年第 2 期。

6. 杜爱玉:《论情感育人在大学生思想政治教育中的特殊效应》,《安徽农业大学学报(社会科学版)》2002 年第 2 期。

7. 邢丽华:《浅谈学生教育管理中的情感效应》,《咸宁学院学报》2006 年第 2 期。

8. 盛仁泽:《浅析思想政治教育中情感育人的效能》,《重庆三峡学院学报》2001 年增刊。

9. 王洪秋:《在思想政治教育中实施情感育人的 3A 机制研究》,《黑龙江高教研究》2004 年第 4 期。

10. 任伟:《论当代大学生的情感教育》《黑龙江高教研究》2006 年第 5 期。

11. 刘艳山:《卡尔·罗杰斯人本主义心理学理论与我国高等教育改革》,《福建金融管理干部学院学报》2002 年第 5 期。

12. 李志霞:《贫困大学生心理健康问题研究的现状与展望》,《扬州大学学报(高教研究版)》2006 年第 3 期。

13. 韩成送、韩伯言:《马克思的自我实现理论》,《徐州师范大学学报(哲学社会科学版)》1995 年第 1 期。

14. 史亚娟、华国栋:《论差异教学与教育公平》,《教育研究》2007 年第 1 期。

15. 汪昌华:《教学中个体差异性平等的内涵及实现》,《安徽教育学院学报》2006 年第 2 期。

16. 张丹:《"以人为本"的教育理念与大学生的全面发展》,《南京林业大学学报(人文社会科学版)》2004 年第 6 期。

17. 姜根龙:《论陶行知的创造教育思想》,《教育史研究》2000 年第 2 期。

18. 徐贵恒:《后现代主义及其启示》,《晋阳学刊》2002 年第 3 期。

19. 谢延龙:《后现代主义对我国教育管理的启示》,《教育探索》2004 年第 4 期。

20. 毛毫明:《再论指向生活意义的情感教育》,《安庆师范学院学报(社会科学版)》2006 年第 2 期。

21. 虎健:《浅述情感在高校思想政治工作中的作用》,《黑龙江教育学院学报》2000 年第 6 期。

22. 彭仲生:《论大学生情感激励教育》,《南华大学学报》2005 年第 4 期。

23. 简世德:《浅析情感在高校思想政治工作中的功用》,《学校党建与思想政治教育》2003 年第 11 期。

24. 李艳红:《重视情感效应在思想政治工作中的功用》,《湖南省社会主义学院学报》2005 年第 3 期。

25. 王圣祯:《理性与情感的交融》,《齐齐哈尔大学学报》2005 年第 9 期。

26. 毛豪明、周黎:《当代中国情感理教育论研究检视》,《中国教育学刊》2006 年第 4 期。

27. 崔积宝:《情感教育的科学依据和实现路径的探讨》,《哈尔滨学院学报》2005 年第 8 期。

28. 王本陆、王永红:《合作教育学,基本思想与问题辨析》,《现代教育论丛》1999 年第 6 期。

29. 张建:《人性提升:高职教育人才培养目标的思考》,《职业技术教育》2003 年第 9 期。

30. 张春米:《嫁接论》,《中国工商》2000 年第 11 期。

31. 王淑云、胡绪俊:《"改进英语＋经贸"嫁接模式的探讨》,《莱阳农学院学报(社科版)》1999 年第 2 期。

32. 于丽萍:《将历史专业与外语专业"嫁接"——首都师范大学创新人才培养模式的有益尝试》,《北京教育(高教版)》2005 年第 8 期。

33. 张建新:《英国高校学生的国际流动》,《比较教育研究》2003 年第 5 期。

34. 赵宁、郜世杰:《大学交流与合作的新理念》,《辽宁商务职业学院学报(社会科学版)》2003 年第 4 期。

35. 柯森:《大学城内高校校际合作办学探究》,《高教探索》2003 年第 4 期。

36. 陈凤芬:《交流与合作:普通高校发展的重要环节》,《湖南科技学院学报》2005 年第 6 期。

37. 丁善耘:《对我国高校第二专业现状的思考》,《河南大学学报(社会科学版)》2006 年第 11 期。

38. 高艳芳、胡桃元:《开展双学位教育,培养复合型人才》,《华东交通大学学报》2005 年第 12 期。

39. 刘华东、郝志杰:《双学位培养工作的回顾与思考》,《石油教育》2004 年第 4 期。

40. 黄玉飞:《高校双专业教学管理若干问题探析》,《江苏高教》2005 年第 5 期。

41. 张金福:《开放教育市场:中国高等教育发展的理性选择》,《江苏高教》2002 年第 2 期。

42. 叶慧芳、金佩华:《对美国研究型大学本科生培养目标的探讨》,《高等农业教育》2006 年第 8 期。

43. 何自力、沈亚平:《探索复合型人才培养的新模式——南开大学经济、管理、法学跨专业人才培养试验》,《中国高教研究》2006年第9期。

44. 郭峰:《提高学生综合素质,培养复合型人才》,《郑州工业高等专科学校学报》2000年第1期。

45. 耿华萍:《复合型人才培养的理论依据和实践意义》,《扬州大学学报(高教研究版)》2003年第4期。

46. 刘建勋:《素质教育、创新教育及其关系初探》,《河南商业高等专科学校学报》2001年第1期。

47. 张晓红:《高校复合型人才培养模式的探讨》,《沈阳建筑大学学报(社会科学版)》2005年第2期。

48. 林群、余桥:《高校素质教育的内涵》,《内江师范学院学报》2001年第1期。

49. 陈国豪、赵捧莲:《第二专业教学模式的研究与实践经验》,《化工高等教育》2004年第6期。

50. 张蕾、杨艳、张淑珍:《中外合作办学实践中的法律问题以及法律建议》,《高等教育研究》2001年第5期。

51. 张力:《我国加入世贸组织以后教育面对的机遇与挑战》,《思想理论教育战线》2002年第11期。

52. 章新胜:《加入世贸组织与我国高等教育的对策》,《国家高级教育行政学院学报》2002年第1期。

53. 朱晓斌:《WTO法律框架中的"教育服务"》,《教育与职业》2001年第10期。

54. 邹亚军:《大学国际合作与交流面临的挑战与对策》,《高等教育国际化》2002年第2期。

55. 江丽:《中外合作办学的现状及问题分析》,《广东工业大学学报(社会科学版)》2005年第6期。

56. 张健青:《高校中外合作办学项目管理》,《学位与研究生教育》2004 年第 7 期。

57. 樊彩萍:《地市高校中外合作办学 SWTO 分析及发展策略》,《安徽工业大学学报(社会科学版)》2004 年第 11 期。

58. 陶林、申俊龙:《关于中外合作办学近十年来的研究综述》,《中医教育》2006 年第 7 期。

59. 鲍传友:《加强合作办学研究推进高等教育创新——第七届教育政策分析高级研讨会综述》,《教育发展研究》2005 年第 12 期。

60. 焦国政:《高等院校中外合作办学的回顾与思考》,《中国高等教育》1998 年第 10 期。

(三)学位论文

1. 许子渝:《道德情感在高校德育中的应用研究》(硕士论文),西南师范大学,2002。

2. 沈嘉祺:《道德情感教育探究——关于道德情感生成与培育的思考》(硕士论文),上海师范大学,2003。

3. 张金福:《论大学人文教育与科学教育的结合》(博士论文),华东师范大学,2003。

4. 吉艳艳:《高校交换生项目实施探析》(硕士论文),华中师范大学,2006。

(四)政策制度

1.《国务院办公厅转发中国人民银行等部门关于国家助学贷款管理规定(试行)的通知》(国办发〔1999〕58 号),1999 年 6 月 17 日。

2. 教育部:《国家助学贷款管理操作规程(试行)》,1999 年 9 月 7 日。

3.《中国人民银行、财政部、教育部、国家税务总局关于进一步推进国家助学贷款业务发展的通知》(银发〔2001〕245 号),2001 年 8 月 1 日。

4.《中国人民银行、教育部、财政部关于切实推进国家助学贷款工作有关问题的通知》(银发〔2002〕38号),2002年2月7日。

5. 中国人民银行:《关于切实推进国家助学贷款工作有关问题的通知》(银发〔2002〕38号),2005年2月25日。

6.《教育部办公厅关于高等学校切实配合经办银行做好国家助学贷款工作的通知》(教财厅〔2002〕2号),2002年5月31日。

7.《教育部关于建立国家助学贷款学生个人信息查询系统的通知》(教财厅〔2002〕9号),2002年6月7日。

8.《教育部办公厅关于高等学校积极配合经办银行大力推进国家助学贷款工作的通知》(教财厅〔2002〕4号),2002年9月4日。

9. 教育部:《中华人民共和国中外合作办学条例》(中华人民共和国国务院令第372号),2003年3月1日。

10.《中国人民银行、教育部、中国银行业监督管理委员会〈关于加强和改进国家助学贷款工作的通知〉》(银发〔2004〕13号),2004年1月19日。

11.《教育部、财政部、人民银行、银监会关于进一步完善国家助学贷款工作若干意见的通知》(教财厅〔2004〕14号),2004年6月8日。

12.《国务院办公厅转发教育部、财政部、人民银行、银监会关于进一步完善国家助学贷款工作若干意见的通知》(国办发〔2004〕51号),2004年6月12日。

13.《教育部、财政部、人民银行、银监会关于印发〈国家助学贷款风险补偿专项资金管理办法〉等有关文件的通知》(教财厅〔2004〕15号),2004年6月28日。

14. 教育部:《关于进一步加强国家助学贷款学生个人信息查询系统建设工作的通知》(教财厅〔2005〕10号),2005年3月25日。

15. 教育部:《关于采取措施,进一步推动以国家助学贷款为重点的高校贫困家庭学生资助工作的通知》(教财厅〔2005〕5号),2005年9月1日。

16.《关于抓紧落实国家助学贷款学生个人信息采集工作的通知》（教助中心[2005]38号），2005年10月17日。

（五）报纸、网络

1. 杜晓：《功利化教育导致中学生心力交瘁》，《中国青年报》2006年5月22日。

2. 苟人民：《高等教育平等权初探》，《光明日报》2006年5月24日。

3. 朱小蔓：《德育——教师该扮演怎样的角色》，《中国教育报》2004年6月4日。

4. 詹文龄：《给孩子的心灵以滋养——关于教育中的潜移默化的随想》，《中国教育报》2001年3月30日。

5. 展涛：《山东大学的"三种经历"教育——素质教育创新举措与实践（成果总结）》，山东大学校园网，www. jwc. sdu. edu. cn/jxcg. 2005。

6. 李妍：《浅谈"应试教育"与素质教育》，中国教育和科研计算机网，http://www. edu. cn/20010823/207816. shtml。

后　记

　　人才培养是学校的根本任务,使学生尽快成长和成才是学校教育的根本目标。2003 年 10 月党的十六届三中全会提出贯彻落实以人为本的科学发展观,促进经济社会和人的全面发展。人的发展是最根本的,人的发展是不断提升人的人性,使人性得到升华,真正的教育是以人为本的教育,让人去体验美好,体验崇高,体验快乐,体验成功,培养积极的人生态度、鲜明的价值判断和丰富人的精神生活。为解决贫困生问题、强化激励机制、培养复合型人才,山东经济学院于 2004 年开始创立了情感、激励、嫁接三结合的育人机制,努力把学校营造成学生生活的家园、精神的乐园、成才的摇篮,让学生在和谐的校园氛围中成长成才。2005 年,《情感、激励、嫁接三结合育人机制研究》先后被确立为山东省教育厅教学改革研究项目和教育部人文社会科学研究规划项目。经过课题组成员近两年的努力,历经酝酿筹划、调查研究、撰写修订等阶段,终于将研究成果呈献给读者。本书的研究只是一种尝试和探索,如果在某一方面能够引起人们的关注,并引导人们进行深入研究或移植应用,本书的抛砖引玉,就算是一种莫大的成功。

全书由刘向信、牟思伦、郝书辰设计总体框架,拟订写作大纲,由刘向信、牟思伦、郝书辰、胡元木、苏洪志、王松、马静玉、王伟、李斌、张宝义同志分工撰写,最后由刘向信统审定稿。

情感、激励、嫁接三结合育人机制,是高校育人机制的综合性、应用性创新,它的研究需要大量的实践积累和长期的观察思考。由于时间所限,思考不周,本书的研究与写作肯定存在着大量的缺憾和不足,恳请专家、学者、老师们批评指正。

在课题的研究过程中,教育部社政司和山东省教育厅给予了及时必要的指导,人民出版社的方国根编审、李之美编辑为本书的出版做了大量工作,在此一并致谢。

作者
2007 年 4 月于泉城

责任编辑:李之美

图书在版编目(CIP)数据

高校育人新机制探索:情感、激励、嫁接三结合/刘向信　等著.
-北京:人民出版社,2008.7
ISBN 978－7－01－007094－0

Ⅰ.高…　Ⅱ.刘…　Ⅲ.高等学校-人才-培养-研究-中国
Ⅳ.G649.2

中国版本图书馆 CIP 数据核字(2008)第 082830 号

高校育人新机制探索:

GAOXIAO YUREN XINJIZHI TANSUO

情感、激励、嫁接三结合

刘向信　等著

人民出版社 出版发行
(100706　北京朝阳门内大街 166 号)

北京新魏印刷厂印刷　　新华书店总店北京发行所经销

2008 年 7 月第 1 版　2008 年 7 月北京第 1 次印刷
开本:710 毫米×1000 毫米 1/16　印张:23.25
字数:300 千字　印数:0,001－2,000 册

ISBN 978－7－01－007094－0　　定价:46.00 元

邮购地址 100706　北京朝阳门内大街 166 号
人民东方图书销售中心　　电话 (010)65250042　65289539